国家社会科学基金（教育学）重大项目（VDA200004）阶段性研究成果
北京外国语大学"双一流"建设标志性项目（BW202018）阶段性研究成果

"一带一路"国家文化教育大系　　　　　总主编　王定华

葡萄牙
文化教育研究

República Portuguesa
Cultura e Educação

李丛　张方方　著

外语教学与研究出版社
FOREIGN LANGUAGE TEACHING AND RESEARCH PRESS
北京 BEIJING

图书在版编目（CIP）数据

葡萄牙文化教育研究 / 李丛，张方方著. —— 北京：外语教学与研究出版社，
2023.6（2023.10 重印）
（"一带一路"国家文化教育大系 / 王定华总主编）
ISBN 978-7-5213-4624-4

I. ①葡… II. ①李… ②张… III. ①教育研究 – 葡萄牙 IV. ①G555.2

中国国家版本馆 CIP 数据核字（2023）第 123746 号

出 版 人　王　芳
项目负责　孙凤兰　巢小倩
责任编辑　杜晓沫
责任校对　王　菲
封面设计　李　高　锋尚设计
版式设计　李　高
出版发行　外语教学与研究出版社
社　　址　北京市西三环北路 19 号（100089）
网　　址　https://www.fltrp.com
印　　刷　北京盛通印刷股份有限公司
开　　本　787×1092　1/16
印　　张　18　　彩插 1 印张
版　　次　2023 年 7 月第 1 版 2023 年 10 月第 2 次印刷
书　　号　ISBN 978-7-5213-4624-4
定　　价　158.00 元

如有图书采购需求，图书内容或印刷装订等问题，侵权、盗版书籍等线索，请拨打以下电话或关注官方服务号：
客服电话：400 898 7008
官方服务号：微信搜索并关注公众号"外研社官方服务号"
外研社购书网址：https://fltrp.tmall.com

物料号：346240001

记载人类文明
沟通世界文化
www.fltrp.com

"一带一路"国家文化教育大系编写委员会

顾　问：顾明远　　马克垚　　胡文仲

总主编：王定华

委　员（按姓氏音序排列）：

常福良	戴桂菊	郭小凌	金利民	柯　静	李洪峰
刘宝存	刘　捷	刘生全	刘欣路	钱乘旦	秦惠民
苏莹莹	陶家俊	王　芳	谢维和	徐　辉	徐建中
杨慧林	张民选	赵　刚			

"一带一路"国家文化教育大系编审委员会

主　任：王　芳

副主任：徐建中　　刘　捷

秘书长：孙凤兰

委　员（按姓氏音序排列）：

蔡　喆	柴方圆	巢小倩	杜晓沫	华宝宁	焦缨添
刘相东	刘真福	马庆洲	彭立帆	石筠弢	孙　慧
万作芳	王名扬	杨鲁新	姚希瑞	苑大勇	张小玉
赵　雪	祝　军				

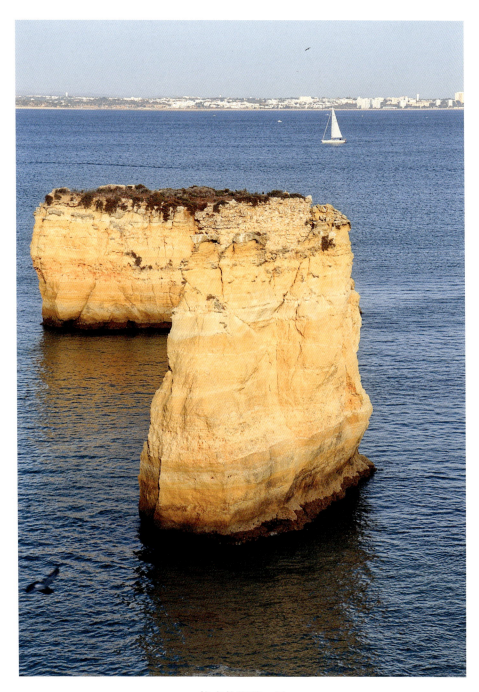

拉古什海礁一景

阿尔加维海蚀洞

波尔图杜罗河景

罗卡角纪念碑

里斯本贝伦塔

里斯本商业广场

马夫拉宫图书馆内景

里斯本大学附属幼儿园

葡萄牙一学校集团初等教育第一阶段学校

葡萄牙一初等教育第二、第三阶段学校

葡萄牙一中等教育学校

葡萄牙一初等、中等教育学校

葡萄牙一职业学校

葡萄牙一农业和农村发展技术学校

葡萄牙一时装职业学校

里斯本大学文学院

科英布拉大学办公楼

科英布拉大学孔子学院课堂

科英布拉大学孔子学院中医推广活动

出版说明

2013 年 9 月 7 日，国家主席习近平提出共建"丝绸之路经济带"重大倡议。2013 年 10 月 3 日，习近平主席提出共建"21 世纪海上丝绸之路"重大倡议。两者合称"一带一路"倡议。以 2013 年金秋为起点，"一带一路"倡议作为构建人类命运共同体的伟大设想，在开拓和平、繁荣、开放、绿色、创新、文明之路的非凡征程中，孕育生机和活力，汇聚信心和期待，在世界范围内广受欢迎和响应。

文化交流、文明互鉴是构建人类命运共同体的人文基础。文化发展，教育先行。作为"共和国外交官的摇篮"、文化教育的主动践行者、"一带一路"倡议的踊跃响应者和构建人类命运共同体的积极参与者，北京外国语大学在党委书记王定华教授的带领下，放眼世界，找准坐标，勇于担当，主动作为，深耕文化教育相关领域，研究、策划并组织编写了"一带一路"国家文化教育大系（以下简称大系）。国内相关高校和研究机构的众多专家学者献计献策，踊跃参加，形成了一个范围广泛、交流互动、共同进步的"一带一路"国家文化教育学术研究共同体。大系旨在填补国内相关研究领域的学术空白，实现"一带一路"国家教育研究全覆盖，为中国教育"走出去"和相关国家先进教育理念"请进来"提供科学理论和实践指导，具有重要的学术价值。同时，大系服务国家重大战略，通过分期分批出版，形成规模和品牌，向中国共产党建党一百周年和"一带一路"倡议提出十周年献礼，具有深远的意义。

作为国家社会科学基金（教育学）重大项目"新时代提升中国参与全球教育治理的能力及策略研究"、北京外国语大学"双一流"建设标志性项目"'一带一路'国家文化教育研究"的课题研究成果和北京外国语大学党委的"奋进之举"，大系秉承学术性与可读性兼顾的原则，对"一带一路"国家文化教育理论与实践问题展开深入研究，从国情概览、文化传统、教育历史、学前教育、基础教育、高等教育、职业教育、成人教育、教师教育、教育政策、教育行政、教育交流等方面，全景擘画"一带一路"国家的教育风貌，帮助读者了解"一带一路"国家教育的历史与现状、经验与特点，为我国教育的发展和对外交流合作提供有益的借鉴、思考与启迪。

肆虐全球的新冠肺炎疫情严重影响了各国人民的生产生活，带来了二战以来人类面临的最严重的全球性危机，同时也再次阐述了人类命运共同体深刻内涵的世界性意义。在疫情防控常态化背景下，大系所有专家学者不畏困难，齐心协力，直面挑战，守望相助，化危为机，切实履行了响应和支持"一带一路"倡议的承诺。在此，特别感谢大系总策划、总主编王定华教授，以及所有顾问、编委和作者的心血倾注、智慧贡献和努力付出。

外语教学与研究出版社对大系的编写和出版工作给予了高度重视。自2019年项目启动以来，外研社抽调精锐力量成立大系工作组，多次组织相关部门和人员召开选题论证会，商建编委会，召开全体作者大会，制订周密、科学的出版计划，以保证项目的顺利开展和图书的优质出版。目前，大系的出版工作已取得阶段性成果，预计在2023年"一带一路"倡议提出十周年前后，将分期分批推出数量和规模可观的、具有相当科研价值和学术价值的系列专著。期望大系的编写和出版能为"一带一路"建设、中外教育交流及我国文化教育发展发挥基础性、服务性、广远性的作用。

外语教学与研究出版社
2021 年 4 月

总　序

王定华

改革开放以来，中国各项事业取得了巨大成就。中国经济和世界经济高度关联，中国一以贯之地坚持对外开放的基本国策，构建全方位开放新格局，深度融入世界经济体系。2013 年 9 月和 10 月，习近平主席在出访中亚和东南亚国家期间，先后提出共建"丝绸之路经济带"和"21 世纪海上丝绸之路"的重大倡议（以下简称"一带一路"倡议），得到国际社会的高度关注。其中，"丝绸之路经济带"东边牵着亚太经济圈，西边系着发达的欧洲经济圈，是世界上最长、最具发展潜力的经济大走廊；"21 世纪海上丝绸之路"串起连通东盟、南亚、西亚、北非、欧洲等各大经济板块的市场链，发展面向南海、太平洋和印度洋的战略合作经济带，以亚欧非经济贸易一体化为发展的长期目标。

一、精准把握"一带一路"倡议的时代意蕴

"经济带"概念是对地区经济合作模式的创新。其中经济走廊涵盖中蒙

俄经济走廊、新亚欧大陆桥、中国－中亚－西亚经济走廊、孟中印缅经济走廊、中国－中南半岛经济走廊等，以经济增长极辐射周边，超越了传统发展经济学理论。"丝绸之路经济带"概念不同于历史上所出现的各类"经济区"与"经济联盟"，同后两者相比，经济带具有灵活性高、适用性广以及可操作性强的特点，各国都是平等的参与者，本着自愿参与、协同推进的原则，发扬古丝绸之路兼容并包的精神。

"一带一路"倡议是我国在新时代推进全方位对外开放的重要举措，为当今世界提供了一个充满东方智慧、实现共同发展的中国方案，也是对历史文化传统的高度尊重，凝聚了世界各国利益的最大公约数。丝绸之路是起始于古代中国，连接亚洲、非洲和欧洲的古代陆上商业贸易路线，最初的作用是运输古代中国出产的丝绸、瓷器等商品，后来成为东方与西方之间在经济、政治、文化等方面进行交流的主要通道。1877年，德国地质、地理学家李希霍芬（F. P. W. Richthofen）在其著作《中国》一书中，把公元前114年至公元127年，中国与中亚、中国与印度间以丝绸贸易为媒介的这条西域交通道路命名为"丝绸之路"，这一名词很快为学术界和大众所接受，并正式运用。其后，德国历史学家赫尔曼（A. Herrmann）在20世纪初出版的《中国与叙利亚之间的古代丝绸之路》一书中，根据新发现的文物考古资料，进一步把丝绸之路延伸到地中海西岸和小亚细亚，并确定了丝绸之路的基本内涵，即它是中国古代与中亚、南亚、西亚以及欧洲、北非的陆上贸易交往通道。进入21世纪，海上丝绸之路也被纳入丝绸之路的涵盖范围，即从中国沿海港口过南海到印度洋并延伸至欧洲，从中国沿海港口过南海到南太平洋。随着时代的发展，"丝绸之路"成为古代中国与西方所有政治经济文化往来通道的统称。

推进"一带一路"建设既是中国扩大和深化对外开放的需要，也是加强和世界各国互利合作的需要，中国愿意承担更多责任和义务，为人类和平发展做出更大的贡献。文明交流互鉴是构建人类命运共同体的重要途径，是推动人类文明共同进步、实现世界和平发展的重要动力。共建"一带一路"要顺应世界多极化、经济全球化、文化多样化、社会信息化的潮流，秉持开放的区域合作精神，致力于推动"一带一路"各国实现经济政策协调，开展更大范围、更高水平、更深层次的区域合作，共同打造开放、包容、均衡、普惠的区域经济合作架构，维护全球自由贸易体系和开放型世界经济格局。

"一带一路"贯穿亚欧非大陆，一头是活跃的东亚经济圈，一头是发达的欧洲经济圈，中间广大腹地国家经济发展潜力巨大。根据"一带一路"走向，陆上依托国际大通道，以中心城市为支撑，以重点经贸产业园区为合作平台，共同打造新亚欧大陆桥以及中蒙俄、中国-中亚-西亚、中国-中南半岛等国际经济合作走廊；海上以重点港口为基点，共同建设通畅安全高效的运输大通道。

"一带一路"建设是有关国家开放合作的宏大经济愿景，需要各国携手努力，朝着互利互惠、共同安全的目标相向而行：努力实现区域基础设施更加完善，安全高效的陆海空通道网络基本形成，互联互通达到新水平；投资贸易便利化水平进一步提升，高标准自由贸易区网络基本形成，经济联系更加紧密，政治互信更加深入；人文交流更加广泛深入，不同文明互鉴共荣，各国人民相知相交、和平友好。

"一带一路"倡议是具有开放性和包容性的友好建议。当今世界是一个开放的世界，开放带来进步，封闭导致落后。中国认为，只有开放才能发现机遇、抓住并用好机遇、主动创造机遇，才能实现国家的奋斗目标。"一带一路"倡议就是要把世界的机遇转变为中国的机遇，把中国的机遇转变为世界的机遇。正是基于这种认知与愿景，"一带一路"倡议以开放为导向，冀望通过加强交通、能源和网络等基础设施的互联互通建设，促进经济要素有序自由流动、资源高效配置和市场深度融合，开展更大范围、更高水平、更深层次的区域合作，打造开放、包容、均衡、普惠的区域经济合作架构，以此来解决经济增长和平衡问题。"一带一路"倡议的开放包容性是区别于其他区域性经济倡议的一个突出特点。

"一带一路"倡议是超越地缘政治的务实合作的广阔平台。"和平合作、开放包容、互学互鉴、互利共赢"的丝路精神是人类共有的历史财富，"一带一路"倡议就是秉承这一精神与原则提出的新时代重要倡议，通过加强相关国家间的全方位多层面交流合作，充分发掘与发挥各国的发展潜力与比较优势，形成互利共赢的区域利益共同体、命运共同体和责任共同体。在这一机制中，各国是平等的参与者、贡献者、受益者。因此，"一带一路"倡议从一开始就具有平等性、和平性特征。平等是中国坚持的重要国际准则，也是"一带一路"建设的关键基础。只有建立在平等基础上的合作才能是持久的合作，也才会是互利的合作。"一带一路"倡议平等包容的合作特征为其推进减轻了阻力，提升了共建效率，有助于国际合作真正"落地生根"。同时，"一带一路"建设离不开和平安宁的国际环境和地区环境，和平是"一带一路"建设的本质属性，也是保障其顺利推进所不可或缺的重要因素。这些就决定了"一带一路"倡议不应该也不可能沦为大国政治较量的工具，更不会重复地缘博弈的老路。

"一带一路"倡议是政府、企业、团体共同发力的项目载体。"一带一路"建设是在双边或多边联动基础上通过具体项目加以推进的，是在进行充分政策沟通、战略对接以及市场运作后形成的发展倡议与规划。2017 年 5 月发布的《"一带一路"国际合作高峰论坛圆桌峰会联合公报》强调了建设"一带一路"的合作原则，其中就包括市场运作原则，即充分认识市场作用和企业主体地位，确保政府发挥适当作用，政府采购程序应开放、透明、非歧视。可见，"一带一路"建设的核心主体与支撑力量并不是政府，而是企业，根本方法是遵循市场规律，并通过市场化运作模式来实现参与各方的利益诉求，政府在其中发挥构建平台、创立机制、政策引导等指向性、服务性功能。

"一带一路"倡议是与现有相关机制对接互补的有益渠道。参与"一带一路"建设的国家要素禀赋各异，比较优势差异明显，互补性很强。有的国家能源资源富集但开发力度不够，有的国家劳动力充裕但就业岗位不足，有的国家市场空间广阔但产业基础薄弱，有的国家基础设施建设需求旺盛但资金紧缺。我国目前经济总量居全球第二，外汇储备居全球第一，优势产业越来越多，基础设施建设经验丰富，装备制造能力强、质量好、性价比高，具备资金、技术、人才、管理等综合优势。这就为我国与其他"一带一路"建设参与方实现产业对接与优势互补提供了现实可能与重大机遇。因而，"一带一路"倡议的核心内容就是要加强基础设施建设和促进互联互通，对接各国政策和发展战略，以便深化务实合作，促进协调联动发展，实现共同繁荣。由此可见，"一带一路"倡议不是对现有地区合作机制的替代，而是与现有机制互为助力、相互补充。实际上，"一带一路"建设已经与俄罗斯主导的欧亚经济联盟、印尼全球海洋支点发展规划、哈萨克斯坦光明之路经济发展战略、蒙古国草原之路倡议、欧盟欧洲投资计划、埃及苏伊士运河走廊开发计划等实现了对接与合作，并形成了一批标志性项目，如中哈（连云港）物流合作基地。作为新亚欧大陆桥经济走廊建设成果之一，中哈（连云港）物流合作基地初步实现了深水大港、远洋干线、中欧班列、物流场站的无缝对接。该项目与哈萨克斯坦光明之路经济发展战略高度契合。

　　"一带一路"倡议是促进人文交流的沟通桥梁。"一带一路"倡议跨越不同区域、不同文化、不同宗教信仰，但它带来的不是文明冲突，而是各文明间的交流互鉴。"一带一路"倡议在推进基础设施建设、加强产能合作与发展战略对接的同时，也将"民心相通"作为工作重心之一。民心相通是"一带一路"建设的社会根基。民心相通就是要传承和弘扬丝绸之路友好合作精神，广泛进行文化交流、学术交流、人才交流往来、媒体合作、青年和妇女交往、志愿者服务等，为深化双边和多边合作奠定坚实的民意基础。一是扩大相互间留学生规模，开展合作办学；国家间互办文化年、艺术节、电影节、电视周和图书展等活动，深化国家间人才交流合作。二是加强旅游合作，扩大旅游规模，联合打造具有丝绸之路特色的国际精品旅游线路和旅游产品。三是强化与周边国家在传染病疫情信息沟通、防治技术交流、专业人才培养等方面的合作，提高合作处理突发公共卫生事件的能力。四是加强科技合作，共建联合实验室（研究中心）、国际技术转移中心、海上合作中心，促进科技人员交流，合作开展重大科技攻关，共同提升科技创新能力。五是整合现有资源，开拓和推进参与国家在青年就业、创业培训、职业技能开发、社会保障管理服务、公共行政管理等共同关心领域的务实合作。六是充分发挥政党、议会交往的桥梁作用，加强国家之间立法机构、主要党派和政治组织的友好往来，互结友好城市。七是加强各国民间组织的交流合作，重点面向基层民众，广泛开展教育、医疗、减贫开发、生物多样性和生态环保等主题的各类公益慈善活动，改善贫困地区生产生活条件；加强文化传媒领域的国际交流合作，积极利用网络平台，运用新媒体工具，塑造和谐友好的文化生态和舆论环境；通过强化民心相通，弘扬丝绸之路精神，开展智力丝绸之路、健康丝绸之路等建设，在科学、教育、文化、卫生、民间交往等领域广泛合作，使"一带一路"建设的民意基础更为坚实，社会根基更加牢固。"一带一路"建设就是要以文明交流超越文明隔阂，以文明互鉴超越文明冲突，以文明共存超越文明优越，为相关国家人民加强交流、增进理解搭起新的桥梁，为不同文化和文明加强对话、交流互鉴织就新的纽带，推动各国相互理解、相互尊重、相互信任。

"一带一路"是促进共同发展、实现共同繁荣的友谊之路。共建"一带一路"旨在促进各国发展战略的对接和耦合，有利于发掘区域市场的潜力，推动经济要素有序自由流动、资源高效配置和市场深度融合，促进投资和消费，创造需求和就业，增进各国人民的人文交流与文明互鉴，从而让各国人民相逢相知、互信互敬，共享和谐、安宁、富裕的生活。共建"一带一路"符合国际社会的根本利益，彰显了人类社会的共同理想和美好追求，是国际合作及全球治理新模式的积极探索，将为世界和平发展增添新的正能量。中国政府倡议秉持和平合作、开放包容、互学互鉴、互利共赢的理念，全方位推进务实合作，打造政治互信、经济融合、文化包容的利益共同体、命运共同体和责任共同体。

"一带一路"倡议已经得到世界上众多国家和地区的积极响应，成为维护全球自由贸易体系和开放型世界经济的重要支撑。截至 2021 年 1 月 30 日，中国已经同 171 个国家和国际组织签署 205 份共建"一带一路"合作文件。[1] 特别是 2017 年 5 月第一届"一带一路"国际合作高峰论坛、2019 年 4 月第二届"一带一路"国际合作高峰论坛和 2019 年 5 月亚洲文明对话大会的成功举办，充分彰显了我国开放、包容的大国外交风范。在此背景下，我们一方面应致力于向世界介绍中国，推动中国文化"走出去"，讲好中国故事；另一方面也应加强对"一带一路"国家的历史、文化、语言、教育、艺术等方面的介绍和研究，让中国人民更多地了解"一带一路"国家的具体国情，特别是文化传统和教育体系。

"一带一路"倡议合作范围不断扩大，合作领域愈加广阔。它不仅给参与各方带来了实实在在的合作红利，也为世界贡献了应对挑战、创造机遇、强化信心的智慧与力量。

当今世界，新冠肺炎疫情带来诸多挑战，局部战争风险依然存在，经济增长动能不足，"逆全球化"思潮涌动，地区动荡持续，恐怖主义蔓延。和平赤字、发展赤字、治理赤字带来的严峻问题，已摆在全人类面前。这充分说明现有的全球治理体系面临结构性问题，亟须找到新的破解之策与应对方略。作为一个新兴大国，中国有能力、有意愿同时也有责任为完善全球治理体系贡献智慧与力量。面对新挑战、新问题、新情况，中国给出

---

[1] 中国一带一路网. 我国已签署共建"一带一路"合作文件 205 份 [EB/OL].（2021-01-30）[2021-02-23]. https://www.yidaiyilu.gov.cn/xwzx/gnxw/163241.htm.

的全球治理方案是：构建人类命运共同体，实现共赢共享。"一带一路"倡议正是朝着这个目标努力的具体实践。"一带一路"倡议强调各国的平等参与、包容普惠，主张携手应对世界经济面临的挑战，开创发展新机遇，谋求发展新动力，拓展发展新空间，共同朝着人类命运共同体方向迈进。正是本着这样的原则与理念，"一带一路"倡议针对各国发展的现实问题和治理体系的短板，创立了亚洲基础设施投资银行、丝路基金等新型国际机制，构建了多形式、多渠道的交流合作平台。这既能缓解当今全球治理机制代表性、有效性、及时性难以适应现实需求的困境，在一定程度上扭转公共产品供应不足的局面，提振国际社会参与全球治理的士气与信心，又能满足发展中国家尤其是新兴市场国家变革全球治理机制的现实要求，大大增强了新兴国家和发展中国家的话语权，是推进全球治理体系朝着更加公正合理方向发展的重大突破。

　　"一带一路"倡议涵盖了发展中国家与发达国家，实现了"南南合作"与"南北合作"的统一，有助于推动全球均衡可持续发展。"一带一路"建设以基础设施建设为着眼点，促进经济要素有序自由流动，推动中国与相关国家的宏观政策的对接与协调。对于参与"一带一路"建设的发展中国家来说，这是一次搭中国经济发展"快车""便车"，实现自身工业化、现代化的历史性机遇，有利于推动"南南合作"的广泛展开，同时也有助于增进"南北对话"，促进"南北合作"的深度发展。不仅如此，"一带一路"倡议的理念和方向同联合国《2030年可持续发展议程》也高度契合，完全能够加强对接，实现相互促进。联合国秘书长古特雷斯表示，"一带一路"倡议与《2030年可持续发展议程》都以可持续发展为目标，都试图提供机会、全球公共产品和双赢合作，都致力于深化国家和区域间的联系。

二、深入推动"一带一路"国家的教育交流

2020 年 6 月印发的《教育部等八部门关于加快和扩大新时代教育对外开放的意见》指出，教育对外开放是教育现代化的鲜明特征和重要推动力，要以习近平新时代中国特色社会主义思想为指导，坚持教育对外开放不动摇，主动加强同世界各国的互鉴、互容、互通，形成更全方位、更宽领域、更多层次、更加主动的教育对外开放局面。

教育为国家富强、民族繁荣、人民幸福之本，在共建"一带一路"中具有基础性和先导性作用。教育交流为各国民心相通架设桥梁，人才培养为各国政策沟通、设施联通、贸易畅通、资金融通提供支撑。各国间教育交流源远流长，教育合作前景广阔，大家携手发展教育，合力共建"一带一路"，是造福各国人民的伟大事业。推进"一带一路"国家教育共同繁荣，既是加强与各国教育互利合作的需要，也是推进中国教育改革发展的需要，中国愿意在力所能及的范围内承担更多责任和义务，为区域教育大发展做出更大的贡献。

（一）教育合作的原则

"一带一路"国家教育合作应遵循四个重要原则。

一是育人为本，人文先行。加强合作育人，提高区域人口素质，为共建"一带一路"提供人才支撑。坚持人文交流先行，建立区域人文交流机制，搭建民心相通桥梁。

二是政府引导，民间主体。政府加强沟通协调，整合多种资源，引导教育融合发展。发挥学校、企业及其他社会力量的主体作用，活跃教育合作局面，丰富教育交流内涵。

三是共商共建，开放合作。坚持共商、共建、共享，推进各国教育发

展规划相互衔接，实现各国教育融通发展、互动发展。

四是和谐包容，互利共赢。加强不同文明之间的对话，寻求教育发展最佳契合点和教育合作最大公约数，促进各国在教育领域互利互惠。

（二）教育合作的重点

"一带一路"各国教育特色鲜明、资源丰富、互补性强、合作空间巨大。中国将以基础性、支撑性、引领性三方面举措为建议框架，开展三方面重点合作，对接各国意愿，互鉴先进教育经验，共享优质教育资源，全面推动各国教育提速发展。

1. 开展教育互联互通合作

一是加强教育政策沟通。开展"一带一路"国家教育法律、政策协同研究，构建各国教育政策信息交流通报机制，为各国政府推进教育政策互通提供决策建议，为各国学校和社会力量开展教育合作交流提供政策咨询。积极签署双边、多边和次区域教育合作框架协议，制定各国教育合作交流国际公约，逐步疏通教育合作交流政策性瓶颈，实现学分互认、学位互授联授，协力推进教育共同体建设。

二是助力教育合作渠道畅通。推进"一带一路"国家间签证便利化，扩大教育领域合作交流，形成往来频繁、合作众多、交流活跃、关系密切的携手发展局面。鼓励有合作基础、相同研究课题和发展目标的学校缔结姊妹关系，逐步深化和拓展教育合作交流。举办校长论坛，推进学校间开展多层次、多领域的务实合作。支持高等学校依托优势学科和专业，建立"产学研用"相结合的国际合作联合实验室（研究中心）、国际技术转移中心，共同应对各国在经济发展、资源利用、生态保护等方面面临的重大挑战与机遇。打造"一带一路"国家学术交流平台，吸引各国专家学者、青年学生开展研究和学术交流。推进"一带一路"国家优质教育资源共享。

三是促进语言互通。研究构建语言互通协调机制，共同开发语言互通开放课程，逐步将国家语言课程纳入各国的学校教育课程体系。拓展政府间语言学习交换项目，联合培养、相互培养高层次语言人才。发挥外国语院校人才培养优势，推进基础教育多语种师资队伍建设和外语教育教学工作。扩大语言学习国家公派留学人员规模，倡导各国与中国院校合作在华开办本国语言专业。支持更多社会力量助力孔子学院和孔子课堂建设，加强汉语教师和汉语教学志愿者队伍建设，全力满足不同国家的汉语学习需求。

四是推进民心相通。鼓励学者开展或合作开展中国课题研究，增进各国对中国发展模式、国家政策、教育文化等各方面的理解。建设国别和区域研究基地，与对象国合作开展经济、政治、教育、文化等领域研究。逐步将理解教育课程、丝路文化遗产保护纳入各国中小学教育课程体系，加强青少年对不同国家文化的理解。加强"丝绸之路"青少年交流，注重通过志愿服务、文化体验、体育竞赛、创新创业活动和新媒体社交等途径，增进不同国家青少年对其他国家文化的理解。

五是推动学历学位认证标准联通。推动落实联合国教科文组织《亚太地区承认高等教育资历公约》，支持联合国教科文组织建立世界范围学历互认机制，实现区域内双边、多边学历学位关联互认。呼吁各国完善教育质量保障体系和认证机制，加快推进本国教育资历框架开发，助力各国学习者在不同种类和不同阶段教育之间进行转换，促进终身学习社会的建设。共商、共建区域性职业教育资历框架，逐步实现就业市场的从业标准一体化。探索建立各国教师专业发展标准，促进教师流动。

2．开展人才培养培训合作

一是实施"丝绸之路"留学推进计划。设立"丝绸之路"中国政府奖学金，为各国专项培养行业领军人才和优秀技能人才。全面提升来华留学人才培养质量，把中国打造成为深受各国学子欢迎的留学目的地。以国家公派留学为引领，推动更多中国学生到"一带一路"其他国家留学。坚持"出国留学和来华留学并重、公费留学和自费留学并重、扩大规模和提高质量并重、依法管理和完善服务并重、人才培养和发挥作用并重"，完善全链条的留学人员管理服务体系，保障平安留学、健康留学、成功留学。

二是实施"丝绸之路"合作办学推进计划。有条件的中国高等学校开展境外办学要集中优势学科，选好合作契合点，做好前期论证工作，构建科学的人才培养模式、运行管理模式、服务当地模式、公共关系模式，使学校顺利落地生根、开花结果。发挥政府引领、行业主导作用，促进高等学校、职业院校与行业企业深度产教融合。鼓励中国优质职业教育配合高铁、电信运营等行业企业"走出去"，探索开展多种形式的境外合作办学，合作设立职业院校、培训中心，合作开发教学资源和项目，开展多层次职业教育和培训，培养当地急需的各类"一带一路"建设者。整合资源，积极推进与各国在青年就业培训等共同关心领域的务实合作。倡议国家之间开展高水平合作办学。

三是实施"丝绸之路"师资培训推进计划。开展"丝绸之路"教师培训，加强先进教育经验交流，提升区域教育质量。加强"丝绸之路"教师交流，推动各国校长交流访问、教师及管理人员交流研修，推进优质教育模式在各国的互学互鉴。大力推进各国优质教学仪器设备、教材课件和整体教学解决方案的输出，跟进教师培训工作，促进各国教育资源和教学水平均衡发展。

四是实施"丝绸之路"人才联合培养推进计划。推进国家间的研修访学活动。鼓励各国高等院校在语言、交通运输、建筑、医学、能源、环境工程、水利工程、生物科学、海洋科学、生态保护、文化遗产保护等国家发展急需的专业领域联合培养学生，推动联盟内或校际教育资源共享。

3．共建丝路合作机制

一是加强"丝绸之路"人文交流高层磋商。开展国家间的双边、多边人文交流高层磋商，商定"一带一路"教育合作交流总体布局，协调推动各国建立教育双边和多边合作机制、教育质量保障协作机制和跨境教育市场监管协作机制，统筹推进"一带一路"教育共同行动。

二是充分发挥国际合作平台作用。发挥上海合作组织、东亚峰会、亚太经合组织、亚欧会议、亚洲相互协作与信任措施会议、中阿合作论坛、东南亚教育部长组织、中非合作论坛、中巴经济走廊、孟中印缅经济走廊、中蒙俄经济走廊等现有双边、多边合作机制的作用，增加教育合作的新内涵。借助联合国教科文组织等国际组织力量，推动各国围绕实现世界教育发展目标形成协作机制。充分利用中国-东盟教育交流周、中日韩大学交流合作促进委员会、中阿大学校长论坛、中非高校20+20合作计划、中日大学校长论坛、中韩大学校长论坛、中俄综合性大学联盟等已有平台，开展务实的教育合作交流。支持在共同区域、有合作基础、具备相同专业背景的学校组建联盟，不断延展教育务实合作平台。

三是实施"丝绸之路"教育援助计划。发挥教育援助在"一带一路"教育共同行动中的重要作用，逐步加大教育援助力度，重点投资于人、援助于人、惠及于人。发挥教育援助在"南南合作"中的重要作用，加大对相关国家尤其是最不发达国家的支持力度。统筹利用国家、教育系统和民间资源，为相关国家培养培训教师、学者和各类技能人才。积极开展优质教学仪器设备、整体教学方案、配套师资培训一体化援助。加强中国教育培训中心和教育援外基地建设。倡议各国建立政府引导、社会参与的多元化经费筹措机制，通过国家资助、社会融资、民间捐赠等渠道，拓宽教育经费来源，做大教育援助格局，实现教育共同发展。

三、精心组织"一带一路"国家文化教育大系的编著出版

在编写"一带一路"国家文化教育大系过程中，应当全面了解国内外对"一带一路"倡议的响应情况，关注进展，总结做法；应当在新冠肺炎疫情得到控制后到对象国去走一走，看一看，实地感受其教育情况和发展变化；应当广泛收集对象国一手资料，认真阅读，消化分析，吐故纳新；应当多方检索专家学者已经开展的相关研究，虚心参阅已有的研究成果。肆虐全球的新冠肺炎疫情，给人类身体健康和生命安全带来了巨大威胁，对世界格局和世界治理体系产生了重大影响，给全球各行各业带来了巨大挑战。教育置身其间，影响十分明显。因而，对"一带一路"国家文化教育进行研究时，必须观察分析疫情对相关国家文化教育和全球教育治理的深刻影响。

"一带一路"倡议提出后，中外已形成多个"一带一路"多边大学联盟。2015 年 5 月 22 日，由西安交通大学发起的新丝绸之路大学联盟成立，迄今已吸引 38 个国家和地区的 150 余所大学加盟。该联盟是海内外大学结成的非政府、非营利性的开放性、国际化高等教育合作平台，以"共建教育合作平台，推进区域开放发展"为主题，推动"新丝绸之路经济带"国家和地区大学之间在校际交流、人才培养、科研合作、文化沟通、政策研究、医疗服务等方面的交流与合作，增进青少年之间的了解和友谊，培养具有国际视野的高素质、复合型人才，服务"新丝绸之路经济带"及欧亚地区的发展建设。

2015 年 10 月 17 日，丝绸之路（敦煌）国际文化博览会筹委会文化传承创新高端学术研讨会在敦煌举行。中国的复旦大学、北京师范大学、兰州大

学和俄罗斯乌拉尔国立经济大学、韩国釜庆大学等 46 所中外高校在甘肃敦煌成立了"一带一路"高校战略联盟,以探索跨国培养与跨境流动的人才培养新机制,培养具有国际视野的高素质人才。46 所高校当日达成《敦煌共识》,联合建设"一带一路"高校国际联盟智库。联盟将共同打造"一带一路"高等教育共同体,推动"一带一路"国家和地区大学之间在教育、科技、文化等领域的全面交流与合作,服务"一带一路"国家和地区的经济社会发展。

2016 年 9 月,中国、中亚及丝绸之路经济带沿线 7 个国家的 51 所高校共同发起成立了中国–中亚国家大学联盟,旨在打造开放性、国际化互动平台,深化"一带一路"科教合作。

此外,高等教育合作研讨会也日渐增多,既有官方推动形成的研讨会,也有民间自发举办的研讨会。比如,中外大学校长论坛、新加坡–中国–印度高等教育论坛、"一带一路"教育对话论坛,以及北京师范大学举办的"一带一路"国家教育交流与合作高端研讨会,北京外国语大学举办的"一带一路"与行业国际化人才培养高峰论坛,北京理工大学主办的"一带一路"高等教育研究国际会议,浙江大学举办的"一带一路"背景下的工程科技人才培养国际研讨会等。这些多边研讨会的召开,不仅吸引了大量"一带一路"沿线国家的教育研究者与实践者参会,推动了研究与实践合作,而且创新了教育合作模式,促进了国际化高端人才培养,为"一带一路"建设奠定了民意基础。

"一带一路"倡议提出之后,中国学术界迅速开展了关于"一带一路"的研究活动,有关"一带一路"主题的图书主要有以下五类。第一类是倡议解读类图书,一般是梳理"一带一路"倡议的提出、发展及其理论内涵与外延。第二类是经济贸易类图书,专业性较强,主要为理论研究型图书。第三类是国情文史类图书,多为介绍"一带一路"国家国情概览、历史情况、发展概况的工具书,语言平实,部分图书学术性较强。第四类是丝路历史类图书,一般回顾古代丝绸之路的形成与发展、丝绸之路上的人物和大事记等，追古溯源，以便更好地开启"一带一路"新篇章。第五类是法律税收类图书，多为法律指引、税务规范手册等。

可以看出，国内对"一带一路"国家的研究已有一定基础，但是囿于语言翻译的障碍，已经出版的"一带一路"图书，大多是政策解读、数据报告、概况介绍等，对对象国的研究广度和深度还很不够，尤其是针对"一带一路"国家文化教育的系统研究还比较少。

在"一带一路"国家中，遴选具有代表性的对象，对其文化、教育进行系统性的研究，并在此基础上编写"一带一路"国家文化教育大系，分期分批出版，对于帮助中国普通读者和研究人员了解"一带一路"国家的文化教育情况，以及对于拓展我国比较教育研究领域、丰富比较教育研究文献，乃至对于促进中外文明互通、更好地参与推进"一带一路"建设，都具有重要意义。基于对选题背景与意义、相关出版产品调研和北京外国语大学比较优势的分析，"一带一路"国家文化教育大系坚持学术性、可读性兼顾原则，分批次推出，不断积累，以形成规模和品牌。

大系在内容上，一方面呈现"一带一路"国家的文化概貌，展示"一带一路"国家教育发展的文化背景和社会依托。大系采用专题形式，力求用简洁平实的语言生动活泼地介绍"一带一路"国家的自然地理、人文景观、历史发展、风土人情、文化遗产等内容，重点呈现对象国独有的文化现象和独特风貌，集中揭示其民族文化内涵、民族精神、人文意蕴。另一方面，大系重点研究、评价、介绍"一带一路"国家教育的基本情况、发展历史、发展战略、政策法规、现存体系、治理模式与师资队伍等，这方面内容占较大篇幅，是全书的重点和主要内容。

"一带一路"倡议正在成为我国参与全球开放合作、改善全球治理体系、促进全球共同发展繁荣、推动构建人类命运共同体的中国方案。作为国家社会科学基金（教育学）重大项目"新时代提升中国参与全球教育治理的能力及策略研究"的部分研究成果和北京外国语大学"双一流"建设重大标志性成果，"一带一路"国家文化教育大系计划在 2021 年中国共产党建党 100 周年和北京外国语大学建校 80 周年之际，推出首批图书。2023 年"一带一路"倡议提出 10 周年时，推出该项目二期成果。同时积极参与党和国家相关主题纪念活动，以及国家重大图书项目的申报评选工作。

北京外国语大学以外语见长，国际交往活跃，被誉为"共和国外交官的摇篮"，先后培养了 400 多位大使、2 000 多位参赞，以及更多的外交外事外贸工作者。凡是有五星红旗飘扬的地方，都能看到北外人的身影。北外不仅承担着培养各类国际化人才的任务，更担负着向中国介绍世界、向世界介绍中国的历史使命。迄今为止，北外已获批开设 101 种外国语言，成立了 37 个区域与国别研究中心，丰富的涉外资源正在助力"一带一路"国家的研究。

大系由外研社具体组织实施。外研社隶属北外，多年来致力于"一带一路"国家的合作交流，服务讲好"中国故事"，在中华思想文化传播、打造中外出版联盟、推动中外学术互译等方面积累了丰富经验，对于协助研究、编著、出版"一带一路"国家文化教育大系具有良好的工作基础。这也是北外及外研社的使命和担当之所在。

大系编著者以北外教师为主。服务国家重大战略，北外人责无旁贷。同时，国内有研究专长和研究意愿的专家学者也踊跃参与，他们或独自撰著一书，或与北外同仁合作。大系还邀请了驻外使领馆的同志和对象国的学者参加撰写或审稿，他们运用一手资料，开展实地调研，力图提升大系的准确性。

四、结语

"一带一路"倡议植根历史，更面向未来；源于中国，更属于世界。"一带一路"作为文明互鉴的桥梁，从亚欧大陆延伸到非洲、美洲、大洋洲，与世界各国发展战略及众多国际和地区组织的发展实现对接联通，在通路、通航的基础上更好地通商，进而开展文化教育交流与沟通，加强商品、资金、技术、文化、教育流通，达成互学互鉴的文明愿景。"一带一路"倡议的目标是中国与"一带一路"国家在互联互通基础上分享优质产能，共商项目投资，共建基础设施，共享合作成果，内容包括政策沟通、设施联通、贸易畅通、资金融通、民心相通"五通"。"一带一路"倡议肩负重大使命，它要探寻经济增长之道，将中国自身的产能优势、技术与资金优势、经验与模式优势转化为市场与合作优势，实行全方位开放，共享中国改革发展红利；它要实现全球化再平衡，鼓励向西开放，带动西部开发以及中亚、蒙古等内陆国家和地区的开发，在国际社会推行全球化的包容性发展理念，主动向西推广中国优质产能和比较优势产业，惠及沿途、沿岸国家，避免西方国家所开创的全球化造成的贫富差距和地区发展不平衡情况，推动建立持久和平、普遍安全、共同繁荣的和谐世界；它要开创地区新型合作，强调共商、共建、共享原则，超越了马歇尔计划和传统的对外援助活动，给21世纪的国际合作带来了新的理念。所以，新时代中国的教育学者应当将"一带一路"国家文化教育研究作为比较教育新的增长点，全面深入开展研究，以自己的聪明才智丰富学术，为国出力，服务国家重大发展战略；在加强与"一带一路"国家的交流合作中，推动"一带一路"建设高质量发展，努力建设高质量的中国教育体系，并积极参与后疫情时代全球教育治理体系改革，加快构建以国内大循环为主体、国内国际双循环相互促进的新发展格局。

2023 年春
于北京外国语大学

（王定华，北京外国语大学党委书记、博士、教授、博士生导师，国家督学。历任河南大学教师、中国驻纽约总领事馆教育领事、教育部基础教育一司司长、教育部教师工作司司长等。）

本书前言

葡萄牙，全称葡萄牙共和国，位于欧洲伊比利亚半岛西南端，濒临大西洋，领土面积 9 万余平方千米，海岸线绵长，气候温润适宜，自然环境得天独厚，动植物种群多样，有"软木王国"和"欧洲滨海花园"等美誉。葡萄牙是欧盟中等发达国家，工业基础较为薄弱，纺织、制鞋、酿酒、旅游等是国民经济的支柱产业。同时，葡萄牙也是世界第四大橄榄油生产国、第八大模具供应商，拥有欧洲第二大风力发电场。葡萄牙于 1143 年成为独立王国，经过 15、16 世纪航海大发现成为海上强国，曾在非、美、亚洲建立多个殖民地。如今的葡萄牙是民主制国家，主张在平等互利的基础上同世界各国普遍发展友好合作关系，大力开展经济外交，是亚洲基础设施投资银行创始成员国。

葡萄牙和中国于 1979 年 2 月 8 日建交。建交近 40 余年来，两国在政治、经贸、文化、科技、军事等领域的友好合作关系不断发展，通过平等协商妥善解决了历史遗留的澳门问题，于 2005 年建立全面战略伙伴关系。中葡经贸关系成熟稳定，即使在新冠肺炎疫情的影响下，双边贸易额仍逆势增长，双向投资活跃，两国企业在第三方市场的合作取得积极成果。此外，两国在文化、教育、科技和军事等方面均签署了重要双边协议，各领域交流合作全面推进，有力地促进了中欧、中国同葡语国家关系的发展。

目前，国内对葡萄牙的研究涉及政治、经贸、文学等多个领域，但对其文化教育的系统性梳理较为难寻。随着"一带一路"倡议的不断深化落实和新时代教育对外开放的加快扩大，加强对葡萄牙文化教育领域的多层次和全方位认识、继续推动中葡两国在文化教育领域的交流合作，对于促进两国互鉴、互融、互通将起到重要作用。

本书首先对葡萄牙的国情概况、文化传统和教育历史进行全面介绍，其次梳理葡萄牙的学前教育、基础教育、高等教育、职业教育、成人教育和教师教育等不同教育阶段和教育类型的发展和特点，随后总结葡萄牙的教育政策和教育行政的现状与面临的挑战，最后对中葡两国的教育交流合作进行分析。葡萄牙的官方语言为葡萄牙语，作为北京外国语大学葡萄牙语系教师，笔者尽最大可能采用来自葡萄牙的第一手资料。全书共十二章，李丛负责第四至九章的撰写，张方方负责第一至三章和第十至十二章的撰写。

衷心感谢北京外国语大学党委书记、"一带一路"国家文化教育大系总主编王定华教授和外语教学与研究出版社有关编审人员提供的专业支持和精准指导，感谢北京外国语大学葡萄牙语系研究生庞若洋、梁清弦（已毕业）、陈怡冰、陈莹为本书提供的部分文字资料，以及梅昱（已毕业）、安宇、周晓童（本科毕业生）和科英布拉大学孔子学院院长周淼女士为本书提供的部分图片内容。

由于本书在撰写期间正值全球新冠肺炎疫情流行，笔者没有机会去葡萄牙开展实地调查研究，因此，本书的研究资料主要以文献为主，缺乏实地调查数据。尽管如此，笔者还是希望本书能够为读者全面了解葡萄牙的文化教育提供参考，希望更多专业人士参与到葡萄牙文化教育研究之中，为推动中葡两国的文化教育交流与合作贡献力量。欢迎各位专家学者和广大读者对本书给予批评和指正。

李丛　张方方

2023 年 6 月于北京外国语大学西班牙语葡萄牙语学院

目　录

第一章 国情概览

第一节 自然地理

一、地理位置

　　葡萄牙位于欧洲西南端，东部和北部与西班牙接壤，两国边境线长 1 215 千米；西部和南部濒临大西洋，海岸线长 832 千米。葡萄牙领土面积约 92 226 平方千米，约等于伊比利亚半岛总面积的六分之一。除本土大陆外，葡萄牙领土还包含位于大西洋的亚速尔群岛和马德拉群岛两个自治区。葡萄牙地势由东北向西南倾斜，地形以山地和丘陵为主，北部多高原山地，地势较高，平均海拔在 800—1 000 米；西部为沿海冲积平原，土壤肥沃；南部以丘陵为主，地势平缓。葡萄牙境内最高点是位于皮库岛上的皮库山，海拔 2 351 米。[1]

---

[1] 资料来源于游览葡萄牙官网。

二、气候特征

整体而言,葡萄牙大陆地区为地中海气候,春夏炎热干燥,云层稀薄,日照充足,为该国农业和旅游业的发展提供了充分的条件;秋冬温和湿润,雨量充沛,伴有大风。受地理位置、海拔、地形等因素的影响,除南部地区呈现典型的地中海气候之外,其他地区存在一定的气候差异:沿海地区受大西洋影响,年温差较小,夏季凉爽,冬季温和,大多时候气候湿润,全年降雨量均匀;内陆地区年温差较大,夏季干燥,冬季寒冷,雨水稀少;高山地区为高海拔气候,夏季清爽湿润,冬季寒冷多雨,偶有降雪。由于远离欧洲大陆,亚速尔群岛受大西洋影响比较明显,呈现海洋气候,年均气温在18—20℃,四季如春,降雨量充沛,境内的皮库山是国内降雨量最多的地区。马德拉群岛虽同处大西洋,但受到季风影响,呈现地中海气候,全年气温较高,雨水稀少。[1]

三、自然资源

葡萄牙矿产资源较丰富,金属类矿产资源包括铜、锌、钨、锡等,其中铜和钨的储量均居欧洲国家前列。非金属类矿产资源主要包括大理石、石灰石、花岗石、板岩、页岩、沙砾石、黏土等,储备较为丰富。[2]

葡萄牙油气资源稀缺,石油作为该国的主要能量来源,主要依赖进口,进口来源国包括安哥拉、俄罗斯等油气大国。近年来,葡萄牙政府致力于推动能源结构多元化,提升天然气在能源结构中的占比,从阿尔及利亚、尼日利亚等非洲国家进口天然气,并立足于自身的地缘优势,大力建设西

---

[1] 资料来源于葡萄牙海洋和大气研究所官网。

[2] 资料来源于葡萄牙国家能源和地质实验室官网。

内斯港，计划将该港口打造为天然气进入欧洲的门户，积极寻求新的发展机遇。[1]

虽然国内化石燃料储备不多，但葡萄牙的地理位置、气候和地形特征赋予了它丰富的清洁能源：葡萄牙北部、中部地区山峦起伏，为风力发电创造了良好的条件；南部地区阳光充足，全年有 300 多天日照时间，是建设太阳能电站的理想之地；西部地区海岸线绵延，具有发展潮汐能的潜力；全国水系丰富，北部山地落差大，为实现水力发电提供了充分的条件。目前，在当地政府的大力支持下，水能、风能、潮汐能、太阳能等可持续能源在当地均得到开发利用，在能源结构中的占比连年增长，发展新能源成为葡萄牙能源战略的重要一环。葡萄牙河网密布，水系丰富，境内具有规模的河流大多发源于邻国西班牙，在流经葡萄牙全境后汇入大西洋。主要河流包括杜罗河、蒙德古河以及特茹河。杜罗河在西葡两国境内全长 927 千米，[2] 源头位于西班牙的乌尔比翁峰，支流繁多，于葡萄牙第二大城市波尔图汇入大西洋。杜罗河流经山区，落差较大，具有丰富的水能资源，流域内建有多处水利工程，其中，规模较大的蓄水发电工程包括卡拉帕特罗水坝、波西尼奥水坝等。蒙德古河全长 258 千米，[3] 是发源于葡萄牙本土的最长的河流，源头位于埃什特雷拉山脉北坡，自东向西流经整个中部地区后汇入大西洋。蒙德古河中上游建有多处水电站和堤坝，除发电用途外，部分还用于浇灌，具有重要的经济意义。特茹河蜿蜒近 1 100 千米，[4] 是伊比利亚半岛最长的河流，源头位于西班牙东部阿尔瓦拉辛山，一路流经西班牙和葡萄牙的内陆地区，在穿过葡萄牙首都里斯本后，汇入大西洋。特茹河水力资源丰富，在西班牙、葡萄牙两国的合作下，该流域建有多座水电站，水力资源得到了较为充分的开发和利用。

[1] 资料来源于葡萄牙商业报官网。
[2] 资料来源于葡萄牙广播电视公司官网。
[3] 资料来源于蒙德古之旅官网。
[4] 资料来源于葡萄牙广播电视公司官网。

总体而言，葡萄牙国内水流丰富，然而，由于气候因素，各河流流量在季节和空间上的分布并不均匀。北部地区降雨量较多，全年水位稳定，而南部由于干燥少雨，夏季河流蒸发严重，有的河流甚至干涸。此外，葡萄牙国内水电资源主要集中在北部落差较大的山地地区，南部虽然同样建有堤坝，但由于地势平缓，无法产生较大的水能，故多用于储水，以便于灌溉和公共用水。

第二节　国家制度

一、国家标志

葡萄牙国旗呈长方形，长宽之比为 3∶2。旗面由左绿右红两部分组成，绿色代表民族希望，红色则代表为民族希望而献身的烈士的鲜血。红绿两色相接处绘有葡萄牙国徽。

葡萄牙国徽由外围的金色浑天仪和内部的盾徽组成。浑天仪是大航海时代的象征，是葡萄牙民族的代表元素。盾徽被分为红白两部分，红色部分绘有 7 座金色城堡，白色部分则绘有五枚蓝盾。蓝盾以十字形排列，分别代表 1139 年在阿丰索一世领导下，在奥利盖战役中打败摩尔人的 5 位国王。每一枚蓝盾上都有 5 个白色斑点，表示耶稣被钉在十字架上时的 5 处伤口，具有宗教含义。

葡萄牙国歌《葡萄牙人》由阿尔弗雷多·基尔作曲、恩里克·洛佩斯·德·门多萨作词，歌词如下：

海上的英雄，高贵的人民，

英勇与永恒的国度，

让今天再次彰显

葡萄牙的辉煌吧！

在记忆的迷梦中，

祖国发出她的吼声了：

你们伟大的先烈

一定会领导你们直至胜利！

武装起来！武装起来！

捍卫疆土！保卫领海！

武装起来！武装起来！

为祖国战斗吧！

冒着炮火前进，前进！

升起不可侵犯的旗帜，

飘扬在活跃光明的半空中！

让欧洲在大地上呼喊：

葡萄牙还未消失！

亲吻你们的土地吧！

海洋，爱的咆哮，

和你凯旋的军队，

已在尘世中建立了新的世界了！

向旭日致敬，

于高兴的远景中；

让进攻的回波

成为重生的征兆！

灿烂黎明的光映，

就是母亲的挚吻，

用来维持我们、支撑我们，

抵抗瞬间的侮辱。

葡萄牙的国庆日是 6 月 10 日，为葡萄牙最伟大的诗人路易斯·瓦斯·德·卡蒙斯的忌日。

二、行政区划

葡萄牙首都里斯本。葡萄牙的行政区划被分为三级：大区 / 自治区、市和教区。目前，葡萄牙设有 18 个大区和 2 个自治区。

表 1.1 葡萄牙 18 个大区、2 个自治区及其首府

大区 / 自治区	首府
里斯本大区	里斯本市
波尔图大区	波尔图市
科英布拉大区	科英布拉市
维亚纳堡大区	维亚纳堡市
布拉加大区	布拉加市
雷阿尔城大区	雷阿尔城市
布拉干萨大区	布拉干萨市
瓜达大区	瓜达市
莱里亚大区	莱里亚市
阿威罗大区	阿威罗市
维塞乌大区	维塞乌市
圣塔伦大区	圣塔伦市
埃武拉大区	埃武拉市

续表

大区 / 自治区	首府
法鲁大区	法鲁市
布兰科堡大区	布兰科堡市
波塔莱格雷大区	波塔莱格雷市
贝雅大区	贝雅市
塞图巴尔大区	塞图巴尔市
马德拉自治区	丰沙尔市
亚速尔自治区	蓬塔德尔加达市

三、政治体制

1974 年"康乃馨革命"[1] 后，统治葡萄牙 40 余年的军政府宣告落幕，建设民主政体成为国家的首要任务。在这样的背景下，葡萄牙制宪议会于 1976 年 4 月 2 日召开全体会议，颁布新宪法。1976 年宪法主张尊重人权和人民意志，以全力建设自由、公正、和谐的社会为目标，确定了国家政治体制，沿用至今。[2] 该宪法自出台起先后经过六次修订，最近一次修订于 2004 年完成。根据宪法规定，葡萄牙实行半总统制与单一议会制，权力机关包括总统、政府、议会及法院，各机构职能相互独立，又彼此制衡。

总统是国家元首及武装部队最高司令，主要使命为保证国家的独立完整以及民主体制的正常运作。总统由不记名直接普选产生，在第一轮选举时，若无竞选者票数超过半数，则得票最多的两位竞选者进入第二轮选举，第二轮中票多者获胜。总统任期 5 年，可连任两届，期满后将权力移交给下

---

[1] 葡萄牙 1974 年"康乃馨革命"是 1974 年 4 月 25 日于葡萄牙首都里斯本发生的一次政变，因政变参与者手持康乃馨代替步枪，得名"康乃馨革命"，又称"四·二五革命"。该革命推翻了统治葡萄牙长达 40 余年的军政府，此后，葡萄牙开启民主化进程。

[2] 资料来源于葡萄牙共和国宪报官网。

一任总统。总统权力包括：任命总理及内阁政府成员，在听取各党派和国务委员会意见后可解散议会，必要时可解散政府或罢免总理，召开临时议会，确定选举日期，颁布法律、法令及政令，批准国际条约和签署国际协议等。

政府为国家公共行政最高权力机关，由总理领导。总理任期4年，由总统在参考各党派意见以及选举结果后任命产生，通常为议会最大党领袖。政府其他成员由总理提议、总统任命。政府主要职能包括：制定经济、财政、外交计划并下令执行，制定并执行国家预算，为法律执行制定必要规定等。政府需对总统和议会负责。

议会实行一院制，由230名议员组成，代表全体葡萄牙公民的意志行使国家立法权。国会议员由普选产生，任期4年。议会选举共分为22个选区：每个行政大区为一个选区，本土共18个选区；两个自治区分别设一个选区；此外，还设有两个海外选区，方便侨胞投票。其中，两个海外选区每区设两个席位，其余的226个席位按人口比例分配到国内各个选区。议会的主要职能包括修改宪法，批准、修改或废止法律，赋予政府立法权限，监督政府和公共行政机构的工作，对政府提交的法案进行评估，监督宪法和法律的执行，宣布大赦等。法院是以人民的名义行使司法权的机构，其主要职责为解决纠纷、维护民主法制与法定利益等。葡萄牙属于大陆法系国家，设有宪法法院、司法法院、行政法院、审计法院和军事法院。其中，司法法院分为第一审司法法院、第二审司法法院和最高法院，最高法院是国内最高司法机构，院长由法官选举产生。在总统、议长和总理均无法履行其职责的情况下，最高法院院长可顺位代任国家元首职务。

葡萄牙当前所实施的选举体系为个人、直接、不记名且定期选举。在历史上，曾经是只有满足一定智力及物质条件的居民才有资格参加选举。军政府时期，选举主体的范围更是缩小到了选举人团，人民被排除在政治权力之外。在军政府落幕后，民主政府降低了选举门槛，扩大了选民的范围，让公民能够更好地参与到政治中。根据现行法律，年满 18 岁的葡萄牙公民均有资格行使投票权。目前，葡萄牙国内同时实施两种选举形式：在总统选举中，采用多数制；在议会、自治区管理机关以及地方政府的选举中，采用比例代表制。前者强调执政性，规定选票最高者当选；后者则强调代表性，采用洪德法 [1] 来确定各级立法机构席位分布。

葡萄牙实行多党制，目前，国内共有 24 个合法政党，[2] 主要政党如下。社会党，于 1973 年 4 月成立，葡萄牙两个主要政党之一，目前是执政党。社会民主党，葡萄牙两个主要政党之一，也是最大的在野党。社会民主党于 1974 年 5 月成立，原名人民民主党，1976 年改为现名。其他政党还有"够了"党、自由事业党、葡萄牙共产党、左翼集团、人动物自然党、自由党、人民党、联盟党、绿党等。

四、对外关系

葡萄牙主张以平等互利为原则，同世界各国建立友好合作关系，以欧盟、跨大西洋和葡萄牙语国家共同体三个外交维度为优先事项，在积极参与欧洲一体化、不断向欧洲靠拢的同时，履行北约义务，并以各葡萄牙语国家为切入点，大力拓展与亚洲、美洲、非洲的关系。此外，葡萄牙同中国、南非等国家加强沟通合作，并立足于自身战略需求，同委内瑞拉、利比亚、安哥拉等石油大国加强经贸往来。葡萄牙现为联合国、北大西洋公约组织、欧洲-大西洋合作委员会、欧洲安全与合作组织、经济合作与发展组织、国际货币基金组织、世界银行、世界贸易组织等一系列国际组织的成员，高举通

---

[1] 洪德法是一种最高均数方法，即所得选票均数最高的政党可按均数顺序获分议席，每取一席，其均数便相应递减，如此类推。

[2] 资料来源于葡萄牙国家选举委员会官网。

过对话解决争端的旗帜，为推动国际和平发展做出积极贡献。目前，葡萄牙已与 195 个国家建立外交关系，共设 76 个驻外使馆。[1]

（一）对欧关系

15 世纪以前，由于地理距离和技术限制，葡萄牙与欧洲内陆的联系较少。15 世纪后，葡萄牙开启航海大发现时代，将目光聚焦于海上。1974 年的"康乃馨革命"推翻了葡萄牙国内长达 40 余年的军政府统治，开启了国家民主化进程。在这样的背景下，"欧洲一体化"在国内的呼声越来越高，被看作巩固民主制度、摆脱孤立的重要渠道，进而成为国家外交政策的战略重点。1977 年，葡萄牙正式提交加入欧洲共同体的申请，在经历长期谈判后，最终在 1986 年加入欧共体，成为欧洲一体化政策的坚定支持者和积极参与者。此后，葡萄牙支持采用单一货币，成为第一批加入欧元区的成员国，并积极推动欧洲制宪议程，逐步深化自身的欧洲化特征，巩固自身民主制度。受益于欧盟资金援助，葡萄牙经济得到较快发展，基础设施相对薄弱的状况得以改善，现代化进程取得令人满意的成就。同时，葡萄牙以欧盟为依托，在国际舞台上重新崭露头角，国际影响力得到显著提升。目前，葡萄牙是欧洲单一市场、申根区、欧元区等的成员，曾在 1992 年、2000 年和 2007 年三次担任欧盟理事会主席国，在轮值期间主持《里斯本条约》的修订和签署，为欧盟走出制宪危机创造条件，并推动申根区东扩至中东欧 9 国，进一步强化了欧盟经济的活力和竞争力。2021 年，葡萄牙再次接任欧盟轮值主席国，口号为"开始行动：重建一个公正、绿色、数字的欧洲"，将促进经济复苏、落实欧洲社会权利支柱、加强欧洲自治权和全球领导力作为三大优先事项。[2]

---

[1] 资料来源于葡萄牙外交部官网。

[2] 中华人民共和国驻欧盟使团经济商务处. 葡萄牙接任欧盟理事会轮值主席国 [EB/OL].（2021-01-14）[2021-01-22]. http://eu.mofcom.gov.cn/article/jmxw/202101/20210103031145.shtml.

（二）跨大西洋关系

葡萄牙位于欧洲最西端，远离欧洲内陆，被看作"边缘"国家，决定了葡萄牙在向欧洲靠拢的同时，还致力于将其外交关系多元化，积极寻求其他优势，旨在扩大自己的影响力。作为欧洲沿海国家，自15世纪以来，葡萄牙向大海进发，开启航海大发现时代。数个世纪后的今天，大西洋对于葡萄牙依旧具有战略地位，这一点充分反映在了其当代外交中。作为连接南北大西洋、地中海和大西洋以及欧洲大陆和美非两洲的重要枢纽，葡萄牙立足于自身地缘优势，积极拓展跨大西洋关系，将其确立为国家的第二大外交维度。

葡萄牙的跨大西洋关系中，葡美关系是最主要的。一直以来，美国都是葡萄牙的重要盟友。早在美国独立之初，葡萄牙就是最先承认其主权国家地位的欧洲国家之一。此后，两国伙伴关系不断深化。在政治层面，葡萄牙和美国同为联合国、北大西洋公约组织、经济合作与发展组织、国际货币基金组织、世界银行等国际组织成员，并在1995年签署《防务合作协定》，决定常设双边委员会，负责审议双边国防、科技、贸易、投资等各个方面的合作，具有良好的政治沟通基础。最近一次常设双边委员会于2020年7月15日召开，会上，葡美双方就两国合作进行总结，共同探讨升级和巩固跨大西洋关系的机遇，并在会后发表联合声明，进一步强化两国关系。在军事层面，1943年，美国在亚速尔群岛的拉日什修建空军基地，这也成为葡美军事合作的核心。目前，两国同为北约创始成员国，在大西洋联盟的框架下开展军事合作，并多次组织军队参加共同演习，一同捍卫大西洋地区的安全。经济层面，1994年，葡美两国签订《避免双重征税和防止逃税条约》以及《海关互助协定》，旨在加强两国贸易往来。2019年，美国与葡萄牙的货物贸易总额达到45亿欧元，[1]成为葡萄牙在欧盟以外的最大贸易

---

[1] 资料来源于当代葡萄牙数据库官网。

伙伴，其重要性不可忽视。人文层面，葡美两国不断深化科技教育领域的合作。1960 年，葡美两国签署协议，决定在葡成立富布赖特委员会，负责管理并运行富布赖特教育交流项目，为两国研究生、博士后研究员、访问教授等人群提供资助，推动了两国间的教育合作。[1] 此外，据统计，美籍葡裔群体人数近 140 万人，[2] 构成葡萄牙语言、文化及传统在美国传播的重要媒介，为两国人文沟通做出了卓越贡献。

（三）在葡萄牙语国家共同体中的表现

由于历史因素，葡萄牙语国家间语言、文化相通，有着天然的沟通优势。1996 年，葡萄牙语国家共同体成立，为葡语国家间的交流合作提供了有力平台。在该机制成立之初，成员包括葡萄牙、安哥拉、巴西、佛得角、几内亚比绍、莫桑比克、圣多美和普林西比 7 个国家，在东帝汶和赤道几内亚分别于 2002 年和 2014 年加入共同体后，成员国数量扩大到 9 个。共同体成员国分布在欧、亚、非、美四大洲，覆盖人口超过 2.3 亿，具有重要的战略意义。通过该机制，葡萄牙语国家在国际论坛上一同发声，就国际、地区事务共同协商，积极寻求解决方案。由于历史原因，葡萄牙在葡语国家共同体中拥有重要影响力，自该机制成立以来便发挥领导作用，与各成员国在外交、文化、经贸、政治等领域积极开展合作，并在担任欧盟轮值主席国期间推动欧盟与葡语国家之间的对话与联系，加强双方合作。在各成员国中，巴西是葡萄牙的重点外交对象，近十年来，两国高层互访频繁，签署了关于经济、文化、移民和打击贩毒的众多合作协定，共同推动葡语国家在政治、外交、经贸、文化等方面的合作，在葡语国家共同体中起到了引领作用。除巴西外，非洲葡语国家资源丰富，油气储备充足，在葡外

---

[1] 资料来源于富布赖特项目官网。

[2] 资料来源于葡萄牙外交部官网。

交中的分量同样重要。近年来，借助双边机制及葡语国家共同体等多边机制，葡萄牙大力增加在非洲能源、金融和商贸等领域的投资，在保证能源供应稳定和多元化的同时，开拓出口市场，并在国防、教育、军队、人员交流方面加强与非洲葡语国家的合作，助力其发展，达到互利共赢的效果。

（四）对中关系

中葡两国于 1979 年 2 月 8 日正式建立外交关系。1987 年 4 月 13 日，中葡两国政府签署关于澳门问题的联合声明，中国政府于 1999 年 12 月 20 日对澳门恢复行使主权。2005 年 12 月，中葡两国建立全面战略伙伴关系，两国关系步入新阶段。此后，以相互尊重、平等互利、互不干涉内政的原则为基础，双边关系稳步发展，两国在政治、经贸、文化、科技、军事等多个层面的交流日益密切。

政治层面，双边高层互访不断。2010 年 11 月，中国国家主席胡锦涛访问葡萄牙；2014 年 5 月，葡萄牙总统卡瓦科·席尔瓦对中国进行国事访问；2016 年 10 月，葡萄牙总理安东尼奥·科斯塔访华并出席在澳门举办的"中国–葡语国家经贸合作论坛"（以下简称中葡论坛）第五届部长级会议；2018 年，中国国家主席习近平访问葡萄牙，两国政府签署关于共同推进建设"一带一路"的谅解备忘录；2019 年 4 月，葡萄牙总统马塞洛·雷贝洛·德索萨访华，其间出席了在北京召开的第二届"一带一路"国际合作高峰论坛。此外，为夯实双边关系，两国设立多个双边、多边机制，包括中葡论坛、中葡科技合作联委会、中葡合作发展基金等。其中，最具代表性的为中葡论坛。该论坛成立于 2003 年 10 月，由中国中央政府（商务部）发起并主办，澳门特别行政区政府承办。除中国外，参与国包括安哥拉、巴西、佛得角、几内亚比绍、莫桑比克、葡萄牙、圣多美和普林西比（2017 年 3 月正式加入论坛）、东帝汶 8 个葡语国家，迄今为止已成功举办五届部长级会议，每次会后形成《经贸合作行动纲领》，确定下一阶段中国与各国在政治、贸易、投资、产能、基础设施、能源、教育、文化等诸多领域的合作内容与目标，深化了中国与包括葡萄牙在内的葡语国家的联系。此外，葡萄牙具有极富战略性的地理位置，是"一带一路"建设的积极支持者和参与者，中葡合作前景广阔，潜力巨大。

经贸层面，中葡经贸关系历史悠久。早在 16 世纪初，葡萄牙商人就曾到达中国广州，用本国的银器、羊毛等产品换取中国的丝绸。1979 年中葡正式建交后，开启了两国经贸合作的新纪元。为了发展双边经贸关系，两国政府于 1980 年签订《中华人民共和国政府和葡萄牙共和国政府贸易协定》，1998 年签署《避免双重征税和防止偷漏税协定》，2005 年签署《中葡经济合作协定》并重签《鼓励和相互保护投资协定》，2018 年签署关于共同推进建设"一带一路"的谅解备忘录，为两国经贸合作的开展创造了有利条件。根据数据显示，近年来，中葡货物贸易稳定增长，在 2019 年，双边货物贸易进出口总额超过 35.5 亿欧元，同比增长 16.5%。[1] 其中，葡萄牙向中国出口货物总值约为 6.02 亿欧元，[2] 进口货物总值为 29.53 亿欧元，[3] 中国连续数年成为葡萄牙在亚洲的最大贸易伙伴。除贸易往来频繁外，近年来，中国企业积极参与到葡萄牙国有企业的私有化进程中，以基础设施、能源、电力、银行等行业为重点投资领域，对葡投资存量逐步增长，获得了令人满意的经济、社会效益，为当地发展做出了积极贡献，也树立了中资企业的良好形象，成为推动中葡关系走深走实的重要动力之一。根据《2019 年度中国对外直接投资统计公报》，2019 年中国对葡直接投资流量为 1 855 万美元，截至 2019 年年底，中国对葡直接投资存量约为 5 857 万美元。[4]

---

[1] 资料来源于当代葡萄牙数据库官网。

[2] 资料来源于当代葡萄牙数据库官网。

[3] 资料来源于当代葡萄牙数据库官网。

[4] 中华人民共和国商务部，国家统计局，国家外汇管理局. 2019 年度中国对外直接投资统计公报 [M]. 北京：中国商务出版社，2020：53-59.

人文层面，两国交往同样日益紧密。2018 年年初，中国文化和旅游部与葡萄牙文化部达成互办"文化节"的共识，旨在加强两国展览、演出、影视、传媒等方面的合作。为迎接 2019 年中葡建交 40 周年的到来，中葡两国举办了包括"中国明代瓷器展"在内的一系列活动，中国国家京剧院《杨门女将》班底和中国中央芭蕾舞团赴葡演出。近年来，中葡影视交流合作同样成果丰硕，两国在 2015 年和 2016 年曾互办电影展，并在里斯本举办"葡萄牙 2018 年中国电影周"，从影视作品入手，为葡萄牙民众了解中国文化提供了新的渠道。

教育方面，两国于 2005 年签署《关于相互承认高等教育学历、学位证书的协定》，葡萄牙的卡蒙斯学院和中国国家留学基金委分别设立奖学金项目，为学生赴彼此高校学习提供便利。同时，两国高校也积极开展校际合作，推动彼此高校间师生交往和科研合作不断走深走实。目前，孔子学院已入驻葡萄牙米尼奥大学、里斯本大学、阿威罗大学、科英布拉大学和波尔图大学，成为当地民众学习汉语、了解中国文化的重要窗口。

第三节 社会生活

一、人口、语言和宗教

葡萄牙国家统计局 2021 年的数据显示，葡萄牙人口约 1 034.5 万。其中男性居民约 492.1 万人，女性居民约 542.4 万人，总人数较 2020 年增长约 0.45%。葡萄牙人口结构老龄化严重，2020 年国民老龄化指数达到 167.0%。1—14 岁人口约占总人口的 13.4%，15—64 岁人口约占 64.1%，65 岁及以上人口约占 22.4%。葡萄牙 2020 年国内出生率较 2019 年下降 2.5%，已连续

12 年呈下降趋势。葡萄牙国民预期寿命有所提升，男性为 77.95 岁，女性为 83.51 岁。据统计，阿连特茹地区是葡萄牙境内老龄化最严重的地区，而亚速尔群岛则是老龄化指数最低的地区，也是葡萄牙全境唯一一个年轻人口数量高于老年人口数量的地区。[1]

葡萄牙人口结构较为单一，主要为葡萄牙人，其余大多为来自其他国家和地区的移民。据统计，2014—2019 年，来葡萄牙定居的移民人数达到 72 725 人，主要来自巴西、英国、法国、安哥拉和委内瑞拉等国。[2]

葡萄牙的官方语言为葡萄牙语，包括亚速尔自治区和马德拉自治区在内，全境通用。除葡萄牙语外，米兰德斯语在 1999 年被列为官方语言之一，在葡萄牙东北部地区使用。

葡萄牙宪法规定，公民享有宗教信仰自由的权利，多个宗教在葡萄牙和谐共存。由于历史原因，葡萄牙绝大部分居民信奉天主教，其他宗教信徒较少，主要包括基督新教、东正教、犹太教、伊斯兰教、巴哈伊教等。

二、经济

在过去 50 年中，葡萄牙经济经历了多重深刻变化。军政府时期，葡萄牙国家经济为典型的殖民模式，以工农业为支柱，奉行政府管控和保护主义。20 世纪 70 年代，军政府落幕，殖民体系瓦解，葡萄牙进入民主时期。此后，葡萄牙经济开始进入调整期，保护措施被逐步取缔，对外开放不断扩大，经济模式向现代化迈进。

1986 年，葡萄牙加入欧共体，采取由欧洲经济货币联盟确立的经济政策，并在 1999 年加入欧元区。受益于欧盟各种基金及援助，葡萄牙经济得

---

[1] 资料来源于葡萄牙国家统计局官网。

[2] 资料来源于葡萄牙国家统计局官网。

到较快发展，基础设施相对薄弱的状况得以改善，现代化进程加速，1986—1990 年，国内生产总值增长率达到了年均 6.16%，[1] 高于同时期欧共体国家的平均水平。

2000 年起，葡萄牙经济陷入滞胀，公共账户赤字增加，通胀率上升，经济增速缓慢，年增长率不到 2%，低于欧盟平均水平。[2] 2008 年，在遭受国际金融危机和主权债务危机双重打击后，葡萄牙经济进一步恶化，陷入衰退。尽管国家实行财政紧缩政策，并采取包括将破产银行国有化在内的一系列措施，但经济并未有所好转，国内公共债务依旧不断上升，赤字难以控制。葡萄牙政府在经历罢工、失业率上升、债务评级降低等问题之后，向欧盟寻求救助，接受由欧盟委员会、欧洲央行和国际货币基金组织组成的"三驾马车"所提供的总额达 780 亿欧元的援葡备忘录。根据协议，葡萄牙政府需采取严格措施，削减财政赤字，并落实一系列结构性改革政策。此后，葡萄牙公共管理效率得到提高，企业营商成本降低，劳动市场变得更加灵活，经济逐步好转。2014 年 5 月，葡萄牙政府按期完成援助备忘录，结束国际救助，重返市场自主融资，走出经济危机的阴霾。据葡萄牙国家统计局数据显示，葡萄牙自 2015 年起，国内生产总值以 2.5% 左右的速度稳步增长，在 2019 年达到 2 133.01 亿欧元，人均生产总值约为 20 736.5 欧元。[3]

农业是葡萄牙主要产业之一。在 2016 年，葡萄牙农业人口为 604 511 人，农业用地使用面积 364.2 万公顷，为国土总面积的 39.5%，其中可耕地面积 104.3 万公顷、家庭农场 1.6 万公顷、永久作物占地 70.5 万公顷、牧场占地 187.7 万公顷。[4] 国内主要农作物包括橄榄、葡萄、谷物等。2019 年，葡萄产量约为 86 万吨，全境葡萄种植面积约 17.9 万公顷，其中，约 17.7 万

---

[1] 资料来源于当代葡萄牙数据库官网。

[2] 资料来源于当代葡萄牙数据库官网。

[3] 资料来源于当代葡萄牙数据库官网。

[4] 资料来源于当代葡萄牙数据库官网。

公顷用于酿酒种植,葡萄种类约340种。[1] 2018年,葡萄牙葡萄酒产量达到6.1亿升,葡萄酒产值约占农业总产值的25%,从业人口近20万,[2]成为葡萄牙发展最突出的产业。此外,葡萄牙橄榄产量约为96万吨,谷物产量约110万吨,其他果蔬产量约90万吨。[3]葡萄酒、橄榄制品和梨是葡萄牙主要农业出口产品,质量上乘,远近闻名。值得注意的是,与西欧大多数国家的发展趋势相同,目前,葡萄牙第一产业规模不断缩小,在国民经济中的比重呈下降趋势。

葡萄牙主要工业部门包括纺织、服装、食品、软木、电子器械等。软木加工是葡萄牙的传统特色工业。目前,葡萄牙国内有数百家软木生产加工厂,主要分布在阿威罗大区和塞图巴尔大区,包括全球第一大软木制品生产企业——阿莫林。软木主要用于生产葡萄酒瓶塞,但最近几年,葡萄牙市场上的软木制品种类不断丰富,软木被广泛应用于地板、保温材料、工艺品、杯垫、包袋等产品中,设计新颖、富有创意,受到广大消费者的青睐。近年来,葡萄牙工业逐渐脱离传统工业活动,呈现代化趋势,主要体现在加大对技术科技的投入,积极向新部门发展,特别是汽车及配件、机械设备、能源、医药、新型信息通信等产业,在结构和技术上均得到升级,在国际市场上的竞争力也得到进一步提升。

对外贸易领域,葡萄牙主要出口产品按照出口量排名依次为金属矿石、机械电器、化学橡胶制品、农粮产品、运输材料,货物与服务出口总额在2019年约为936亿欧元。主要进口产品按照进口量排名依次为金属矿石、化学橡胶制品、机械电器、农粮产品、运输材料,货物与服务进口总

---

[1] 资料来源于当代葡萄牙数据库官网。

[2] 商务部国际贸易经济合作研究院,中国驻葡萄牙大使馆经济商务处,商务部对外投资和经济合作司. 对外投资合作国别(地区)指南:葡萄牙(2021年版)[R/OL]. [2021-01-25]. http://www.mofcom.gov.cn/dl/gbdqzn/upload/putaoya.pdf.

[3] 资料来源于当代葡萄牙数据库官网。

额在同年约为 921 亿欧元。[1]《2019 年葡萄牙经济调查》报告显示，葡萄牙主要进出口目的地均为欧盟国家，其中向西班牙、德国、法国三国出口的产品数量占其出口总量的 49.9%，从以上三国的进口量约为其进口总量的 44.28%。[2] 当前，葡萄牙进出口贸易在国民经济中的分量逐渐提高，体现了葡萄牙对外开放的不断扩大和世界经济一体化进程的不断加深。

近几年，葡萄牙旅游业蓬勃发展，旅游收入连续实现增长，被政府作为投资和开发的重点行业，成为该国又一经济支柱。2019 年，葡萄牙接待了约 2 700 万名游客，全年旅游业收入达到 184 亿欧元，占国内生产总值的 8.7% 和服务出口总额的 52.3%，创造岗位约 33.7 万个，是国家经济中最活跃的部门之一。[3] 游客主要来自英国、法国、德国、西班牙、荷兰等欧洲国家。欧洲以外，美国、巴西、加拿大和中国为主要游客来源国。葡萄牙国内主要旅游目的地有里斯本、波尔图、法鲁、马德拉群岛、亚速尔群岛等。

葡萄牙基础设施较为完善，水陆空交通便捷，为国家经济发展提供有利基础。葡萄牙公路系统由高速公路、主要公路、二级公路、国道和地区公路组成，全长 17 874 千米，高速公路长达 3 087 千米，[4] 覆盖国内主要城镇，部分公路与西班牙高速公路系统相连。全国铁路总长 2 562 千米，其中，电气化铁路长 1 633.7 千米，设有超过 500 个火车站点。[5] 铁路网络除铺设全国外，还向东延伸，连接欧洲内陆。葡萄牙国内共拥有 20 个港口，其中，本土大陆 9 个，亚速尔群岛 8 个，马德拉群岛 3 个。另外，葡萄牙境内共有 15 座大型机场和 38 座小型机场。[6] 大型机场主要分布在沿海城市，均

[1] 资料来源于当代葡萄牙数据库官网。
[2] 资料来源于经济合作与发展组织官网。
[3] 资料来源于葡萄牙旅游业官网。
[4] 资料来源于葡萄牙基础设施官网。
[5] 资料来源于葡萄牙基础设施官网。
[6] 中国国际贸易促进委员会. 企业对外投资国别（地区）营商环境指南：葡萄牙（2020）[R/OL]. [2021-02-21]. http://www.ccpit.org/Contents/Channel_4315/2020/1218/1315270/content_1315270.htm.

为国际机场，为旅游业的发展提供了有力支撑，是推动葡萄牙经济快速发展的重要基础。

新冠肺炎疫情对葡萄牙经济造成较大影响。葡萄牙国家统计局公布数据显示，2020 年，葡萄牙国民生产总值下滑 7.6%，经济活动大幅减少。[1] 针对该情况以及经济所面临的其他挑战，葡萄牙推出《葡萄牙 2020—2030 年经济复苏计划的战略愿景》，为国家未来十年的经济发展提供指导。该文件将建设基础设施网络、实现国家再工业化、推动可再生能源发展、创造新的工作岗位等列为目标，旨在短期内提振经济、保护工作岗位，中长期推动葡萄牙经济可持续性发展，促进其创新性、坚韧性和互联性，提升其效率和竞争力。[2]

三、旅游

葡萄牙地理位置优越，气候宜人，日照充足，海岸线绵长，文化历史底蕴深厚，拥有丰富的人文、自然景观，为发展旅游业提供了有力支撑。下面将分别介绍葡萄牙各大区的旅游资源。

（一）里斯本大区

里斯本大区位于葡萄牙中南部，虽然面积不大，但却是国内政治、经济和文化中心以及交通枢纽，同时也是全国人口最密集的地区。

大区内的里斯本市面积约 100 平方千米，自 13 世纪起便是葡萄牙首都。里斯本市依山而建，地形起伏蜿蜒，市区内多坡街，故又名"七丘之城"。

---

[1] 资料来源于葡萄牙国家统计局官网。
[2] 资料来源于葡萄牙政府官网。

1755 年，里斯本发生大地震，随之而来的火灾和海啸摧毁了城内大量房屋。后在蓬巴尔侯爵 [1] 的主持下，城市得以重建，新城呈格子状布局。为了纪念蓬巴尔侯爵，人们为他竖立了一座雕像，雕像的所在地被称为蓬巴尔侯爵广场。

里斯本大区旅游资源丰富，有贝伦塔、航海纪念碑、辛特拉王宫等名胜古迹，卡斯卡伊斯优质的海滨浴场、丰富多样的特色美食、伤感动人的葡萄牙民谣"法多"，都使到访这里的游客深深着迷。另外，整个欧洲的最西点位于里斯本大区的罗卡角，海角上有一座灯塔和一块石碑，碑上刻有葡萄牙最伟大的诗人卡蒙斯的经典诗句："陆止于此，海始于斯。"里斯本旅游业发达，每年接待游客超过 100 万人次，对推动首都向现代化城市发展起到了重要作用。

（二）莱里亚大区

莱里亚大区位于葡萄牙中部地区，人口大多集中在首府莱里亚市，该市也是大区内唯一一个居民超过 10 万人的城市。除莱里亚市外，大区内主要城市还包括阿尔科巴萨市、卡尔达斯达赖尼亚市和蓬巴尔市。

大区濒临大西洋，渔业资源丰富，区内有多处优良渔港，渔业产量在全国名列前茅，和农业一起构成当地的支柱产业。近几年，随着主要城市的不断扩张以及旅游业的兴起，莱里亚大区第三产业同样发展迅速，成为当地经济中的重要一环。大区海岸线绵长，纳扎雷市和佩尼谢市拥有全国享有盛名的海滩，是国内外游客享受日光浴、进行水上运动的好去处。另外，纳扎雷市还有"冲浪胜地"的美称，每年都有冲浪比赛在此举行，是莱里亚大区的名片。大区人文旅游景点众多，主要包括莱里亚城堡、圣彼得罗教堂、莱里亚博物馆、怜悯教堂等。

---

[1] 蓬巴尔侯爵（1699—1782），葡萄牙政治家和外交家，1750—1777 年担任国务大臣，其间曾主持里斯本大地震灾后重建，并推行蓬巴尔改革，具有较大的政治影响力。

（三）圣塔伦大区

圣塔伦大区位于葡萄牙中部，是葡萄牙面积第三大的大区，首府为圣塔伦市。大区内人文旅游景点包括基督会院、阿莫洛城堡等。其中，基督会院始建于 12 世纪，后经过数次修缮，融合了罗马式、哥特式等多种建筑风格，于 1983 年被联合国教科文组织列为世界遗产，是葡萄牙重要的历史和文化建筑。大区内建有多处教堂，宗教气息浓厚，其中，最具盛名的是法蒂玛圣母朝圣地。

（四）塞图巴尔大区

塞图巴尔大区位于葡萄牙中南部，塞图巴尔市是大区首府，也是区内第一大城市。塞巴图尔大区拥有丰富的生物多样性以及渔业资源，后者也是大区的支柱产业之一。由于自身区位优势，塞图巴尔大区吸引外资能力强，旅游业等经济部门发展迅速。

塞巴图尔大区内主要自然景点包括阿拉比达自然公园、卡帕里卡海滩、费戈瑞纳海滩等。阿拉比达自然公园依海而建，1976 年被升级为国家公园，园中植物种类丰富，植被茂密，拥有古老的城堡和美丽的海滩景观，自然景观与人文景观在此完美融合，是欣赏海景的绝佳去处。此外，区内主要历史古迹包括帕尔梅拉城堡、圣菲利浦城堡、圣朱利安教堂、塞图巴尔博物馆等。

（五）贝雅大区

贝雅大区位于葡萄牙南部，首府为贝雅市。贝雅大区地势平缓，主要地形为平原，森林覆盖率较低。大区内的人文景观主要包括贝雅城堡、贝雅主教座堂、贝雅地区博物馆、圣佛朗西斯科修道院、圣安德烈教堂、豪尔赫·维埃拉博物馆等。其中，贝雅城堡始建于 13 世纪，被不少专家认为是欧洲哥特式军事建筑的杰作，目前，城堡内设有一处小型军事博物馆，对游客开放。贝雅大区自然景点以海滩为主，包括法鲁尔海滩、富尔纳海滩、卡尔瓦琉海滩等。

（六）法鲁大区

法鲁大区位于葡萄牙南部，首府为法鲁市。法鲁大区气候独特，全年日照充足，夏日漫长炎热，冬日温和短暂。法鲁大区沙滩绵延，自然风光优美，地理样貌独特，旅游资源丰富，是葡萄牙最受欢迎的旅游目的地之一。区内主要旅游景点包括法鲁沙滩、蒙特哥多海滩、西亚法莫撒野生动物保护区等。除了"海滩旅游"外，区内的圣文森特角恰好位于群鸟迁徙的路线上，特定季节可以在此观鸟，吸引了不少鸟类爱好者。目前，旅游业是大区最主要的产业，对该区的经济发展起到了极其重要的推动作用。

（七）埃武拉大区

埃武拉大区位于葡萄牙中南部，首府为埃武拉市。埃武拉大区地形相对单一，以平原为主，海拔在 200—400 米。区内有河谷、山地分布，但地势起伏并不大。唯一的例外是瓜迪亚纳河河谷，河谷从大区的东南边缘穿过，在阿尔奇瓦的深度达 100 米，落差较大。正因如此，这里成为阿尔克瓦大坝的选址。

大区拥有多处重要的历史古迹，主要包括：人骨礼拜堂，以用大量人体骨骼和头颅作为装饰而闻名，是葡萄牙最受欢迎的历史遗迹之一；埃武拉罗马神庙，公元 1 世纪左右为纪念罗马皇帝奥古斯都所建，虽后因受到入侵而有所损坏，但依旧是伊比利亚半岛上保存最好的罗马遗迹之一，已被联合国教科文组织列为世界遗产；阿尔门德雷斯巨石阵，是伊比利亚半岛上最大的巨石阵。

（八）波塔莱格雷大区

波塔莱格雷大区位于葡萄牙中南部，主要的城市包括波塔莱格雷市、埃尔瓦什市等。波塔莱格雷大区自然景色优美，圣马梅德自然公园便坐落于此。山地的海拔差异使得公园内存在许多微气候，为园内丰富的植物种类提供了生长条件，如栎树、栗树、软木树、橡树等。为了让旅客更好地探索园区，圣马梅德自然公园设置了 5 条徒步路线。沿途游客不仅可以欣赏自然美景，还可以观赏鸢、白腹隼雕等罕见猛禽。大区人文景观包括波塔莱格雷城堡、何塞·雷吉奥博物馆等。

（九）布兰科堡大区

布兰科堡大区地处葡萄牙中部，首府位于布兰科堡市。布兰科堡大区内历史古迹包括主教宫花园、圣米盖尔教堂、天主教艺术博物馆等。其中，主教宫花园是葡萄牙境内现存的最经典的巴洛克建筑之一，园内景致美轮美奂，树木经过精心打理，花坛、喷泉和巴洛克风格的雕塑分布其中，被列为国家纪念碑级文物。

（十）瓜达大区

瓜达大区位于葡萄牙东北部，首府为瓜达市，是葡萄牙大陆海拔最高的城市。瓜达大区夏季干燥少雨，平均气温可达 17 度，最高温度出现在 7、

8月；冬季湿润多雨，最低气温通常出现在1、2月，均温只有3℃。由于海拔高，瓜达大区也被认为是葡萄牙最冷的大区，是国内为数不多有降雪的区域。

区内人文旅游景点包括阿尔梅达古村碉堡、科阿峡谷史前岩石艺术遗址、瓜达主教座堂、卡斯特洛·罗德里戈古村落、面包博物馆等。其中，科阿峡谷史前岩石艺术遗址是一处露天的旧石器时代遗址，遗址内存有大量旧石器时代晚期的岩画，主要题材为动物和人物，历史艺术价值巨大，在1998年被联合国教科文组织列入世界遗产名录。自然景观以埃什特雷拉山自然公园为代表，该公园是葡萄牙最大的自然保护区，风景以裸露的岩石、巨石和峭壁为主，葡萄牙大陆最高的山峰便屹立于此。这里是葡萄牙降雨量最大的地区之一，冬季有降雪，为开展冬季运动创造了良好的条件。

（十一）科英布拉大区

科英布拉大区地处葡萄牙中部，首府为科英布拉市。大区首府科英布拉市是欧洲著名的大学城，又被称为"葡萄牙雅典"。科英布拉大学是葡萄牙历史最悠久的大学，也是世界上最古老的大学之一。由于曾为国王行宫，科英布拉大学的建筑庄严宏伟，长廊整齐华丽，饰品精美绝伦，艺术历史价值极高，于2013年被联合国教科文组织评为世界文化遗产。科英布拉城市历史悠久，文化底蕴深厚，城内历史建筑繁多，科英布拉旧主教座堂、圣十字修道院、眼泪庄园等著名景观在今天依旧保存完好，见证着老城走过的数百年时光。作为除里斯本以外葡萄牙的另一文化中心，科英布拉拥有众多在国内举足轻重的博物馆，包括马查多·德·卡斯特罗国家博物馆、国家科技博物馆、学术博物馆等。

（十二）阿威罗大区

阿威罗大区位于葡萄牙中部，该区地势较为平坦，地形以沿海平原为主，大部分地区海拔不足 100 米。沿海地区多沙地，入海口呈现典型的潟湖景观，冲积而成的沙丘把阿威罗河口的河水和大西洋分隔开来，成为当地的特色景观。

该区首府是阿威罗市，是葡萄牙中部第二大城市，同时也是著名的阿威罗大学的所在地。阿威罗市是座水城，被两条运河贯穿，摩里西罗船[1] 穿梭其中，因而有"葡萄牙小威尼斯"的美誉。由于阿威罗市邻近海岸，故盛产海盐及海产品。大区内的旅游景点主要包括阿威罗主教座堂、阿威罗博物馆、新艺术博物馆、友谊桥等。著名海滩包括巴哈海滩、圣哈辛托海滩等。阿威罗软蛋是一种蛋制甜品，是当地特色美食。

（十三）维塞乌大区

维塞乌大区地处葡萄牙中部，首府为维塞乌市。因历史上拉梅古市曾被确定为大区首府，因此，维塞乌大区也曾被称为拉梅古大区。1835 年，首府迁至维塞乌，大区的名字也随即更改为维塞乌大区。

大区内主要人文景点包括维塞乌大教堂、拉梅古博物馆、格劳瓦斯科博物馆等。维塞乌自然风光优美，适合开展户外运动，大区内的派瓦栈道是徒步爱好者的理想去处。栈道全长 8 千米，沿派瓦河而建，游客在途中可以观赏当地的地形植被，感受当地的生物多样性和大自然的气息。

---

[1] 历史上，摩里西罗船主要用于打捞海藻、制作农地的肥料。如今，摩里西罗船变成了阿威罗这座水城的标志，船身绘有五彩斑斓的图案，成为观光旅游的交通工具。

（十四）布拉干萨大区

布拉干萨大区位于葡萄牙东北端，其北部和东部与西班牙接壤，南部与瓜达、维塞乌大区相连，西部毗邻雷亚尔城，首府位于布拉干萨市。总体而言，布拉干萨大区多山地和高原，地形崎岖不平，除米兰德拉地区和河谷地区较为平缓外，海拔基本在 400 米以上。区域内的主要河流包括杜罗河和图阿河。大区水力资源丰富，建有不少水电站，大部分位于杜罗河水域。

大区内名胜古迹包括布拉干萨城堡、圣玛利亚教堂、布拉干萨军事博物馆、市政厅、布拉干萨旧主教座堂等。其中，布拉干萨城堡是葡萄牙最具代表性的中世纪建筑之一，其雏形可溯源到阿丰索一世时期，后由若昂一世在已有建筑的基础上进行整合扩张，用于军事防御。城堡的城墙建有 15 处塔楼和三扇大门，气势雄伟，整体保存完好，是历史爱好者的理想之地。另外，布拉干萨大区风景秀丽，生物多样性丰富。以蒙特西尼奥自然公园为例，该公园是葡萄牙国内野生环境保护最好的园区之一，伊比利亚狼、马鹿等多种当地特色动物栖息其中。

（十五）雷阿尔城大区

雷阿尔城大区位于葡萄牙北部，首府为雷阿尔城市。雷阿尔城大区位于高原，地势较高，玛劳山和阿尔旺山充当自然屏障，阻隔了来自海洋的空气，使得大区气候呈现较强的大陆性，主要特点为冬季漫长寒冷，在特定月份气温会降到 0℃以下。正因如此，当地有俗语道："九个月的寒冬，三个月的炼狱"。

大区拥有多处历史遗迹，主要集中在雷阿尔城市，如马特乌斯宫、雷阿尔城大教堂、蒙福特城堡、查韦斯城堡等建筑。另外，区内还设有多处博物馆，如考古与古钱币博物馆和地质博物馆。除了人文景观，雷阿尔城大区还拥有美丽的自然风光，阿尔旺山和玛劳山两座山脉为登山爱好者提供了绝佳的机会。其中，阿尔旺山地区已被划为国家公园。

（十六）波尔图大区

波尔图大区位于葡萄牙北部，首府为波尔图市，也是葡萄牙的第二大城市和北部行政中心。波尔图历史悠久，地理条件优越，整座城市依山傍海、易守难攻，人民坚毅而勇敢，因此有"不败之城"的美称。在葡萄牙的历史上，波尔图一直是国内的贸易之城，工业以纺织和软木加工为主。波尔图大区濒临大西洋，海岸线上有不少渔村，主要出产的鱼类包括沙丁鱼和牙鳕。

波尔图市历史悠久，不同时期的建筑在这座城市中共存，留下了宝贵的财富，让后人可以重温历史的足迹。其中最具盛名的有路易斯一世大桥、教士教堂、圣方济各堂、圣本托火车站等。路易斯一世大桥以葡萄牙国王路易斯一世命名，横跨杜罗河，是连接波尔图老城和加亚新城的交通要道，也是波尔图的地标性建筑，已被列为国家纪念碑级文物。

提到波尔图，人们一定会想到波尔图红酒。在杜罗河流域，有一处占地24公顷的杜罗河特区，是久负盛名的波尔图葡萄酒产区。该产区在1757年由蓬巴尔侯爵划定，区内气候和土壤条件适宜葡萄生长，出产的葡萄酒质量远近闻名。几个世纪以来，葡萄酒产业一直是大区的经济支柱产业之一，为当地创造了大量工作岗位。目前，除了葡萄酒产品的销售外，波尔图还掀起了一阵葡萄酒文化游的热潮，吸引了大量游客来参观。如今，参观当地酒窖和乘游轮沿杜罗河游览已经成为游客来到波尔图的必做事项。

（十七）布拉加大区

布拉加大区位于葡萄牙北部，首府为布拉加市。大区下辖的吉马良斯市始建于 4 世纪，是葡萄牙第一任首都，也是国内重要的历史名城，有着"葡萄牙民族的摇篮"的美称。吉马良斯市位于布拉加区南部圣卡塔里纳山麓，城内有多处古堡与城墙，主要历史古迹包括吉马良斯城堡、奥利维拉广场、布拉干萨公爵宫等。其中，吉马良斯城堡是一座盾形军事堡垒，周围是塔楼，主要由花岗岩建成，规模宏大，1910 年被列为国家纪念碑级文物，是吉马良斯市的地标性建筑。此外，大区内其他旅游景点包括布拉加山仁慈耶稣朝圣所、布拉加主教座堂、蒂班耶什圣玛尔定修道院、布拉加大主教宫、拉里奥宫、萨梅罗朝圣所等。其中，布拉加山仁慈耶稣朝圣所 2019 年被联合国教科文组织列入世界遗产名录。

（十八）维亚纳堡大区

维亚纳堡大区位于葡萄牙最北端，首府为维亚纳堡市。大区内的历史古迹包括圣卢西亚圣殿、共和广场、市政厅、服饰博物馆、艺术考古博物馆等。其中，圣卢西亚圣殿始建于 1904 年，由葡萄牙著名建筑师米格尔·文图拉·特拉设计，将新浪漫主义、哥特复兴式风格和拜占庭风格的元素与复兴主义相结合，是葡萄牙具有代表性的建筑作品。此外，维亚纳堡大区自然风景秀丽，利马河河谷、开阔的海岸线以及沿途古朴的村落都值得游客探访。

（十九）亚速尔自治区

亚速尔自治区由散落于大西洋东北部的 9 个岛屿组成，横跨美欧两大陆。[1] 亚速尔群岛是火山岛，地势起伏较大，多火山锥、火口湖、热泉。皮库岛上的皮库峰是葡萄牙最高点，海拔 2 351 米。[2] 由于植被覆盖率极高，亚速尔群岛又被称为"大西洋上的绿色珍珠"。

亚速尔群岛风景质朴秀丽，四季如春，植被全年茂盛，是各种生物的栖息地，也是众多海洋生物迁徙的必经之处，生物多样性极为丰富。另外，亚速尔群岛位于欧洲大陆板块边缘，地热能丰富，拥有上乘质量的温泉，为开展旅游活动提供了有利条件。近年来，群岛旅游业异军突起，成为当地的重要收入来源和推动岛上经济发展的重要引擎，被公认为全球最环保的旅游目的地之一。

（二十）马德拉自治区

马德拉自治区位于欧洲与北美洲之间，是葡萄牙最富庶的区域之一，由马德拉岛、圣港岛、德塞塔群岛和萨维奇群岛组成，各岛间交通主要通过海运。群岛中只有马德拉岛和圣港岛两个大岛有人定居，其余岛屿只有护林员、生物学家和地质学家到访，并无规模性居民点。

旅游业是岛上的主要产业之一。群岛气候温和，冬暖夏凉，一年四季游客不断，每逢新年举办的著名烟火表演吸引了大量游客。马德拉群岛拥有质量上乘的沙滩，包括卡列塔海滩、莫尼什港天然泳池、圣港海滩等。除了沙滩外，马德拉群岛的葡萄酒在世界上享有盛誉，人文景观也相当丰富，主要包括丰沙尔大教堂、马德拉植物园、丰沙尔自然历史博物馆、主教宫等。群岛气候宜人，适宜进行室外活动，游客可以沿着岛上特色的水利工程——列瓦达斯灌溉渠徒步，探索岛上风景。群岛树木茂盛，动植物种类数量惊人，多处区域被划为自然保护区。以马德拉岛为例，该岛近三

---

[1] 资料来源于游览亚速尔官网。

[2] 资料来源于游览葡萄牙官网。

分之二的面积为自然保护区，岛上的"月桂森林"在 1999 年被联合国教科
文组织列为世界遗产。

四、其他

（一）医疗服务

基础设施层面，葡萄牙国家统计局数据显示，2018 年，葡萄牙国内共
有 2 923 家药店和 238 家医院，其中，超过 50% 的医院为私立医院。同年，
国内病床数量共计 35 400 张。医护人员层面，截至 2018 年年末，葡萄牙注
册医生共 53 657 名，平均每千人拥有 5.2 名医生；注册护士共 73 650 名，平
均每千人拥有 7.1 名护士；注册药剂师共 13 478 名，平均每千人拥有 1.3 名
药剂师。[1] 医疗体系层面，葡萄牙医疗系统由国家卫生体系、特殊医疗子系
统以及自愿私人医疗保险三部分组成。[2] 国家卫生体系创立于 1979 年，是
葡萄牙国家医疗系统的主要组成部分，提供包括疾病预防、诊疗、复健在
内的各类健康护理，实现全民覆盖，保证所有居民都享受接受医疗的权利，
其资金来源主要为税收拨付。特殊医疗子系统针对人群为特殊职业从业人
员，如公务员、军人、警察等，对国家卫生体系起到补充作用；除公立医
疗外，公民可自愿选择加入私人医疗保险，在缴纳保费后享受私人医疗机
构的服务。据统计，2018 年，葡萄牙全国医疗卫生总支出超过 180 亿欧元，
约占国民生产总值的 9.1%。[3]

---

[1] 资料来源于葡萄牙国家统计局官网。

[2] 资料来源于世界卫生组织官网。

[3] 资料来源于葡萄牙国家统计局官网。

（二）通信机构

截至 2019 年年末，葡萄牙大型电信运营商共有四家，四家相加市场份额超过 90%。其中三家运营商为葡萄牙本土公司，一家来自英国。此外，葡萄牙国内还有超过 50 家小型电信运营商，但其业务覆盖面和受众群体有限。葡萄牙电信市场比较成熟，据统计，在 2019 年，国内接入光缆的住宅约有 500 万户，较 2018 年增长 6.7%，覆盖率达到 78.7%；截至 2019 年年末，葡萄牙电信市场上共有三家运营商提供 4G 移动网络业务，覆盖人口比例超过 90%。以其中一家为例，该家运营商公布的数据显示，截至 2018 年年末，该公司 4G 网络覆盖人口达到总人口的 98.3%，4G+ 网络的覆盖率则达到 74.6%。有时，不同的运营商会共享电信设施，如 2017 年，其中两家就基础设施共享签署协议，决定共用超过 200 座蜂窝塔。[1]

（三）新闻传媒

卢萨社是葡萄牙国家通讯社，由葡萄牙通讯社和葡萄牙新闻社在 1987 年合并而成。一直以来，卢萨社秉持公正、客观、严格的媒体精神，及时发布国内外要闻，日新闻发布量达到 500 条，被各葡语国家媒体视为可靠的信息来源，旗下有超过 200 名记者，并在多国设有分社。自 20 世纪 90 年代起，葡萄牙所有报社皆为私营。截至 2019 年，葡萄牙国内共有报纸 364 家，[2] 全年发行量共计 131 241 302 份。[3] 主要日报包括《新闻日报》《公众报》《新闻报》《晨邮报》，主要周刊包括《快报》《太阳报》，主要经济金融性

---

[1] 资料来源于葡萄牙国家电信局官网。

[2] 资料来源于当代葡萄牙数据库官网。

[3] 资料来源于当代葡萄牙数据库官网。

报刊包括《经济日报》《生意日报》《经济周刊》，主要体育类报刊包括《球报》《纪录报》。当前，葡萄牙国内主要广播电台包括葡萄牙广播电台、复兴电台、商业电台、TSF 电台等，收视率较高的电视台包括葡萄牙国家电视台、SIC 电视台、独立电视台、CMTV 电视台、环球电视台等。[1]

---

[1] 中华人民共和国外交部. 葡萄牙国家概况 [EB/OL].（2020-10-01）[2021-01-15]. https://www.fmprc.gov.cn/web/gjhdq_676201/gj_676203/oz_678770/1206_679570/1206x0_679572/.

第二章 文化传统

在近代历史上，葡萄牙是一个顽强的幸存者；在欧洲的许多历史进程中，葡萄牙还是一位先驱者。[1] 13 世纪时，葡萄牙控制了欧洲的西部边缘，建立起欧洲第一个"现代"民族国家，从此，它的边界基本没有改变过。在欧洲范围内获得了政治和文化上的自决权后，葡萄牙首先开始了海外殖民，成为庞大的海上帝国，通过殖民扩张、海外移民和贸易，在世界各个角落留下了印迹。葡萄牙不仅是海外殖民潮的肇始者，还是欧洲探索新社会组织形式的先锋，是旧世界中最早采用法国共和政体模式的国家之一。在葡萄牙现代史上，它积极追寻经济现代化，四次工业化进程的现代化建设颇具成效。葡萄牙具有特色鲜明的文化传统。本章将从历史沿革、风土人情和文化名人三个部分梳理葡萄牙的文化生态和文化传统。

第一节 历史沿革

历史上，数个民族曾先后来到伊比利亚半岛居住，其文化与习俗也随之在这片土地上生根发芽，成为葡萄牙民族丰富多元的文化的源头。以下

---

[1] 伯明翰. 葡萄牙史 [M]. 周巩固，周文清，等译. 上海：东方出版中心，2017：1.

将从建国前时期、王国时期和共和国时期三大阶段，梳理葡萄牙文化发展的过程。

一、王国建立前（1139 年以前）

公元前 12 世纪左右，腓尼基人、凯尔特人等先后来到伊比利亚半岛区域定居，经过数世纪的融合后，逐渐形成名为卢济塔尼亚的部族，他们被认为是葡萄牙民族的先祖。[1]

公元前 218 年，古罗马人入侵伊比利亚半岛，将半岛大部分地区并入罗马共和国版图，并设立行政区划，原卢济塔尼亚部族所生活的地区成为卢济塔尼亚行省。此后，半岛上的语言、习俗和文化逐步罗马化，拉丁语成为官方语言。

5 世纪起，罗马帝国逐渐衰弱，伊比利亚半岛先后被苏维汇人、汪达尔人入侵，最后由西哥特人统治。西哥特人继承了罗马人的习俗，在伊比利亚半岛地区建立西哥特王国。正是在这一时期，葡萄牙一词的原型——波图斯卡莱首次出现，指现今的波尔图地区。

710 年，摩尔人越过直布罗陀海峡，入侵伊比利亚半岛，盘踞半岛南部地区近 8 个世纪。基督教徒被迫退居北部的阿斯图里亚斯地区，收复失地运动拉开帷幕。摩尔人统治期间，半岛南部地区出现不同程度的阿拉伯化，对当地的语言、饮食、农业等方面产生深刻影响，并为当地带来了数字符号系统、农业作物、灌溉技术等。现今，阿拉伯元素被葡萄牙文化所吸收，在多个层面均有体现，如以 "al" 开头的单词多源于阿拉伯语。

随着收复失地运动的开展，基督教徒逐步恢复对伊比利亚半岛的统治，

---

[1] 宋灏岩，钟点. 葡语国家与地区概况 [M]. 北京：中国农业出版社，2020：8.

但并未建立起统一的政权。10—11 世纪，不同抵抗势力各自建立王国。来自法国的亨利由于在收复失地运动中表现优异，得到卡斯蒂利亚王国和莱昂王国国王的赏赐，受封西部沿海土地。该地区被命名为葡萄牙伯爵领地，也就是后来葡萄牙的发源之地。

1112 年，亨利去世，其子阿丰索·恩里克斯希望摆脱与卡斯蒂利亚王国间的臣属关系，成立独立王国。以此为目标，阿丰索·恩里克斯开始了与北方基督教国家及南部伊斯兰国家间的两线作战。1139 年，在奥里基战役中，阿丰索·恩里克斯连胜五位将领，立下赫赫战功。此战结束后，阿丰索·恩里克斯自封为葡萄牙国王，封号阿丰索一世。

这一时期，罗马文化和伊斯兰文化深深影响了葡萄牙当地人民的生活，从城市法律到行政管理，从市政建设到工农业，从科学知识到文学艺术，处处都留下了罗马文明和伊斯兰文明的痕迹。

二、王国时期（1140—1910 年）

（一）建国初期

1143 年，卡斯蒂利亚王国和莱昂王国的阿方索七世与阿丰索·恩里克斯签署《萨莫拉条约》，承认葡萄牙主权。1179 年，教皇亚历山大三世承认葡萄牙的独立王国地位，代表教会世界肯定了葡萄牙世俗国家的地位，葡萄牙开启王国时期。阿丰索建立葡萄牙王国后，其后人不断捍卫王国疆土，继续向南收复伊比利亚半岛，最终在阿丰索三世统治期间彻底将摩尔人击退，完成收复失地运动。1297 年，葡萄牙王国与卡斯蒂利亚王国和莱昂王国签署《奥卡尼塞许条约》后，葡萄牙的疆域基本确立。

在数个世纪中，受到在此居住的不同民族的影响，伊比利亚半岛上所使用的拉丁语演变出加利西亚-葡萄牙语和卡斯蒂利亚语两种方言变体。葡萄牙王国初期，官方语言依旧为拉丁语，不过，有记载显示，阿丰索二世在 1214 年就曾用加利西亚-葡萄牙语书写，随着加利西亚-葡萄牙语影响力和使用范围的逐步扩大，1290 年，迪尼什一世宣布其为国家的官方语言。

　　12—13 世纪，一种名为"坎蒂加"的抒情歌谣在伊比利亚半岛兴盛起来。坎蒂加由吟游诗人在集市等地表演，伴随音乐吟唱，歌曲旋律与故事内容丰富，在深受普通百姓喜爱的同时，也逐步从民间走进宫廷，受到皇室成员和贵族的青睐。据记载，卡斯蒂利亚王国和莱昂王国国王阿方索十世便钟爱坎蒂加，他用加利西亚-葡萄牙语写下被视作中世纪音乐伟大丰碑之一的《圣母玛利亚坎蒂加歌曲集》，并为游吟诗人提供庇护。同样，葡萄牙第二任国王桑舒一世在宫廷中设置专门的游吟诗人班，坎蒂加的影响力可见一斑。葡萄牙著名的吟游诗人有若昂·苏瓦雷斯·德·派瓦、马丁·科达斯、国王迪尼什一世等人。[1]

　　最初，坎蒂加是以口头形式存在，随着时间的流逝，游吟诗人逐渐有了将歌谣书写记录保存的意识，这也开启了葡萄牙文学的写作传统。坎蒂加被分为四种，分别是爱情坎蒂加、朋友坎蒂加、讽刺坎蒂加和咒骂坎蒂加。爱情坎蒂加通常以宫廷为背景，以爱而不得的苦楚、女性的神圣化以及男性对于心上人的臣服为特点，讲述男主人公向贵族女子倾诉衷肠的爱情故事。朋友坎蒂加则多从女性角色的视角出发，对上帝、亲友或自然界中的生灵诉说自己对一位并不在身旁的"男性朋友"的情谊，故事场景多为河涧、林间等自然场景。讽刺坎蒂加正如其名，主题无关情爱，而是通过文字间接地抨击宫廷中的人或事；与之相对，咒骂坎蒂加则是直接对某人表达批评。

---

[1] SARAIVA A J. Iniciação na literatura portuguesa[M]. Lisboa: Gradiva, 2000: 13-19.

（二）大航海时期

1415 年，葡萄牙若昂一世对北非休达地区发起进攻，以成功攻占该地区为标志，开启了葡萄牙长达数世纪的海外扩张。若昂一世任命其子——恩里克王子分管阿尔加维地区的商贸及海防事务。恩里克王子创建航海学校，鼓励提升航海技术，极大地推动了葡萄牙航海事业的发展，被冠以"航海家"的美名。葡萄牙凭借自身的地缘优势和先进的航海技术，让一批又一批经验丰富的航海家驶向大西洋，陆续抵达非洲、美洲和亚洲，翻开了葡萄牙民族历史上"不凡"的一章。

在大航海时代[1]的背景下，葡萄牙不再满足于偏安一隅，而是渴望冲出欧洲大陆，与不同国家地区"建立往来"。随着本族文化与海外文明的接触与交流日渐频繁，在碰撞与吸收后，葡萄牙形成了独特的"航海大发现文化"。与此同时，出于航海的需求，葡萄牙人民不断钻研航海技术并对其进行革新，促进了地理学、天文学、植物学、医学、航海学、数学等学科的发展，为海上航行提供了理论支撑和实际保障。

随着航海大发现的推进，葡萄牙的海外版图大大扩张，其"国家影响力"和在国际贸易中的"地位"都得到了极大的"提升"。在这一过程中，葡萄牙人民对于独立民族的身份认同逐渐稳固，民族自豪感随之上升，"葡萄牙帝国"的概念也逐步形成。为加速并巩固民族认同，历史、哲学、文学、法律等学科成为构建民族共同记忆的工具。在这一时期的文学作品和绘画艺术中，葡萄牙人民被视为"上帝钦定"的民族，并以此为视角重新解读葡萄牙历史上发生的重要事件，从而赋予海外殖民扩张活动以"合法性"，将葡萄牙王国置于其他欧洲天主教王国之上的"崇高地位"。[2]

---

[1] 实际上大航海时代也是殖民扩张史，对于殖民国家来说，掠夺了大量的财富，促进了本国经济发展，但对于殖民地国家人民来说，是巨大的灾难和祸害，造成了这些地区的长期落后。

[2] CARVALHO C V. Memória e mito dos descobrimentos na literatura do século XX[D]. Coimbra: Universidade de Coimbra, 2013: 7.

　　该时期，出于记录葡萄牙民族"伟大功绩"的需求，编年史文学受到王室的大力支持，逐渐成为当时文学活动的重要组成部分。最具代表性的编年史作家为费尔南·洛佩斯，作为若昂一世统治时期的宫廷书记员，洛佩斯奉命将各位君主的"丰功伟绩"编撰成集，撰写了《葡萄牙纪事》一书，记录了几个世纪以来葡萄牙王国所经历的变迁，栩栩如生地展现了"里斯本围城"等大事记。[1]

　　在航海大发现的时代背景下，航海冒险成为文学创作的重要主题。葡萄牙国宝级诗人路易斯·瓦斯·德·卡蒙斯正是出自这一时期。其代表作《卢济塔尼亚人之歌》发表于 1572 年，歌颂了葡萄牙民族航海的勇气以及"壮举"，被誉为葡萄牙民族的史诗，也被视作迄今为止葡萄牙语世界最伟大的作品之一。

　　这一时期，人们关注到独立语言对于民族认同构建的重要性，开始对语言进行规范。1536 年，费尔南·奥利维拉著写《语法初编》一书，这是葡萄牙历史上第一本葡语语法著作。书中，奥利维拉强调葡语代表葡萄牙民族文化，推广并加强葡萄牙民族语言的使用是长久地保证葡萄牙版图稳定的重要途径，因此应当摒弃拉丁语至上至善的理念，着手规范本民族语言的书写体系和语法规则。奥利维拉将葡语从白话变成了"尊贵"的语言，一门足以承担神圣的传教任务的语言。[2] 如果说卡蒙斯是葡萄牙宏伟历史的歌颂者，那么奥利维拉则是深耕民族语言、为葡萄牙国家认同建设做出贡献的先驱。

　　在航海大发现时期，葡萄牙无疑将目光更多地聚焦于大西洋，然而，这并不意味着切断与欧洲其他国家的交往。这一时期，葡萄牙与欧洲各国的交流主要是通过三个渠道进行的，分别为官方、宗教和民间层面。官方

---

[1] SARAIVA A J. Iniciação na literatura portuguesa[M]. Lisboa: Gradiva, 2000: 24-25.

[2] RODRÍGUEZ J. Visões do outro: o castelhano na óptica dos linguistas portugueses de quinhentos[C]// GONÇALVES M. Gramática e humanismo: actas do colóquio de homenagem a Amadeu Torres. Braga: Universidade Católica Portuguesa, 2005: 611.

层面即宫廷与宫廷间的交往；宗教层面即教会与教会间的文化交流；民间层面即派遣公费留学生，促进双方文化交往。这一时期的交流主要由精英阶级推动，包括王室成员、宗教人员或是知识分子。通过人员交流，人文主义理念传入葡萄牙，在葡萄牙形成人文主义学派，众多学者试图在传统和创新间寻求平衡，开始了以人为中心的转向。另外，大航海的推进开拓了葡萄牙人的世界观，葡萄牙民族在大航海冒险中所展现出的百折不挠、勇往直前的精神也在一定程度上推动了以人为中心的思想的传播，促进了这一思潮在葡萄牙的蔓延。

（三）西班牙统治时期

16 世纪后半叶，葡萄牙黄金时代进入尾声，但当时的国王塞巴斯蒂昂一世并未停止扩张，而是继续致力于开疆拓土。1578 年，葡萄牙军队在马哈赞河战役中溃败，塞巴斯蒂昂在这场战役中死亡，大量葡萄牙士兵与贵族被俘，这一战也成为葡萄牙历史上悲壮的一页。由于塞巴斯蒂昂并无子嗣，其叔祖父恩里克主教登上王位。1580 年，恩里克去世，西班牙的费利佩二世（葡萄牙的菲利佩一世）强行继位，将葡萄牙纳入西班牙哈布斯堡王朝的统治下。

正如上文所述，大航海时期，葡萄牙的民族自豪感逐渐生长，然而在王权更替的情势下，葡萄牙只能臣服于西班牙王室统治，这严重冲击了葡萄牙人民的民族认同感，激发了葡萄牙人民的反抗精神。他们呼吁民族的命运应当由本族人民决定，反对邻国干涉。为了避免自身文化被强势的西班牙文化所同化，葡萄牙知识分子开始在历史、语言、地理、诗歌等领域寻找并深化自身的身份认同，"抵抗文化"出现。以语言为例，这一时期，以杜阿尔特·努涅斯·德·莱昂、安东尼奥·德·索萨·德·马塞多、佩德罗·德·马里斯、弗朗西斯科·罗德里格斯·洛博为代表的葡萄牙有识之士和知识分子纷纷选择使用葡萄牙语作为写作语言，意图提升葡语的地位，完善葡语的语法体系。[1]

1640 年，葡萄牙贵族发起"光复战争"，推翻西班牙统治，并拥立布拉干萨公爵若昂为王，封号为若昂四世。1668 年，两国签署《里斯本条约》，西班牙承认葡萄牙独立王国的地位，光复战争落下帷幕。这一时期，出现了大量葡萄牙文学艺术作品，反映了人们对于葡萄牙获得自主权后光辉未来的畅想，塞巴斯蒂昂·德·派瓦和安东尼奥·维埃拉是该时期最具代表性的两位作家。塞巴斯蒂昂·德·派瓦的代表作为《第五君主国契约》，该作品传达了塞巴斯蒂昂国王必将归来的信念，勾勒出在塞巴斯蒂昂的带领下，葡萄牙将获得真正的独立，完成上帝赋予葡萄牙人民的使命并重新走向辉煌的宏伟蓝图。安东尼奥·维埃拉则以圣经内容为依据，将葡萄牙视作继巴比伦、波斯、希腊和罗马之后的"第五帝国"，相信作为现存的最后一个帝国，葡萄牙将会把神圣的信仰播撒至整个世界，开启长达千年的和平与富足。维埃拉文笔之精湛，被后世的费尔南多·佩索阿称为"葡萄牙语言的帝王"。

（四）启蒙运动时期

18 世纪，启蒙运动兴起，人们开始运用科学理性的视角去看待问题，对传统的基督教神学理念发起挑战，宣告与中世纪决裂。值得注意的是，启蒙主义在传入葡萄牙后发生了一定的改变，与意大利等国的启蒙主义不同，不少学者将其认定为是一种天主教化的启蒙主义。从根本内容来看，葡萄牙的启蒙主义并未与宗教决裂，依旧希望维护宗教信仰的统治地位，使其与理性相洽，是一种折中的启蒙主义。[2]

---

[1] BRITO R J F. A "Questão Coimbrã" e a definição dos parâmetros para a problematização de Portugal pela geração de 70 (1865—1866)[J]. História e cultura, 2015, 4(2): 319-338.

[2] ABREU A F. Iluminismo e cristianismo em Portugal: uma abordagem histórica [J]. Humanística e teologia, 2012, 33(2): 31-61.

这一时期，历史作为建设葡萄牙民族认同的重要工具，其学科地位得到显著提升。受启蒙主义影响，人们开始寻求通过理性的方式对知识和叙述进行建构，强调用批判的眼光来审视史料的真实性，要求历史文本的编写要以切实的依据为基础。这一时期较具代表性的历史类著作包括安东尼奥·卡埃塔诺·德索萨的《葡国王室世系史》和迪奥戈·巴博萨·马查多的《卢济塔尼亚藏书阁》等。

在启蒙运动的影响下，葡萄牙出现了专门的学院。其中，葡萄牙皇家历史学院和里斯本科学院为延续时间最长、最具代表性的两所机构，它们以启蒙思想为基础，将推动国家文化和科研进步的知识分子和作家群体组织和凝聚起来。[1]

1720年，在若昂五世的批准与资助下，葡萄牙皇家历史学院正式成立，成为国内第一所皇家学院，核心成员包括弗朗西斯科·沙维尔·德·梅内塞斯伯爵和安东尼奥·卡埃塔诺·德索萨。随着一批原来在私人学院工作的知识分子的加入，学院规模不断壮大，成立了一支由数位葡萄牙历史学家组成的专业团队，他们开始运用启蒙思想的批判法，科学地、成体系地书写国家历史，为葡萄牙人民留存民族的共同记忆。

里斯本科学院1779年由玛利亚一世授权成立，其主要职责在于将科学思想引入葡萄牙，推动该国科学的发展，并运用理论改善葡萄牙的结构制度（如制定社会经济计划）。该学会的创建人包括路易斯·安东尼奥·富尔塔多·德·卡斯特罗子爵和若泽·科雷亚·达·塞拉。

（五）浪漫主义时期

19世纪，现代工业和城市化不断发展，打破了人类千百年来所遵循的

---

[1] 资料来源于里斯本大学历史中心官网。

文化传统，人们寻求颠覆传统文学的形式与内容，以符合世俗化的社会。在这样的背景下，浪漫主义在欧洲出现。葡萄牙的浪漫主义是在自由革命的大背景下萌芽的，当时法国入侵、王室外逃至巴西、英国代为统治，葡萄牙面临认同危机。

以阿尔梅达·加勒特、亚历山大·赫库拉诺和安东尼奥·费利西亚诺·德·卡斯蒂略为代表的一代作家作为自由主义的捍卫者，他们笔下的作品往往带有国家主义特征和政治色彩。第一代浪漫主义始于 1825 年，以阿尔梅达·加勒特发表《卡蒙斯》一诗为标志，后于葡萄牙内战结束后达到高潮，标志为 1836 年亚历山大·赫库拉诺发表《先知之音》。

第二代浪漫主义（1840—1860 年）涌现于葡萄牙时局趋于稳定的时期，与第一代不同，这一代作家的作品中政治性已褪去，写作的目的开始转向满足国内民众阅读和消遣的需求，神圣化的爱情、死亡、思念等元素以及夸张的情感渲染成为主要特征，这点可以从卡米洛·卡斯特洛·布兰科和苏亚雷斯·德·帕索斯的作品中窥见一二。

第三代浪漫主义出现在 19 世纪 60—70 年代，这一代作家由于受法国作家维克多·雨果的影响极深，故又被称为"雨果一代"。他们的写作呈现出新的特点，爱情不再是虚无缥缈的理想存在，而是被大胆地具象化，带有色情色彩的描述表达了希望与爱人在一起的期望，叙述也更向现实靠拢，因此与现实主义有所重叠。主要代表作家有朱里奥·迪尼士和若昂·德·迪乌斯。

19 世纪后半叶，浪漫主义经历鼎盛后步向荼蘼，现实主义开始登上历史舞台。19 世纪 60—70 年代，以科英布拉为中心，一批受到黑格尔、蒲鲁东、孔德、达尔文等名家理念影响的年轻学生聚焦在一起组成文学团体。这一文学团体又被称为"科英布拉学派"或"七十年代派"。他们意识到葡萄牙文化日渐腐朽，若想改变这一状况，需要借鉴欧洲其他国家的经验与思想理论，对葡萄牙现状进行深刻的反思和改革。科英布拉学派对当时的葡萄牙文学提出质疑，希望拨开浪漫主义的理想化迷雾，再现真实的生活，代表人物包括安德罗·德·昆塔尔和特奥菲洛·布拉加。与之相对，以费利西亚诺·德·卡斯蒂略为首的里斯本浪漫派作家对其发出质疑与批评，二者围绕葡萄牙文学开始了激烈的论战，这一浪漫主义与现实主义的交锋在葡萄牙文学史上留下了浓墨重彩的一笔。双方以笔为矛，将科英布拉作为战场，公开发表文章、诗歌、评论等文字作品，围绕文学的启迪作用、知识分子在社会中的定位与功能等议题展开辩论，现实主义风头渐盛。[1]

三、共和国时期（1910 年至今）

随着君主制的废除，1910 年 10 月，葡萄牙建立共和国，至 1926 年 5 月陆军总司令曼努埃尔·科斯塔发动军事政变，这一时期为第一共和国时期。第一共和国被推翻后，1911 年制定的宪法被废除，议会被解散，"新国家"建立，开启了葡萄牙长达 48 年的军事独裁时期（1926—1974 年），也就是第二共和国时期。1974 年发生的"康乃馨革命"结束了独裁统治，此后葡萄牙进入民主化进程，进入第三共和国时期。

葡萄牙的现代主义兴起于 20 世纪初，当时正是动荡的时期：国际层面，一战结束后局势并未平息，紧张的氛围一触即发；国内层面，葡萄牙进入第一共和国时期，但国家经济和民众生活并未得到改善，民众对当局的不满日益增长，要求变革的呼声不绝于耳，两者交织在一起，为现代主义的萌发提供了土壤。葡萄牙现代主义可以分为三个派别，分别是"俄耳浦斯派"（1915—1927 年）、"现场派"（1927—1940 年）和新现实主义派（1940—1974 年）。

---

[1] SARAIVA A J. Iniciação na literatura portuguesa[M]. Lisboa: Gradiva, 2000: 99-131.

1915 年，费尔南多·佩索阿、马里奥·德·萨·卡内罗、布兰基尼奥·达·丰塞卡等一众耳熟能详的葡萄牙著名作家共同创办杂志《俄耳浦斯》，以此为标志，第一波现代主义浪潮拉开帷幕。《俄耳浦斯》杂志的创立受到欧洲先锋运动的影响，旨在打破传统主义和浪漫主义的束缚，传播现代主义理念，向国民展现摆脱格律限制的自由体裁诗歌，以革新葡萄牙文学的面貌。最终该杂志因财政问题只发行两刊便结束。第二阶段以 1927 年《现场》杂志创刊为起点。受《俄耳浦斯》的影响，《现场》同样以传播现代主义理念为己任。这一阶段的代表人物包括若泽·黑吉奥、阿道夫·罗沙、若昂·加斯帕·西蒙斯、米格尔·托加、伊雷内·里斯本等。与第一阶段相比，第二阶段的作家开始更专注于个人主义和内心剖析。第三阶段是新现实主义时期，代表人物包括阿尔维斯·雷多尔、曼努埃尔·达·丰塞卡、阿方索·里贝罗、马里奥·迪奥尼西奥等。这一时期，冷战所带来的紧张态势和经济危机笼罩在欧洲上空，葡萄牙开启了由独裁政府统治的新国家时期。在这样的时代背景下，新现实主义作家对前一时期的个人主义进行了强烈的批判，开始将马克思主义思想加入自己的创作中。这一阶段反映新现实主义理念的杂志包括《新天地》《旭日》《恶魔》。[1]

在当代葡萄牙文学中，成就最高的作家莫过于若泽·萨拉马戈。萨拉马戈于 1998 年获得诺贝尔文学奖，成为葡语世界第一位折桂诺奖的作家，其代表作品被翻译成 30 多种语言，获得众多读者的喜爱，也让世界再次关注葡萄牙语文学。

---

[1] SARAIVA A J. Iniciação na literatura portuguesa[M]. Lisboa: Gradiva, 2000: 139-158.

第二节 风土人情

一、饮食传统

葡萄牙饮食文化丰富而多元。由于各地地理特征和气候条件有所不同，饮食习惯也不尽相同，但总体而言，葡萄牙的饮食文化融合了地中海与大西洋的特色，以面包、橄榄、葡萄酒、蔬菜、奶制品为基础，沿海地区多食海鲜，内陆地区多食肉类。

北部地区土地资源丰富，各类食材齐全，美食种类繁多，葡萄牙的国菜之一——翡翠汤，便诞生于此。此外，北部地区牧场肥沃，出产的肉类质量上佳，受到国内外消费者的喜爱，也成为烟熏香肠、米兰德拉蒜肠、米兰德萨肉排等当地特色菜品的原料。波尔图大区是北部人口最集中的地区，这里有两道不可错过的特色菜，即"波尔图式内脏炖肉"和"法国小女人"。"波尔图式内脏炖肉"主要食材包括肉类、下水、肉肠和白腰豆，经煮制后，通常配以白米饭食用。"法国小女人"是一道波尔图特色的三明治，由香肠、牛排（或猪排）、奶酪以及火腿片制成，配以特制酱汁，深受葡萄牙人民和国外游客的喜爱。西部沿海地区和北部临河地区的渔业资源丰富，各类海产品或淡水产品是重要食材，烹调手法也各式各样。[1]

葡萄牙中部地区饮食结构同样多元丰富。沿海地带盛产海鲜，通常烤制或制成汤品食用；内陆沿河地带渔业资源丰富，鳟鱼等淡水鱼是人们餐桌上的常客。肉菜以拜拉达烤乳猪、拉佛斯烤牛排和用红酒慢炖而成的烩羊肉为代表。另外，山地地区畜牧业发达，奶酪等奶制品也是该地区的招牌产品。葡萄牙大陆地区最高峰——埃斯特雷拉山便坐落于中部地区，除

---

[1] 资料来源于游览葡萄牙官网。

了享受美丽雪景和体验滑雪项目外，埃斯特雷拉山奶酪也不可错过。

南部地区自史前时期起便成为不同民族的居所，腓尼基人、希腊人、迦太基人、凯尔特人、罗马人和阿拉伯人先后来此定居，随之而来的多样的饮食文化与地中海地区的饮食结构碰撞融合，形成了南部地区独特的饮食。该地区重要的饮食元素包括面包、橄榄、葡萄酒和海鲜，特色菜包括玉米粉炖蛏子、烤章鱼、辣味烤鸡、阿尔加维海鲜锅等。

悬浮于大西洋上的两个群岛的美食同样构成葡萄牙饮食谱系中重要的一环。正所谓"靠海吃海"，马德拉群岛和亚速尔群岛海产品丰富，墨鱼、鳕鱼、带鱼、章鱼以及各种贝类是当地人餐桌上的常客。由于气候原因，马德拉群岛盛产香蕉、菠萝、百香果、甘蔗等热带水果，当地人民从甘蔗中提取蜜，制成著名的马德拉蜜制蛋糕，常配以当地特色的甘蔗酒精饮料——彭沙酒食用。亚速尔群岛地热能丰富，人们将肉类或鱼类与各式蔬菜一同放置锅中，埋入地下蒸煮，这就是当地特色的富纳斯炖菜。此外，亚速尔群岛畜牧业发达，号称"牛比人多"，奶酪、牛奶等乳制品也颇具特色。

葡萄牙的葡萄酒远近闻名，早在罗马统治时期，这片土地上的居民便开始种植葡萄、酿制葡萄酒并出口海外。1703 年，葡萄牙与英国签署《梅休因条约》，生产的葡萄酒出口至英国可享受关税优惠，推动了葡萄酒的出口，英国也成为葡萄酒的重要销售市场。随着出口的扩大，葡萄酒上乘的品质和独特的口感逐渐被海外消费者所认可，葡萄牙成为葡萄酒的主要出口国之一。各地区不同的地理特征和气候条件造就了葡萄牙种类丰富的葡萄酒：北部米尼奥以南、杜罗河谷以北是绿葡萄酒的产区，绿葡萄酒口感清新别致，适合食用鱼类和海鲜时饮用。杜罗河地区在 1756 年被划为葡萄酒产区，是国内最重要的葡萄酒生产地，出产的葡萄酒以产地波特命名，口感丰富而醇厚，受到国内外消费者的喜爱；中部地区的葡萄酒以起泡酒为特色，气泡细腻，口感顺滑，果香浓郁。此外，特茹河地区、阿连特茹地区、马德拉群岛和亚速尔群岛等地也都是优质葡萄酒的产地。

葡萄牙是欧洲最大的鳕鱼消费国，鳕鱼俨然已经成为葡萄牙的民族符号，据说有"一千零一种"烹制鳕鱼的方法，足以见得葡国人民对鳕鱼的喜爱程度。食用腌制鳕鱼的传统可以追溯到大航海时期，面对长时间的旅行，如何储藏食物成为难题。由于鳕鱼用盐腌制后保质期较长，可以满足远航需求，逐渐成为海上的重要食材，也慢慢走进了葡萄牙的千家万户。现今，鳕鱼是葡萄牙美食文化中的重要组成部分，不仅被制成布拉斯式鳕鱼、鳕鱼球、奶油焗鳕鱼等各种小吃，还是平安夜大餐必不可少的重头菜。

二、节日习俗

葡萄牙国家级节日见表 2.1。

表 2.1 葡萄牙国家级节日

时间	节日名称
1 月 1 日	新年
4 月 15 日	基督受难日
3 月下旬至 4 月下旬之间	复活节
4 月 25 日	自由日，又称"四·二五革命"纪念日
5 月 1 日	劳动节
6 月 10 日	国庆日，又称葡萄牙日、贾梅士日暨葡侨日
6 月 16 日	圣体节
8 月 15 日	圣母升天节
10 月 5 日	共和国日

续表

时间	节日名称
11月1日	诸圣节
12月1日	恢复独立纪念日，又称恢复独立日
12月8日	圣母无染原罪瞻礼
12月25日	圣诞节

此外，城市节也是葡萄牙习俗中重要的组成部分，是用于纪念葡萄牙不同地区的圣人的宗教节日。葡萄牙每一个地区都有自己的圣人，如里斯本的圣安东尼奥、波尔图的圣若昂。这两个地区的城市节在全国范围内规模最大。城市节通常在6月举办，不同地区时间略有早晚，其间会有街头庆典、斗牛表演、队伍游行、烟花秀等丰富的活动，人们穿着传统的民族服装，伴随着传统音乐翩翩起舞，还会有小贩兜售烤沙丁鱼等传统美食。

三、艺术形式

（一）舞蹈

舞蹈最初起源于宗教活动，身体随着音乐律动，被视作与神灵沟通的方式，构成许多宗教仪式的组成部分。在葡萄牙，随着时间的推移演变出了多种舞蹈，既有传统的民族舞和高雅的古典舞，也有现代舞。

民族舞是葡萄牙的文化遗产，每一个地区都有自己的传统民族舞蹈和独特的音乐节奏，人们身着五彩斑斓的当地特色服饰起舞，这些服饰通常是早先农民在田间劳作或在节日庆典中穿着的服饰。最具有代表性的民族舞蹈有维拉舞、舒拉舞、柏拉利克舞、克里蒂尼奥舞和土风舞。维拉舞是葡萄牙历史最悠久的传统舞蹈之一，最早发源于北部的米尼奥地区，现在已经在全国流行开来。民族舞蹈通常伴以欢快而富有节奏性的音乐表演，特色伴奏乐器包括六角手风琴和传统吉他。

古典舞在葡萄牙流行较晚，主要舞蹈形式为芭蕾。与欧洲其他国家一样，芭蕾被视作高雅艺术。葡萄牙最为著名的两家芭蕾舞团分别为国家芭蕾舞团和古本江芭蕾舞团。

现代舞蹈也是重要的舞蹈分支。该类舞蹈由若热·萨拉维萨在20世纪70年代引入葡萄牙。作为古本江芭蕾舞团的舞蹈导演，若热从国外引进现代编舞师，对葡萄牙舞蹈进行了革新。此后，葡萄牙现代舞发展迅速，凭借多样的形式和优秀的质量获得了国内外观众的喜爱。著名现代舞者包括奥尔加·罗里兹、维拉·曼特罗、玛加丽达·贝藤古特、保罗·里贝罗、若昂·菲亚代罗等。其中，奥尔加职业生涯最长，掌握的舞种很全面，最具影响力。奥尔加出生于维亚纳堡，青年时便移居里斯本，曾在圣卡洛斯国家戏剧学院和里斯本国家音乐学院学习舞蹈，于1976年加入古本江芭蕾舞团。此后，奥尔加以编舞师的身份创作舞剧20余部。除欧洲外，其作品曾在美国、巴西、塞内加尔、埃及等国出演，受到广泛好评。

（二）音乐

文化孕育音乐，音乐植根于文化，两者有着紧密的联系。音乐可以反映出一个民族在某一时期的文化特征，葡萄牙的音乐也不例外。在数百年的历史中，不同的文化在葡萄牙碰撞融合，在这一过程中，特色各异的音乐也发生交互，最终构成了葡萄牙丰富而包容的音乐光谱。

传统音乐是葡萄牙不同地区庆祝具有纪念意义的时刻（如收获季、婚礼等）的重要元素，与上节所讲的传统舞蹈息息相关，是国家文化的一个重要组成部分。传统音乐历史悠久，跨越时空，传承至今，并不断获得新的活力。当前，传统音乐除了在节日庆典中表演外，还被视作葡萄牙文化的符号，代表葡萄牙走出国门，受到了海外观众的喜爱。较具代表性的传统音乐包括阿连特茹民歌、舒拉舞曲、维拉舞曲等。而古典音乐代表人物包括著名作曲家埃曼努埃尔·努内斯、安东尼奥·维托里诺·达尔梅达、安东尼奥·皮尼奥·瓦加斯、钢琴家奥尔加·普拉茨等。

说到葡萄牙音乐，就不得不提葡萄牙国粹——法多。法多于 2011 年被评为人类非物质文化遗产，是葡萄牙国家文化的标志。法多的名字源于拉丁语的"fatum"一词，于 1840 年左右出现，最初在里斯本街头传唱，此后受众不断扩大。20 世纪，法多地位进一步稳固，获得了极大的声誉。该时期代表性人物是安玛莉亚·罗德里格斯，她继承了先前诸多法多歌手的唱法，并加以发扬，将法多提升到了一个新的高度，被认为是葡萄牙史上最优秀的法多歌手，在世界范围内也大获成功，还成为葡萄牙的法多大使。自 20 世纪 70 年代起，多种音乐风格在葡萄牙接连兴起，法多的地位受到冲击。进入 21 世纪后，以玛丽萨为代表的新一代法多歌手尝试将多种现代元素融入这一传统音乐中，反响良好。

除了上述乐种外，爵士乐、流行摇滚乐等更为"新潮"的音乐也在短时间内收获了大批听众的喜爱。葡萄牙爵士乐名气最大的歌手为雅欣塔。她发行的第一张唱片《向贝西·史密斯致敬》曾打破葡萄牙唱片销售记录，并被授予金唱片奖。流行摇滚乐是葡萄牙年轻一代最喜爱的乐种，以安东尼奥·瓦利亚松斯的横空出世为标志，兴起于 20 世纪 70—80 年代。瓦利亚松斯为葡萄牙音乐引入了更为新潮现代的制作方式，他将当代音乐与传统葡萄牙乐律融合在一起，为流行摇滚乐的发展开辟了道路。如果说瓦利亚松斯是燃起火炬的旗手，那么里奥·维罗索就是葡萄牙摇滚之父。维罗索 23 岁时便发表首张专辑，被视作葡萄牙摇滚乐的里程碑。他发布多张专辑，对葡萄牙文化事业做出卓越贡献，于 1992 年被授予"恩里克王子勋章"[1]。

---

[1] 该奖项以葡萄牙历史上著名的恩里克王子命名，用于表彰为葡萄牙做出杰出贡献的本土和外国文化人士。

（三）建筑

葡萄牙建筑类型丰富多样，多种建筑风格并存。从葡萄牙建筑的发展过程中，可以看到国家历史文明的演变过程。

罗马统治期间，葡萄牙开始出现成体系的城市，室内的公共设施、居民用房等建筑都继承了罗马的风格。8世纪，摩尔人入侵伊比利亚半岛，在葡萄牙南部留下了数座清真寺和具有伊斯兰风格的建筑。12世纪，随着恢复失地运动的展开，大量清真寺被改造成天主教教堂，特点是厚重的建筑风格和宏大的规模。

12世纪起，哥特风在葡萄牙流行开来，高耸开阔的穹顶、五彩的装饰玻璃成为当时建筑的主要特点。曼努埃尔执政时期，葡萄牙建筑步入哥特风末期，在融合本族元素后，发展出了一种独特的风格，被称为"曼努埃尔"风格。浑天仪、十字架、海藻、皇冠、人鱼等元素均为"曼努埃尔"风格建筑中十分常见的装饰，用以彰显皇权和歌颂航海大发现的伟大成就。

18世纪上半叶，巴洛克风格在若昂五世统治时期达到顶峰，大量巴洛克风格的教堂、修道院和宫殿拔地而起，金碧辉煌的装饰物、烦琐的壁画、精致的雕像和考究的瓷砖装饰成为该时期建筑的主旋律，马夫拉皇室建筑群就是典型的巴洛克建筑。由于集中了大量巴洛克式建筑，波尔图又被称为巴洛克之城，其古城区在1996年被联合国教科文组织评为世界遗产，代表建筑包括教士塔、仁慈大教堂等。

1755年，里斯本发生大地震。在城市灾后重建的过程中，出现了一种既非巴洛克风格亦非洛可可风格的建筑风格，且建筑结构中加入抗震的设计，风格简洁而具有功能性，称为"庞巴尔式"建筑风格。在里斯本城重建工程步入尾声时，受意大利和英国的影响，葡萄牙开始出现新古典主义风格建筑，推崇对称、秩序、和谐的建筑理念，主要代表作为圣卡洛斯国家剧院和玛利亚二世国家剧院。

19 世纪，人们逐渐开始探索一种与新古典主义相反的不规则的建筑风格。这一新的风格融合了摩尔式和曼努埃尔式建筑风格，同时从巴伐利亚宫殿中汲取了灵感，设计大胆，旨在增加视觉冲击，点燃了人们的想象和感官，佩纳宫便是代表。

进入 20 世纪后，新艺术风格和国家主义风格出现。前者盛行于 20 世纪初，受法国新艺术运动影响，葡萄牙城市中产阶级开始将其所倡导的元素（如自然装饰风格、突出曲线形态美等）运用于自己国家的建筑中，影响范围主要集中在里斯本、波尔图、阿威罗等城市地区。后者在 20 世纪 40—50 年代被大量运用于各类建筑中，希望将现代建筑工程与葡萄牙传统房屋的美学特点相结合，形成一个专属于葡萄牙的建筑风格。

第三节　文化名人

文学在葡萄牙文化中有着举足轻重的地位，从某种意义上说，文学的演变史就是历史文明的演变过程。受外部思潮的影响，葡萄牙文学的发展遵循欧洲各文学流派兴起的顺序，但也反映出葡萄牙民族独特的文化内涵。本节选取了葡萄牙文学界的三位巨匠为代表，介绍其生平经历、代表作品以及对葡萄牙文化做出的杰出贡献。

一、路易斯·瓦斯·德·卡蒙斯

路易斯·瓦斯·德·卡蒙斯，葡萄牙诗人，被公认为迄今为止葡萄牙语世界最伟大的诗人。由于缺少具体史料记载，其生平经历始终扑朔迷离，我们只能从他的作品和他人的叙述中推测一二。关于卡蒙斯的出身，人们普遍认为这位伟大的诗人大约1524—1525年出生于里斯本的一个小贵族家庭，后赴科英布拉大学深造。1547年前后，卡蒙斯前往北非休达地区服役，在与摩尔人的一场战役中失去了右眼。1549年，他返回里斯本，但因袭击宫廷官员被捕。1553年，卡蒙斯被国王若昂三世赦免，作为远征军的一员前往印度。1555年，他再次参与远征队，前往马拉巴海岸与红海。据说，他还曾到达中国澳门，其间开始了《卢济塔尼亚人之歌》的创作。1556年左右，卡蒙斯结束兵役，返回里斯本，后于1568年再次离开故乡，动身前往莫桑比克。在莫桑比克，卡蒙斯经济并不宽裕，甚至可以说是穷困潦倒，但他还是继续撰写《卢济塔尼亚人之歌》。在朋友的帮助下，卡蒙斯回归故土，于1580年6月逝于里斯本。[1]

卡蒙斯早期曾写下许多杰出的抒情诗篇，还创作了三部喜剧，不过，最具代表性的作品还是《卢济塔尼亚人之歌》。1572年，卡蒙斯的《卢济塔尼亚人之歌》面世。这部著作由十个诗章组成，长达9 000行，以叙事诗的形式描写了航海家瓦斯科·达·伽马以及其船队在印度之行途中的惊奇历险，并将葡萄牙历史和希腊、罗马神话元素融入其中，歌颂葡萄牙民族的无畏和勇气。诗歌语言优美，富有韵律，被称为"葡萄牙民族史诗"，奠定了卡蒙斯国宝级诗人的地位。

正如但丁之于意大利，莎士比亚之于英国，塞万提斯之于西班牙，卡蒙斯被公认为葡语国家历史上最伟大的诗人，被视为民族的符号，其忌日被葡萄牙政府确立为葡萄牙日。这一天也是葡萄牙的国庆日。

二、费尔南多·佩索阿

费尔南多·佩索阿，葡萄牙文学史上可与卡蒙斯并肩的作家，1888年6

---

[1] 资料来源于葡萄牙图书、档案和图书馆总局官网。

月 13 日出生于里斯本，年幼时父母离异，母亲再婚嫁给一名外交官。由于继父工作原因，佩索阿和母亲一起在南非度过了童年时光，也正是因为这段经历，作者能够流利地使用英语。佩索阿从青年时期便开始书写诗歌和杂文，除了葡萄牙语外，还用英语进行写作。佩索阿在翻译领域同样有所建树，曾将多部英葡名著互译，并参与创办《俄耳浦斯》《现场》等杂志。虽然佩索阿在文学领域建树颇多，但文学创作或翻译并非他的本职工作。凭借出色的语言能力，佩索阿曾供职于里斯本多家商行，担任英、法文通信员的工作。

在写作生涯中，佩索阿曾用不同的署名进行创作。虽然文章均出自他之手，但用不同署名创作的作品却有着迥异的写作风格、社会背景和世界观，仿佛是一个个独立而完整的个体。如佩索阿用坎波斯这个署名创作的作品，作品中的人物性格复杂而富有张力，虽然其虚拟的作者职业是与冰冷而精密的机器打交道的工程师，但其笔下的文字却蕴含丰富细腻的情感，仿佛一个个富有乐律的字符，在读者面前跳动。

有学者指出，虽然佩索阿的作品风格多变，但如果找寻其中的共同点，那就是所有的作品都在探讨一个共同的问题："我们称之为真实的'真实'究竟是什么？事物在抛却其简单存在外，是否还存在其他意义？"从这些令人深思的问题可以看出，佩索阿文学作品的本意并非对于哲学问题进行深究，而是关注思考本身。思考已然成为诗人感觉的形式，就像在音乐中任何音符只能以音乐的形式存在一样，对于佩索阿而言，所有情感状态都以辩证的形式存在，倘若离开思考，感觉便不再有任何价值，这也是理解佩索阿作品的关键。[1] 不过，对于一般读者而言，无须理解到如此之深，仅仅感受作者多变的行文风格和富有乐感的诗句，便可获得绝佳的文学体验。

---

[1] SARAIVA A J. Iniciação na literatura portuguesa[M]. Lisboa: Gradiva, 2000: 143-144.

三、若泽·萨拉马戈

1922 年 11 月 16 日，萨拉马戈于出生于葡萄牙中部地区的一个小村庄阿济尼亚加，父母务农，家境并不富裕。萨拉马戈在两岁时随家人移居里斯本，就读于当地的一所工业技校。虽然对学习有浓厚的兴趣，但由于经济原因，萨拉马戈并未能继续学业，辍学后曾从事工匠、绘图员等多份工作。1944 年，萨拉马戈与伊尔达·雷斯结婚，并在 25 岁时诞下一女。

1947 年，萨拉马戈发表了第一部文学作品——《罪孽之地》，在文学界崭露头角。在该书发表后，萨拉马戈并未继续文学道路，而是成了一名编辑，此后近 20 年未出版任何作品。从 1966 年起，他陆续发表《可能的诗歌》《欢乐》《1993 年》等诗集，并将先前撰写的专栏文章集结成《这个世界和另外的世界》《旅行者的行李》《DL 曾这样以为》《札记》四个子集出版。在此后的文学生涯中，他尝试了多种文学体裁，除诗歌和专栏文章外，儿童文学和戏剧也有涉猎，但是真正使其家喻户晓的还是长篇小说。

1982 年，《修道院纪事》问世，萨拉马戈凭借该书斩获 1995 年度葡语文学最高奖项——卡蒙斯文学奖。1980—1991 年，萨拉马戈陆续发表《里卡多·雷斯离世那年》《石筏》《里斯本围城史》《致耶稣基督的福音》，以历史人物或历史事件为基础，通过改编史实来对历史进行重构。此外，作者还特意吸纳和化用了历代葡语文学经典，让自己的文章与卡蒙斯、佩索阿等葡萄牙文学大师的文本发生关联，展现出互文性的特征。

1995—2005 年，萨拉马戈开启了写作的新阶段。这一时期，作者先后发表六部作品，分别为《失明症漫记》《所有人的名字》《洞穴》《复制人》《复明症漫记》《暂停死亡》。与之前不同，这一时期的作品不再有明确的时间或地点，也不再以历史人物为原型，传递了作者对社会现状的不安与忧虑，深刻地探讨了人类所面临的问题，讽刺社会乱象，因此，这些作品又被称为"政治寓言"。[1]

　　萨拉马戈笔下的文字丰富而蕴有想象力，作者通过强大的叙事能力，带引读者透过其所编织的譬喻窥见现实，从而触动人们麻木的心灵，令人反省深思，反映了作者的人文主义关怀和社会责任感。萨拉马戈的作品深受读者喜爱，被译成多国语言。1988 年，萨拉马戈获得诺贝尔文学奖，是第一个获此殊荣的葡萄牙语作家，成为葡萄牙语文学在国际文坛的一张名片。

---

[1] 资料来源于若泽·萨拉马戈基金会官网。

第三章 教育历史

第一节 历史沿革

葡萄牙教育的源头可以追溯到葡萄牙建国前（1139 年之前），据资料记载，受罗马文化和伊斯兰文化的影响，10 世纪时，现葡萄牙境内便已存在拉丁语学校，伊斯兰学者将古希腊哲学家和数学家的著作译成阿拉伯语，把科学知识引入葡萄牙。鉴于葡萄牙建国前关于教育的史料有限，本章主要对王国时期和共和国时期的教育发展和重大教育事件进行梳理。

一、王国时期（1140—1910 年）

（一）君主立宪之前（1140—1820 年）

1139 年，阿丰索一世自封为王，宣布葡萄牙成为一个独立王国。这一时期，除了零散的家庭私塾式授课外，教会在国家教育中扮演了重要角色。在由教会开办的学校中，教士担任教师，教学地点通常为修道院等宗教场所，较为著名的有圣克鲁兹修道院、阿尔科巴萨修道院等。总体而言，这一类教学机构的根本目的并不在于向大众普及知识，而是培养富有学识的传教士。由于教会的教学活动在结业后并不授予授课证书，不少学生毕业后选择赴博洛尼亚、巴黎、图卢兹、萨拉曼卡等欧洲城市的著名学府继续深造，修习包括艺术、罗马法、神学、法律、医学等在内的专业。

13 世纪，葡萄牙国王迪尼什一世在里斯本创立国内第一所大学，下设神学院、法学院、教会法学院和医学院。此后，由于皇室和教会的关系、资金支持、教学计划、教师资源等种种因素，这所大学开始在里斯本和科英布拉两地来回迁移。14 世纪，重视高等教育的若昂一世，在统治期间不但设立了护学官一职，还下令兴建学校设施、规范教学活动，并设置了算术、几何和星相学三门课程，这些课程的设置为后来的航海大发现提供了有力的技术支撑。1537 年，在若昂三世的命令下，这所大学最终迁至科英布拉，成为后来的科英布拉大学，科英布拉城也成为葡萄牙的学术中心。自成立以来，科英布拉大学为葡萄牙培养了一大批杰出人物，其中最具代表性的有葡萄牙国宝级诗人卡蒙斯、欧洲宗教学界数学家和天文学家克里斯托佛·克拉乌、知名作家埃萨·德·奎罗斯、诺贝尔生理学医学奖获得者安东尼奥·埃加斯·莫尼兹等。除了大学外，科英布拉还建立了一批中小学，如皇家艺术与人文学校、圣克鲁兹修道院学校和圣保罗皇家学校。

15 世纪，在恩里克王子的领导下，葡萄牙进入航海大发现时期。这一时期，在阿尔加维的萨格里什地区建立了葡萄牙第一所国立航海学校——萨格里什学校。学校设有地图学、地理学、天文学等学科，为葡萄牙航海大发现培养了一批优秀人才，是当时国内举足轻重的学校。

16 世纪，埃武拉大学正式成立，成为国内第二所大学。与科英布拉大学不同，由耶稣会士管辖的埃武拉大学宗教色彩更为浓厚，以神学为重点学科，响应了天主教复兴的需求，为葡萄牙教会在海外以及国内南部地区的发展培养了一批教士。除培养神职人员外，埃武拉大学同样重视语法和哲学等人文科学知识的传授，一定程度上改善了特茹河以南地区教育资源匮乏的现象。[1]

15—16世纪，法国人文主义思潮发展迅速，受此影响，葡萄牙国内出现了支持教育改革和坚持维持现状的两大派别，对教会的地位造成威胁。为了抵制人文主义思潮在国内的蔓延，若昂三世于1536年成立宗教裁判所，并鼓励耶稣会在国内办学，以此保证国家政教稳定。1580年，葡萄牙阿维斯王朝最后一任国王恩里克一世去世，由于膝下无继承人，葡萄牙陷入王室继承危机。1581年，西班牙的费利佩二世加冕为王，宣布葡萄牙归属西班牙统治。由于统治者虔诚地信仰天主教，在西班牙统治期间，天主教在葡萄牙的势力得到巩固。在王室的支持下，保守势力稳占上风，耶稣会在垄断国内教育的同时，有权对任何文章进行审查，从而加强了国内文化教育的集权化，极大地提高了教会在教育中的地位。在宗教裁判所的审判下，不少教师受到各种形式的迫害，被迫停止教学生涯、遭受惩罚甚至牢狱之灾。[2]在这样的背景下，在改革派和保守派的冲突中，保守派最终占据上风。较具代表性的事件发生在皇家艺术与人文学校，以安德烈·德·古维亚[3]为首的人文主义教师团体与传统、保守的教师群体在教学理念上发生冲突。古维亚去世后，人文主义教师团体群龙无首，这场对峙最终以学校被移交给耶稣会管理收场。此后，不少改革派教师被指控为异端分子，在校内的地位被边缘化，甚至被处以刑罚。这一时期，人文主义思潮如同昙花一现，在几个先锋人物陨落后，文艺复兴的批判思想和经验主义发展的火花也随之熄灭。大学和中小学的学术氛围僵化停滞，国家教育中没有科学创新的容身之处，在其他国家开始进行科学革命时，葡萄牙依旧奉行教条主义，

---

[1] ROSA T M. História da Universidade Teológica de Évora (séculos XVI a XVIII)[M]. Lisboa: Instituto de Educação da Universidade de Lisboa, 2013: 82.

[2] MARCOCCI G. Inquisição, jesuítas e cristãos-novos em Portugal no século XVI[J]. Revista de história das ideias, 2004, 25: 247-326.

[3] 安德烈·德·古维亚（1497—1548），葡萄牙文艺复兴时期的人文主义者、教育家以及教师，曾在法国求学并在当地几所学院担任教学工作，后应若昂三世邀请回国，担任皇家艺术与人文学校校长。

拒绝文化革新。这种孤立的状态贯穿 17 世纪，一直持续到 18 世纪。

17 世纪，以法国为中心的启蒙运动在欧洲兴起，其核心思想是"理性崇拜"。在启蒙运动中涌现出一批重要的思想家，其中最具影响力的有法国的卢梭、伏尔泰、孟德斯鸠等。在这样的时代背景下，人们开始探索现代思想，并对文化遗产进行了理性的批判。同样的，随着自由、民主和平等思想的传播，个人自由和科学进步开始提倡，教育理念也随之发生变化，鼓励培养有批判精神的、开明的、有文化的个体。这一时期，葡萄牙与欧洲其他国家在外交、技术、军事、科学、艺术方面的交流变得更加紧密，人员往来也不断密切，这也为欧洲大陆思想涌入葡萄牙提供了通道，打破了葡萄牙与当代知识脱轨的孤立状态。

在这次浪潮中，归国知识分子和驻外外交人员扮演了重要角色。在接触了国外先进思想后，他们将新潮的思想和观念带回葡萄牙，一部分知识分子还投身于葡萄牙教育体系的改革事业中，其中最具代表性的人物为路易斯·安东尼奥·维尔内和里贝罗·桑切斯。[1] 维尔内在意识到葡萄牙教育体制的落后后，决定投身教育改革。他在《真正的学习之方》一书中抨击了耶稣会所采用的教学方式，并着墨介绍了当时欧洲更为先进的教学理念，对应当如何进行创新提出了自己的见解和方案。桑切斯在《青年教育之书》一书中探讨了教育行政权力应当如何划分，坚定地认为应将权力上收至国家，由国家来管理并监督国内教育事业的发展，同时教会的权力范围应大大缩减，只负责对未来的传教士进行宗教、神学知识的教授。此外，桑切斯反对将教育大众化，认为须着重培养精英阶级，使其成为平民学习的榜样，并建议借鉴其他欧洲国家，建立专门的贵族学校。

在若昂五世 [2] 和庞巴尔侯爵的领导下，葡萄牙启蒙运动在教育领域先后

---

[1] 里贝罗·桑切斯（1699—1783），葡萄牙教育学家与历史学家，受启蒙主义时期教育观念影响，著有数十部手稿，九部在其生前出版。

[2] 若昂五世（1689—1750），葡萄牙布拉干萨王朝第四位皇帝，在位时间为 1706—1750 年。

经历了两个高潮。若昂五世统治期间，葡萄牙整体呈现开放趋势，在加强与欧洲其他国家交流的同时，对毕业于欧洲著名学府的外国艺术家和文学家敞开大门，希望以吸收国外先进分子的方式来驱赶愚昧、黑暗，从而迅速缩小与欧洲其他国家在文化教育方面的差距。这一时期，若昂五世还引入了对欧洲的新思潮持有更包容态度的奥拉托利会，打破了耶稣会在教育领域的垄断，为之后的改革扫清了道路。

庞巴尔侯爵则对葡萄牙的政治、经济、社会等各个领域进行现代化改革，其中包括教育体系的改革。庞巴尔侯爵召集了一批受启蒙思想影响的海归知识分子，在听取他们的建议后，决定由国家负责教育事业的发展并进行监督，以扩大国内教育规模，规范国内教育活动。这一时期，庞巴尔驱逐了曾经掌控国家教育体系的耶稣会士，宣布由国家接管众多的教学机构，并尝试重新组织教育体系，旨在建立由国家管控的公立教育体系，"公共教育"这一概念随之产生。在教育领域，庞巴尔改革的具体内容包括：革新授课内容，尝试新的教学方式，扩大初等教育[1]的入学率，建立公立中等教育院校，并开办了包括商业课堂、波尔图航海课堂、皇家贵族小学等一系列专业课堂和学校。另外，为了响应国家现代化的需求，庞巴尔侯爵还领导改革了科英布拉大学的教学体系，对已有的四个院系进行革新，增设哲学系和数学系，将教学标准向欧洲其他国家靠拢，旨在培育出符合时代要求的人才。此外，由于进入神学、法律和医药系就读的学生需要提前攻读算术和几何课程的预科班，导致不少外地学生专程来到科英布拉攻读预科课程，费时费力。针对该情况，从 1792 年起，国内其他城市也陆续开设了预科班课程，其中，里斯本开设了两门课程的预科班，波尔图、埃武拉、布拉加和法鲁开设一门预科班，一定程度上为希望攻读高等教育的学

---

[1] 基础教育通常指普通中小学教育（一般指一至十二年级），但葡萄牙的"基础教育"（《教育体制基本法》educacao basica）不包含中等教育（一般指十至十二年级，不同时期划分不同，也有从七年级开始）。为表示区分，本书在讲述葡萄牙的"基础教育"时，使用"初等教育"（一般指一至九年级，不同时期划分不同，也有到六年级为止）。

生提供了便利。在启蒙运动时期，葡萄牙国内教育改革取得了值得肯定的成就，迈出了教育平民化的第一步，并吸收了一定的先进理念，然而，对科学知识和实用科学重视不足、缺乏实验教学的传统等问题依然存在。

总之，君主立宪之前的这段时期，天主教教会在葡萄牙国家教育事业中一度占据举足轻重的地位，近乎垄断，教学偏保守，后经历的人文主义和启蒙主义两次思想变革浪潮，在不同程度上影响了葡萄牙的教育活动。在人文主义时期，葡萄牙国内出现了一批具有先进思想的教师，他们期望改革国内落后的教育面貌，但由于根深蒂固的保守势力的压制，最后并未取得成功，使得葡萄牙最终没能搭上文艺复兴的快车，教育水平落后于意大利、法国等其他欧洲国家。在启蒙运动时期，葡萄牙对外开放的程度明显扩大，与欧洲其他国家的交往日渐密切，先进教育理念也传到葡萄牙。在若昂五世和庞巴尔侯爵领导的教育改革下，葡萄牙国内的教育体系得到了改变，国家对于教育的重视有所提升，并提出了要建设由国家把控的公共教育。不过，该时期教育依旧存在很多问题，亟待改进。

（二）君主立宪时期（1820—1910 年）

19 世纪的葡萄牙充斥着动荡和混乱，先后经历了法国入侵、王室迁至巴西、自由革命、内战等一系列事件，这些都严重影响了国内的政治、经济和社会生活，也限制了国内教育事业的发展。

19 世纪初，在玛丽亚一世执政期间，由于女王反对庞巴尔的改革政策，教育改革一度被搁置，教育事业再次被教会把持，教育精英化的趋向再次出现。这一时期，葡萄牙国内开办了众多贵族学校和机构，如皇家海军学校、皇家陆军学校、皇家科学学院等。1807 年，拿破仑军队入侵葡萄牙，葡王室迁至巴西避难，国家秩序受到严重影响，国内社会运动和学生运动此起彼伏，文化生活受到破坏，文盲率高居不下。

1816 年，玛丽亚一世去世，其子若昂六世加冕为王，曾经被压制的庞巴尔主义理念再次回归。在若昂六世的任命下，两位庞巴尔主义的追随者——弗朗西斯科·德·莱莫斯和若泽·蒙特罗·达·罗沙分别担任科英布拉大学的校长和副校长职位，并出任王国教育与学校领导委员会主席和副主席的职务。在若昂六世执政时期，葡萄牙再次推行公共免费教育，将教育部门的行政权和资金管理权集中，对教学活动加以规范，并对教育大纲进行了现代化改革。以教师选任为例，在玛丽亚一世统治期间，教师的选拔由修道院的高级神职人员负责，而在若昂六世统治期间，在领导委员会的管理下，不论是贵族教师还是私人教师，一律需要接受相应的能力考试，经过选拔后方能上岗。

1820 年，葡萄牙国内爆发自由革命，自由主义者结束了葡萄牙近 7 个世纪的君主专制统治，制定了葡萄牙第一部自由宪法，确立君主立宪制。自由主义者将教育看作社会进步的工具和培养合格公民的途径，因此，这一时期，公共教育再次受到重视，当局加强了对于教育活动的管控，规定由国家负责统筹监督各地的教学活动，降低文盲率，并对忽视教学的地区进行处罚，各级政府承担任命教师等具体任务。这一时期，在相关学者的推动下，葡萄牙国内涌现出了一批有关教育改革的提案和创新理念，其中，比较突出的有：帕索斯·曼努埃尔（于 1836 年）和科斯塔·卡布拉尔（于 1844 年）提出组织"中学教育"，富特斯·佩雷拉·德·梅洛（于 1860 年）提出建立技术学校，安东尼奥·达·科斯塔（于 1870 年）提出设立"公共教育部"等。此外，一股新的社会力量——中产阶级崛起，随着平民对教育需求的加强，这一群体同样提出了不少有关教育改革和创新的建议，希望推动国内公共教育的发展，他们的提案反映了当时社会对于改革教育体系的期望。

值得注意的是，这一时期虽然涌现出了一批教育创新方案，体现了一定的进步性和改革意识，但它们大多停留在探讨和规划层面，得到具体落实的较少。例如，1823 年，穆兹尼奥·德·阿尔布克尔克提出了一项带有进步色彩的改革方案：提倡全民教育，认为所有公民都应当享有接受初等教育的权利；建议实行义务教育，在每个教区为不同性别的学生开办小学，并创新性地提出采用导生制[1] 的教学方法。但这项方案并未得到有效落实。教育创新方案大多未能落地的原因除了政局动荡、经济不稳等客观因素外，还在于葡萄牙自由主义者推动教育改革的立场不够坚定。[2]

1828—1834 年，若昂六世的第三子米格尔临时掌权，自封为米格尔一世，复辟君主专制制度。王位之争引发内战，保守派和激进派间的矛盾也不断升级，政局一度不稳。在米格尔一世统治期间，初等教育受到严格管制，经费缩减，教育机构数目减少，教学活动受到打压。据资料显示，在此期间，国内初等教育机构的数量从 939 所减至 550 所。[3] 与此同时，在米格尔的支持下，教会地位大幅提升，由其开办的学校在国内的教育体系中开始重新占据重要地位。这一时期，教育领域较有代表性的学者有博尔热斯·卡内罗和阿尔梅达·加勒特。前者代表作为《青年的导师》，后者著有《论教育》一书。两部著作为公立学校的整体改革建言献策，并坚持国家教育的必要性。正如加勒特所言："我认为，教育需由本国组织，否则便不会出色，毕竟，连'日内瓦公民'（卢梭）也无法很好地教育外国公民。我们需要对学校进行考察，以那些文明程度更为发达的国家为鉴，研究其教育体系。之所以这样做，不是为了将我们的子女送去这些国家——我们不是为法国人、英国人或是德国人培养我们的子女，而是为葡萄牙人培养优秀公民……旅行（留学）固然是高贵的优等教育的一种途径，但最终只是一

---

[1] 贝尔-兰开斯特制（Bell-Lancaster Method），又名导生制（Monitorial System），是一种流行于 19 世纪初的教学方法，内容为先教会年长或成绩较好的学生，由他们担任教师的助手，再由他们将刚学会的知识内容教给其他学生。

[2] TORGAL L R, VARGUES I N. O liberalismo e a instrução pública em Portugal[C]// BENITO A E, FERNANDES R. Los caminos hacia la modernidad educativa en España y Portugal (1800—1975): actas del II encuentro ibérico de história de la educación. Coimbra: Universidade de Coimbra, 1995: 69-98.

[3] MARTINS E C. Historiografia educativa do sistema escolar em Portugal[M]. Castelo Branco: IPCB-ESE, 2004: 11.

种补充形式，教育的根本和根基需为本国教育。"[1] 加勒特认为，教育必须以国家为基础，可以吸收国外先进的教学经验，但必须因地制宜，使其适应葡萄牙的现状。他还坚持在儿童教育阶段开展道德教育，鼓励进行户外活动，将教育定义为培养人类的艺术。

1834 年，米格尔一世退位，玛丽亚二世亲政，葡萄牙回归君主立宪制，教学管制开始有所放宽。虽教育政策一直以来在前进和倒退中反复，但可以肯定的是，教育一直被自由主义者认为是推动社会进步的动力，葡萄牙需要通过建立覆盖全国的初等教育院校网络，来降低国内较高的文盲率。

在这样的背景下，王国事务大臣罗德里戈·达·丰塞卡·马加良斯于1835 年发布《初等教育总则》，提议将教育行政权下放至市，在每一个大区的首府建立一所男子学校和一所导生制学校，市政府每年应予以补贴，设立专门的师范学校培养教师，由国家划定义务教育年限，为教育普及提供有利环境等。虽然总则最终并没有得到落实，但其理念具有进步色彩，值得肯定。同年，吉列尔梅·迪亚斯·佩加多还提出了另一项名为《葡萄牙大学总体组织规则》的提案，将教育机构分为小学、初中、高中、神学院、特殊学校和大学六类，为教育机构扩充种类提供了思路。与马加良斯的观点不同，佩加多认为在教育行政和管理方面，国家应集中权力，并提倡在每个学校都建立一个教育活动指导委员会，级别较低的委员会向级别较高的报告教学情况，后者直接向国家负责；[2] 在资金获取和支配层面，国家应当给予各院校适当的自主权。此外，佩加多还支持分别开设男校和女校，采用导生制教学法，并鼓励私人开办学校等。

1836 年，由于对女王统治和大宪章的不满，葡萄牙爆发九月革命，北部地区当选的数位自由激进派议员来到里斯本，在民众的支持下，最终迫

---

[1] RAMOS J D. A reforma do ensino normal[M]. Lisboa: Livraria Ferreira, 1915: 17-18.

[2] ALBUQUERQUE L. Notas para a história do ensino em Portugal[M]. Coimbra: Universidade de Coimbra, 1960: 189.

使女王和政府退步。革命后，葡萄牙在教育领域颁布了不少法律和措施，具有代表性的为 1844 年改革。在这次改革中，除了建立包括外科医学学校、波尔图理工学院和农学院在内的一批院校外，葡萄牙第一次规定对阻碍子女接受义务教育的家庭进行惩罚，并提出集中教育行政权，将所有的教育活动交由位于科英布拉的最高委员会统筹，由该机构在每个大区开设的分委员会落实。不过，与之前的改革一样，1844 年改革在具体实施上遇到经费不足等困难，落实情况受到限制。

19 世纪后半叶，受到实用主义思想的影响，葡萄牙国内出现了打破人文学科独霸天下的局面、提升自然科学地位的呼声，旨在培养符合国家发展和现代化需求的人才。在此背景下，葡萄牙开始尝试对学校课程大纲进行革新，增设了物理、自然历史和化学等课程。从课程改革可以看出，传统人文学科的地位有所下降，与之相对，实用科学的地位得到提升，打破了自文艺复兴以来人文科学为主的学术传统。针对这一改变，学术界存在不同的意见。拥护者以福约斯为代表，他坚持认为算术、代数、几何等科目应当成为教学活动中重点关注的内容，学生应当对这些科目有基本的了解；而以托马斯·达·维尔任为首的反对者则更为保守，倾向于两者达到平衡共存，并对各学科的分配提出了新的设想，认为在第 7 学年和第 8 学年，课程应当分为自然哲学和神学两个自选方向，前者设置实验物理和代数等理工科课程，后者则设置语法、希伯来语等人文课程。这一想法为之后的分科学习的做法提供了思路。

1870 年 6 月，葡萄牙成立教育部，由安东尼奥·达·科斯塔出任部长。科斯塔认为教育是有序组织国民的基础，也是通向自由的前提，因此，在任职期间，他提出对国内的初等教育体系进行新一轮改革，具体内容包括将初等教育院校的管辖权下放给各市和相应的教区委员会，将全国划分为16 个学区，鼓励开展教师论坛，旨在探讨并总结先进的教学方法，由各市政府牵头成立夜校，并在里斯本和波尔图两大城市设立师范学校等。该改革计划还对初等教育的组织提出了新的设想，主张将其分为基础阶段和补充阶段两个层次。其中，基础阶段为义务教育，针对 7—15 岁的所有学生。此外，在 1870 年，教育部颁布法令，计划建设面向大众开放的图书馆，旨在鼓励人们学习。不过，该法令并没有得到落实，而教育部也只是昙花一现，于 1870 年 8 月被叫停，仅仅运作 69 天。

1878 年，葡萄牙总理罗德里格斯·桑帕约在借鉴了一些前人提出但并未得到落实的教育理念后，再次推行教育改革，具体措施包括：将教育行政权下放至各市，增加国内初等教育机构的数量，改善教师收入水平，在里斯本、波尔图和埃武拉三个城市成立师范院校，开设临时学校、家庭学校和夜校以降低文盲率，成立慈善与教学委员会资助贫困学龄儿童，鼓励小学教师开展教学研讨会，提倡自由办学等，这一系列举措取得了一定的成果。

1882 年，在卡西米罗·弗莱雷的领导下，流动学校协会成立，在全国组织师资流动授课。该举措一定程度上有利于初等教育的普及，降低文盲率。

1890 年，先前被废止的教育部得以重新成立，更名为公共教育和美术部，但并未取得长足发展，于 1897 年被时任内阁部长迪亚斯·费雷拉取缔。此外，费雷拉还要求收回下放的教育行政权，并大幅削减教育开支和教师数量。这一时期，国家教育的所有行政管理均由国家掌控，之前提出的教育理念和教育政策被暂时搁置。

阿尔维斯·多斯·桑托斯在其作品中曾提到，截至 1899 年，葡萄牙国内共有 4 451 所公立学校和 1 579 所私立学校，在学人数分别为 176 640 人和 51 599 人。[1] 虽然上述数据比较令人满意，但由于经费原因，大多数学校无法满足相应的卫生和教学条件，只有 1 579 所公立学校符合标准。此外，虽然当局推行扫盲活动，但由于缺乏连续性和激励措施，扫盲项目大多效率

[1] MARTINS E C. Historiagrafia educativa do sistema escolar em Portugal[M]. Castelo Branco: IPCB-ESE, 2004: 16-17.

不高，国内文盲率依旧居高不下，在 19 世纪末达到 78.6%。[1] 总之，这一时期的葡萄牙教育在前进与后退中反复，虽然涌现出一批具有进步色彩的教育改革方案，并且政府不断尝试革新，但大多以搁浅告终，具体落实的成果较少，导致公共教育并没有取得长足发展，科目数量较少，学生出勤率不足，教师质量也有待提升。

二、共和国时期（1910 年至今）

（一）第一共和国时期（1910—1926 年）

1910 年 10 月，共和主义者推翻君主制，宣布成立共和国。在教育领域，共和主义者主张建立免费的公共教育体系，培养共和国所需要的高素质公民，从而促进社会进步，缩小与欧洲其他国家间的差距。另外，教会作为根深蒂固的保守势力，其教学方式与理念陈旧，不利于推行改革，因此，为了扫清教育改革的障碍，共和主义者在掌握大权后出台数条法令，限制宗教组织活动。

1911 年，共和主义者颁布"3·29 法令"，为初等教育的组织制定了框架，同时提到了学前教育的建设。法令指出：唯有教育能够使其（人）能力得到和谐发展，从而使其最大限度地提升自我，惠及自身和他人；只有在全国各地培养出勤劳、平和、富有活力、德智体平衡发展的公民时，葡萄牙才能够真正强大起来。这些论断充分肯定了教育的地位，也强调了学生德智体美全面发展的重要性。在该法令的指导下，初等教育被分为三个阶段，分别是初级阶段、补充阶段和高级阶段，其中初级阶段属于义务教

---

[1] FONSECA F T, ANTUNES J, VAQUINHAS I. Imprensa da Universidade de Coimbra: uma história dentro da história[M]. Coimbra：Imprensa da Universidade de Coimbra, 2001: 70.

育，学制三年，面向 7—9 岁的儿童；补充阶段针对 9—12 岁的儿童；在修完补充阶段的全部课程并通过考核后，学生升入高级阶段，该阶段也是学制三年，包括农学、工业、贸易、海事等专业实践课程，具体课程设置根据各地区需求而定。

1913 年，葡萄牙政府成立公共教育部，将与教育相关的事务从内政部分离出来。为了给新生的共和国培养合格的公民，扫盲成为共和主义者在教育领域重点关注的问题。面对国内文盲率居高不下的局面，政府建立了扫盲协会和扫盲中心，并设立流动学校，在各省普及读写。另外，共和主义者还提出了开展免费、非强制性学前教育的想法，面向 4—7 岁的儿童，目的在于全面提高年轻一代的体能、道德品质和智力水平。在第一共和国时期，虽然是政府提出发展学前教育，但实际上，私立幼儿园比公立幼儿园活跃，较有代表性的是若昂·德·迪乌斯学前班。

在教育领域，第一共和国时期出现了不少先进人物，若昂·卡莫埃萨斯就是其中之一。1923 年，卡莫埃萨斯拟定"国民教育重组基本法"草案，并于同年提交至议会。该法案有不少创新之处。例如，将义务教育年限从 6 年上调至 12 年，建设新型院校（今预科学校的前身）。[1] 此外，该法案在前言部分还提到了教育机构与其所处的社会环境的关系，并强调应当为那些没有接受中等教育的学生提供免费的技术培训课程。在此之前，由于自身的特殊性质和教学活动特点，学校一直被视作是独立于社会的象牙塔式的存在，与国内各行各业的活动以及国家发展脱节。这一想法的提出反映了卡莫埃萨斯已经意识到教育应具有现实意义。虽然最后该法案因为政治不稳和经费不足的原因被议会否决，但其先进的理念值得借鉴，也反映了葡萄牙教育进步的趋向。同年 7 月 21 日，卡莫埃萨斯还提交了一份名为《公共教育章程法》的文件，探讨了教育政策落实程度不足的问题以及本国教

---

[1] CASULO J C O. As leis de bases da educação nacional: percurso histórico e condições de aplicabilidade[J]. Vista Portuguesa de Educação, 1988, 1(3): 21-28.

育体系所面临的种种挑战，如教学、学校与环境的关系、幼儿园的开设、不同性质学校（传统学校、技术学校、职业学校）的建设、学校管理及组织等，指出了当时零散的教育体系导致国内教育无法形成规模、各院校间缺乏联动、教学效率不高、教学成本增加等问题。与基本法的结局相同，《公共教育章程法》虽然已经窥探到了国家教育的部分问题，但依旧没有得到解决。

这一时期，教育权力再次下放至各市，要求各市政府在享受一定自主权的同时，也应当承担相应责任，充分考虑学校和教师的利益，推动当地教育事业的发展。然而，这一做法在实践中并没有取得预期效果，因为权力下放后，国家只负责制定教学大纲、承担监督统筹工作并在成立新学校时负责工程建设，而教学物资购置、学校设施维护、教师工资、考试组织费用、清洁费用等开支则由各市自行承担，这无形中加大了当地政府的财政负担，导致各市不愿意投资教育，教育政策的落实和教育质量得不到保障。

（二）第二共和国时期（1926—1974年）

1926年5月，由于国内经济衰退、社会秩序陷入动荡，右翼军人发动政变，第一共和国被推翻。1932年，安东尼奥·萨拉查出任葡萄牙总理，在次年制定新宪法，宣布建立"新国家"，又名第二共和国。

在"新国家"时期，葡萄牙的教育面貌发生了较大变化。当局一反先前将教育行政权下放的做法，将权力集中在自己手中。这一时期的教育活动完全由国家主导，教育成为国家普及意识形态、促进团结，以及培育服从国家命令、遵守秩序的优秀公民的工具。

1933年，政府出台法令，旨在取缔先前共和主义者所制定的教育政策和方针，重新组织教育行政的结构，构建符合国家需求的初等教育体系。

该法令带有保守主义和国家主义的色彩，以教师相关内容为例，法令规定，教师应当将萨拉查政府的理念传达给新一代年轻人，并将其培育为爱国的、品德高尚的优秀人才，因此，教师也必须是拥有良好道德品格的社会楷模，才能以身作则。这一时期，学校对教师能力的要求下降，对于教师的个人品格的重视程度高于对其学术能力和教学水平的重视程度，教师培训也被当局忽视，师范学校数量也随之减少：1928 年，科英布拉、布拉加和蓬塔德尔加达的师范学校被关停；1930 年，高等师范学校关停；1931 年，初等师范教育学校被改为"初等教师学校"，1936 年，初等教师学校被取缔。

"新国家"时期，政府将品德、爱国和信仰视为公民生活中的三大要素。这三大要素也反映在当时的教育规划中：品德层面，在校内，德育课成为必修课，在校外，父母需要从小培养孩子的服从意识，在家服从父亲，在外效忠国家。爱国层面，为了培育公民的爱国意识和民族情怀，历史课在这一时期受到了极大的重视。当局希望通过介绍葡萄牙的民族英雄和光辉历史来唤起新一代青年的民族自豪感，进而自觉维护国家统一。历史课中重点介绍的历史人物包括"航海家"恩里克王子、"教育者"玛丽亚二世等。其中，男性人物大多英勇而富有男子气概，女性人物大多为贤妻良母的典范。由此可见，历史人物的选取在一定程度上也反映了新政府所推崇的理想公民的形象。宗教层面，萨拉查政府捍卫宗教价值观，虔诚的信仰被认为是公民需具有的品质。整体而言，这一时期的教育缺乏创新，质量有所欠缺，初等教育仅仅满足于教授听说读写基本技能。

1945 年后，葡萄牙开始逐步实施一些积极的教育政策。1952 年，政府颁布"人民教育计划"，发起了包括"国家成人教育运动"在内的一系列行动，以扩大初等教育的覆盖率，并在国内取得了正面效果。在"人民教育计划"的影响下，葡萄牙国民的识字率在一定程度上得到提高。另外，为了解决学生数量上升所带来的压力，葡萄牙政府着手进行新一轮教育改革，陆续开设了一系列学校，旨在扩大教育体系规模。例如，1950 年成立了贝雅工商学校，1951 年在里斯本成立了欧热尼奥·多斯·桑托斯学校。除了改革计划外，葡萄牙政府还推出"第一促进计划"，对教育基础设施建设进行大规模投资，如为教学楼和校舍建设拨款。截至 1958 年，葡萄牙国内共新建 28 所学校。1961 年，葡萄牙与非洲葡属殖民地的战争拉开序幕，基础设施建设项目受到影响，原本计划截至 20 世纪 60 年代末共建设 90 栋教学楼，最后只建成 64 栋。虽然没有完成计划目标，但这一时期的基建活动在一定程度上为推动教育发展提供了条件，也推动了国内职业教育的发展。[1]

1964 年，经济合作与发展组织发布《地中海地区项目报告》，同时也公布了《1950—1959 年葡萄牙学校结构数据分析》，对葡萄牙教育体系进行评估。这些数据统计揭示了葡萄牙教育面临文盲率较高、入学率低、完成义务教育人数较少等瓶颈。针对这些问题，葡萄牙政府在 1964 年 7 月颁布法令，宣布实行 6 年义务教育，所有适龄儿童在 14 岁前须接受为期四年的初等教育，并选择修读为期两年的初等教育的补充教育或中等教育预科班。[2]除了实行义务教育外，政府还充分利用电视这一媒介，成立电视学校，进行线上授课。教育部于 1963 年和 1964 年分别宣布成立视听教育研究中心和视听教学方法研究所，并陆续出台相关法令，对电视学校的运行和规范做出规定，后期还开设了成人课程和预科阶段教师培训课程。与投入资金建设新学校相比，电视学校充分利用国内已有的电信基础设施，能达到低投入、高效率的效果，在当时取得了不错的反响。[3]

---

[1] ALVES L A M. História da educação: uma introdução[M]. Porto: Faculdade de Letra da Universidade do Porto, 2012: 84.

[2] 资料来源于欧盟委员会官网。

[3] 资料来源于葡萄牙共和国宪报官网。

（三）第三共和国时期（1974年至今）

持续数年的殖民地战争劳民伤财，引起葡萄牙大量军民的不满。1974年4月25日，在一批中下级军官的领导下，"康乃馨革命"爆发，"新国家"正式落下帷幕，葡萄牙开启民主化进程。由于国内出生率上升、殖民战争结束后海外侨胞回国定居等因素，第三共和国初期，国内对于教育的需求上升，学生规模显著扩大。教育普及的迅速扩张导致教育体系结构问题愈发突出，能否在扩大教学规模的同时保证教学质量成了国家教育体系所面临的严峻挑战。为了应对这一情况，1974—1986年，葡萄牙政府先后对教育体系进行了多次调整，为1986年教育体系基本法的出台打下了基础。[1]

初等教育层面，葡萄牙政府对该阶段教育层次的划分再次进行调整，规定自1974—1975学年起，一至六年级为义务教育。其中，一至四年级分为两个阶段，每阶段各两个学年，五至六年级则被分为初等补充阶段、面授预科教育和电视预科教育三个类别，旨在充分利用现有的基础设施，保证尽可能多的学生得到相应的教育。此外，为了提高义务教育阶段学生的出勤率，政府还制定了一系列配套措施，如校车、食堂餐厅、餐费补贴等，为贫困家庭提供补助，减轻学生家庭所面临的经济压力。

中等教育被分为两个阶段，七至九年级为通选课程，学生在这一阶段修读同样的课程，为之后的学习奠定基础；十至十一年级为补充课程，设有多个学习方向供学生选择，每个方向都设有必修的通选课和选修的专业培训课程，目的在于根据学生的兴趣和特长，培养不同领域的专业人才。1980年，葡萄牙中等教育增设十二年级，其作用在于承上启下，衔接中等教育和高等教育，帮助学生更好地进入更高层次的学习。在进入十二年级时，学生可以选择学术方向或职业方向，前者旨在让学生进入传统高等教

---

[1] 资料来源于欧盟委员会官网。

育院校，后者则是进入理工类学校。另外，为了满足国内市场对于技术人才的需求，1983 年，葡萄牙在中等教育阶段开设职业技术课程，选择这一课程的学生在完成九年级的课程后开始接受职业培训，毕业得到十二年级同等学力、获取专业证书以及进入高等教育的资格。

高等教育层面，1977 年起，葡萄牙政府开始推动高等教育形式的多元化，除了传统的高等教育课程外，还设立了短期高等教育课程，为有需要的学生提供高等专业技术培训和高等教育人员培训。[1]

1986 年，葡萄牙颁布《教育体系基本法》，确立了教育体系的框架和基本原则。此法后经多次修订，沿用至今。作为国内教育活动的规范指导，基本法要求保证学生全面发展、社会进步和教育民主化，根本目标是为每一个葡萄牙公民提供接受通识教育的平等机会。基本法规定，葡萄牙教育体系由学前教育、学校教育和校外教育组成。学前教育针对人群为 3—6 岁儿童，从 6 岁开始，学生进入学校教育阶段。学校教育分为初等教育、中等教育和高等教育三个层次，其中，初等教育为义务教育，时长 9 年，以四年级和六年级为分界线，分为 3 个阶段进行。第一阶段（一至四年级）为普及教育，通常由一位全科教师负责；第二阶段（五至六年级）开始出现跨学科的基础课程，由各领域的专门教师负责教授；第三阶段（七至九年级），学生除了需要修读共同的必修课外，还可以选择多样的选修课。在完成初等教育后，学生升入中等教育（十至十二年级），课程分为不同方向，包括人文科学课程、专业艺术课程、职业课程等。高等教育包括大学教育和理工教育两类，设置本科、硕士和博士三个层次。

自 1974 年以来，葡萄牙非高等教育的面貌发生了较大的变化，相关数据演变如下：学生人数层面，由于国内教育需求不断扩大和葡属殖民地战争结束后出现的葡籍公民归国潮，葡萄牙国内入学人数激增，但多集中在

---

[1] 资料来源于欧盟委员会官网。

初等教育，学前教育、中等教育和高等教育规模有限，学生人数较少，整体教育水平不高，教育体系呈现"中间重两头轻"的格局。进入 20 世纪 90 年代后，初等教育人数开始呈现下降趋势，与此同时，学前教育、初等教育和中等教育的规模得到显著扩张，原来的失衡状态得到调整，国内教育整体水平有所提高（见表 3.1）。

表 3.1 1975—2019 年葡萄牙非高等教育在学人数 [1]

单位：人

教育层次		年份									
		1975	1980	1985	1990	1995	2000	2005	2010	2015	2019
学前教育		42 490	80 373	116 325	161 629	185 088	228 459	259 788	274 387	26 466	251 108
初等教育	总计	1 466 815	1 538 389	1 636 458	1 531 114	1 408 449	1 240 836	1 153 057	1 256 462	1 041 698	951 285
	第一阶段	918 519	927 852	899 311	715 881	580 483	539 943	504 412	479 519	418 145	386 622
	第二阶段	260 681	305 659	381 766	370 607	321 492	276 529	267 742	273 248	238 582	215 473
	第三阶段	287 615	304 878	355 381	444 626	506 474	424 364	380 903	503 695	384 971	34 919
中等教育		67 853	169 516	206 149	309 568	457 194	417 705	376 896	483 982	393 618	39 334

教育机构层面，整体而言，非高等教育机构数量呈现下降趋势，造成这一现象的原因除了教育需求下降外，还与教育预算有关。正如《2019 年欧盟教育和培训监测报告——葡萄牙》指出，葡萄牙用于更新或建设新学校的预算较低，造成部分学校或地区教学条件受限。[2] 从各教育层次来看，在初等教育第一阶段和第二阶段，学校数量呈下降趋势，学前教育、初等教育第三阶段和中等教育则与之相反，学校数量呈现上升趋势，这一数据

---

[1] 资料来源于当代葡萄牙数据库官网。

[2] UNIÃO EUROPEIA. Monitor da educação e da formação de 2019-Portugal[R]. Luxemburgo: Serviço das Publicações da União Europeia, 2019.

的变化侧面反映了葡萄牙国内对于后三者需求的上升，教育水平有所提高，国内教育格局趋于平衡（见表 3.2）。

表 3.2　1975—2020 年葡萄牙非高等教育教育机构数量 [1]

单位：所

教育层次		年份									
		1975	1980	1985	1990	1995	2000	2005	2010	2015	2020
学前教育		685	1 365	2 541	4 133	5 106	6 574	6 796	6 974	6 108	5 788
初等教育	第一阶段	14 656	10 341	11 116	10 723	10 085	9 589	8 396	5 711	4 354	4 108
	第二阶段	1 491	1 879	1 918	1 720	1 609	1 467	1 144	1 171	1 200	1 177
	第三阶段	—	489	683	950	1 185	1 351	1 397	1 524	1 481	1 451
中等教育		—	—	—	—	869	863	901	937	962	968

教育开支层面，与第三共和国成立初期相比，20 世纪 80 年代开始，葡萄牙教育开支规模明显扩大，不过，受到经济危机等因素影响，在进入 21 世纪后，该数据增幅放缓（见表 3.3）。2010—2017 年，去除通货膨胀后，葡萄牙教育开支实际下跌 23%，在初等、中等和高等教育层次，政府每年对于每位学生的开支低于经济合作与发展组织成员国平均水平。[2] 以 2017 年为例，该年度的教育公共开支为国家 GDP 的 5%，较 2016 年增长 4.8%，虽略高于欧洲平均水平（4.6%），[3] 但相较于经济危机前的水平（2010 年 7.1%，2013 年 5.9%），教育开支水平无法令人满意。

[1] 资料来源于当代葡萄牙数据库官网。

[2] OEDC. Education policy outlook: Portugal[R]. Paris: OEDC, 2020.

[3] 资料来源于欧盟统计局官网。

表 3.3 1975—2020 年葡萄牙教育年度开支 [1]

单位：百万欧元

年份	1975	1980	1985	1990	1995	2000	2005	2010	2015	2020
开支	54.2	258.5	708.1	2 091.0	4 013.8	6 202.6	7 316.1	8 559.2	6 755.8	7 850.1

教学效果层面，随着葡萄牙政府颁布的一系列措施陆续得到落实，国内的弃学率和文盲率都有较大好转，数据一直呈下降趋势，见表 3.4、表 3.5。

表 3.4 1995—2020 年葡萄牙非高等教育各阶段弃学率 [2]

教育层次		1995 年	2000 年	2005 年	2010 年	2015 年	2020 年
初等教育	第一阶段	10.8%	8.9%	5.5%	3.7%	4.1%	1.4%
	第二阶段	12.1%	13.1%	13%	7.7%	8.6%	2.4%
	第三阶段	16.6%	17.2%	19.7%	13.8%	12.3%	3%
中等教育		21.3%	36.8%	32.1%	19.3%	16.6%	8.5%

表 3.5 1960—2011 年葡萄牙国民文盲率 [3]

年份	整体	男性	女性
1960	—	26.6%	39.0%
1970	25.7%	19.7%	31.0%
1981	18.6%	13.7%	23.0%
1991	11.0%	7.7%	14.1%
2001	9.0%	6.3%	11.5%
2011	5.2%	3.5%	6.8%

[1] 资料来源于当代葡萄牙数据库官网。

[2] 资料来源于当代葡萄牙数据库官网。

[3] 资料来源于当代葡萄牙数据库官网。

高等教育层面，1999 年 6 月，包括葡萄牙在内的 29 个欧洲国家的教育部长齐聚意大利博洛尼亚，共同签署《博洛尼亚宣言》，希望各国政府协作，对地区高等教育进行改革，促进各国间的交流合作，共同建设欧洲高等教育区。该项目旨在深化整个区域的开放程度，让各国的在校生、毕业生以及专业人才能够在欧盟地区内自由流动，从而整合地区高等教育资源和人力资源，让各国学生都能享受高质量的教育，而这一设想能够成行的根本在于高等教育学分互认、学历互认、统一的学制以及各国合作。为达成该目的，葡萄牙加入了欧洲学分转换和累积系统（ECTS）、文凭说明体系以及包括欧洲高等教育区认证框架在内的一系列机制。

2006 年 3 月，葡萄牙颁布第 74 号法令，正式对国内大学教学层次设置和课程设置进行改革，使其向欧盟其他国家靠拢。以科英布拉大学为例（见图 3.1），目前，该大学设置本、硕、博三个教育层次。一般而言，本科学制为 6—8 个学期，要求修满 180—240 学分（ECTS）；硕士学制为 3—4 个学期，要求修满 90—120 学分；博士学制为 6—8 个学期，要求修满 180—240 学分。另外，部分工程、医学、药学和心理学学科设有本硕连读课程，将本科和硕士课程合并在一起，学制一般为 10—12 学期，须修满 300—360 个学分。一般来说，本硕连读分为两个阶段，第一阶段长度为三个学年，用于教授相关领域的基础知识，为后面的专业学习打下基础；第二阶段培养学生的专业能力，为就业或投身学术研究做准备。[1]

进入 21 世纪后，葡萄牙高等教育规模不断扩大。截至 2020 年，葡萄牙国内共有 34 所公立高等教育机构，71 所私立高等教育机构，开设学科数目达到 4 784 门，在学生人数达到 396 909 人。[2]

科英布拉大学教育层次可以图 3.1 来表示。

---

[1] 资料来源于科英布拉大学官网。

[2] 资料来源于葡萄牙高等教育总局官网。

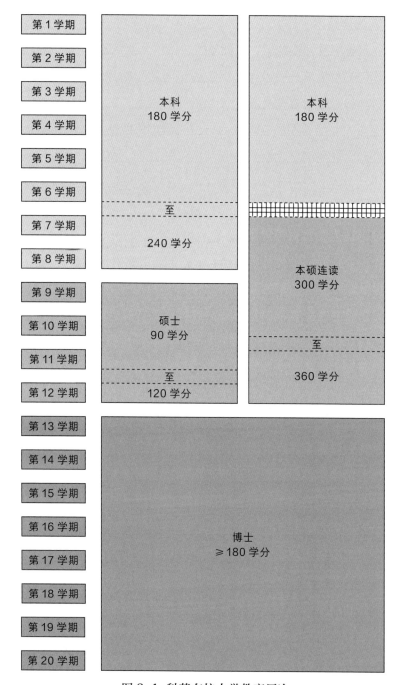

第 1 学期	
第 2 学期	
第 3 学期	本科
第 4 学期	180 学分
第 5 学期	
第 6 学期	
第 7 学期	至
第 8 学期	240 学分
第 9 学期	
第 10 学期	硕士 90 学分
第 11 学期	
第 12 学期	至 120 学分

本科
180 学分

本硕连读
300 学分
至
360 学分

博士
≥180 学分

第 13 学期
第 14 学期
第 15 学期
第 16 学期
第 17 学期
第 18 学期
第 19 学期
第 20 学期

图 3.1 科英布拉大学教育层次

第二节 教育人物

在过去的数个世纪中，葡萄牙的教育理念、教育方法和教育实践多元化发展，呈现出丰富性与差异性。在此过程中，启蒙主义、人文主义、实用主义、实证主义等欧洲思想相继被引入葡萄牙，成为影响葡萄牙不同历史时期教育思想的重要因素，其间也出现了不少对于国家教育事业做出了杰出贡献的教育家。本节将介绍葡萄牙历史上四位有名的教育代表人物。

一、路易斯·安东尼奥·维尔尼

路易斯·安东尼奥·维尔尼于 1713 年 7 月 13 日出生于葡萄牙里斯本的一个药剂师家庭，家境优越，曾就读于耶稣会圣安唐学校，学习拉丁语和修辞学。1727 年，维尔尼报名由奥拉托利会开办的哲学课程，初步接触到了欧洲先进思想家的理念与著作。

怀着成为一名神职人员的理想，维尔尼动身前往当时葡萄牙的神学中心——埃武拉大学进修哲学，分别于 1731 年和 1733 年获得学士和硕士学位。在此之后，维尔尼决定出国深造，前往当时欧洲的文明中心——罗马继续学业。在这里，维尔尼接触到了约翰·洛克、勒内·笛卡尔、戈特弗里德·威廉·莱布尼茨等思想大家的前沿理论。这些理论对中世纪黑暗愚昧的思想发起挑战，为启蒙主义起到了奠基的作用，对维尔尼个人思想的塑造和后续的研究也产生了深远的影响。在这个文化底蕴丰富、先进思想和人才辈出、学术氛围相对自由的国度，维尔尼坚定了自己的决心，希望将新的理念带回自己的祖国，成为能够为葡萄牙做出贡献的人才。[1]

---

[1] NUNES C. Luis Antônio Verney (1713—1792): um pensador atrevido[J]. Revista do departamento de história: O século XVIII, 1989, 9: 47-56.

维尔尼从约翰·洛克的经验主义理论、弗朗西斯·培根的归纳法等先进理念中汲取灵感后，构建出一套新的教学理论，创作了颇有争议的《真正的教育之方》一书。该著作是 18 世纪葡萄牙教育著述领域的一座里程碑，反映了当时葡萄牙教育的实际状况，提倡采用现代实证哲学的方法进行教学，摒弃过去耶稣会士所推崇的经院哲学，在做出批判的同时，也为国家教育改革指明了方向，引起了人们对于教学的反思，是对当时保守的教学理念的一次冲击。

维尔尼提倡将教育世俗化，交由国家管控。维尔尼认为，教会主导国内教育事业的局面应当得到改变，教育管理权应由国家把控，政府应当负责教育必要的基础设施的建设和规划，并为教学活动的开展提供相应的条件，以此为基础，推动国内经济发展并响应公民的需求。不过，值得注意的是，正如上文所述，维尔尼希望成为一名神职人员，因此，他并没有完全与教会割裂，而是遵从教会式的启蒙主义，支持对国内教育现状进行革新而非颠覆。另外，扩大教育规模也是维尔尼改革理念中的重要部分。正如在《真正的教育之方》一书中所描述的："应当在每一条大路旁，或至少每一个街区，设立一所公众学校以接纳穷人的子女，这种做法应当在全国各地推行。"[1]

维尔尼的另一进步之处在于肯定了女性接受教育的必要性。维尔尼在书中说道："谈到女性是否需要接受教育……我的答案是十分有必要。一般而言，女性在家庭中扮演母亲的角色，是我们幼年时期的老师：她们教授我们语言，也传输给我们对于事物的最初认知。"[2] 这一立场挑战了女性无须学习的传统理念，在当时是十分前沿的。

一言蔽之，维尔尼所推崇的是一种由国家管理和维护的世俗教育，降低人民的文盲率，保证全民享受免费的初等教育，各个阶层包括女性都拥

---

[1] VERNEY L A. Verdadeiro método de estudar[M]. Valença: Oficina de António Bale, 1746: 254.

[2] VERNEY L A. Verdadeiro método de estudar[M]. Valença: Oficina de António Bale, 1746: 291.

有接受教育的权利，扩大基础教育公平化。维尔尼的构想在葡萄牙当时的经济和社会条件下是不可能实现的，具有一定程度的理想主义色彩。虽然由于种种原因并没有在当时得到实践，但维尔尼的教育理念确确实实为公共教育提供了新的思路与方向，成为随后而来的庞巴尔改革的重要思想来源，从而奠定了维尔尼在葡萄牙教育史上的重要地位。

二、塞巴斯蒂安·若泽·德·卡瓦略·伊·梅洛

塞巴斯蒂安·若泽·德·卡瓦略·伊·梅洛，又名庞巴尔侯爵，于1699年5月13日出生于里斯本的一个贵族家庭，曾经任职葡萄牙驻法国等国大使，回国后被国王若泽一世任命为总理大臣，在里斯本大地震后负责城市的修复工作，表现突出。由于其外交经历，庞巴尔在驻外期间接触到了国外的先进理念，在任期内着手对国内多个领域进行改革，教育部门就是"庞巴尔改革"的重点对象之一。庞巴尔的教育改革主要体现在以下几个方面。

其一，庞巴尔将教育权力集中至国家。在此之前，葡萄牙的教育工作往往由家庭和教会承担，国家处于边缘位置。以中学为例，数据显示，1759年，耶稣会在葡萄牙王国管辖范围内共设有40余所学校，这也就意味着，教会掌握了当时绝大多数的中等教育机构。在启蒙主义的思潮中，教育的世俗化成为学者所关注的主题，开始出现国家应当承担教育国民的责任的呼声。为了扭转教会主导教育事业的情况，为教育国家化扫清道路，庞巴尔于1759年6月颁布指令，取缔耶稣会的办学资格，宣布耶稣会学校全部收由国家管理。同年，庞巴尔设立的教育总督任命了多位特派员，构建全国教育管理网络，对教学活动实施监督，同时组织拉丁语语法、古希腊语、修辞学等学科的教师资格考试，将教师任命加以规范化。

其二，扩大教育对象。庞巴尔侯爵除了推动中等教育的发展外，还致力于建立公立初等教育网络，将其覆盖范围扩大到主要城镇，是公立初等教育的奠基者。庞巴尔改革参考了维尔尼等学者的教育理念，增加学校数量，扩大在校学生规模。虽然受限于当时的社会经济条件，离所谓的全民教育仍有较大距离，但其先进的理念和成果值得肯定。此外，葡萄牙职业教育在该时期也得到了发展，1759 年，里斯本和波尔图成立了商学和海事两所职业院校。

其三，教师职位规范化。在初等教育层面，庞巴尔设立教育总督这一职位，并下令制定各科目相应的教师指标。以"拉丁语语法"为例，政府颁布指令，要求里斯本的每一个城区需至少配有一名该科目的教师，免费为民众授课。由于里斯本大地震打乱了原有的城市区划，上述规定有所变更，改为由教育总督划分城区并指派执教任课的老师。在首都以外地区，每个小镇都需要有专职教师来教授拉丁语语法。另外，庞巴尔侯爵还明确规定，在官方开设的课程外，除非通过相应考核并获得由教育总督签发的教学许可，否则任何教师不得公开或私下授课。

其四，高等教育改革。早在伦敦留学时，庞巴尔侯爵便对维尔尼、雅各布·德·卡斯特罗·萨门托、安东尼奥·努内斯·里贝罗·桑切斯等知识分子的教育改革呼声与见解有所了解，后以此作为理论基础和指导，对国内高等教育体系进行改革。1770 年，庞巴尔侯爵下令成立委员会，旨在对科英布拉大学的教学机制进行评估。委员会在 1771 年完成了《关于国家艺术和科学状况的意见》和《科英布拉大学历史纲要》，对当时的教学情况做出评估，并指出了高等教育存在的不足之处。为了改变当时的教学情况，庞巴尔侯爵下令着手制定新的学校章程，由委员会编纂成册，并于 1772 年开始正式实施。新章程共分为三册，以学院为单位，针对不同学院的架构、管理、师资、招生等方面加以规定。此外，庞巴尔侯爵对于高等教育的改革还包括丰富教学内容和兴建基础设施等方面。这一时期，科英布拉大学在原有的神学院、宗教法学院、法学院和药学院的基础上，又新设数学院和哲学院，并将实证精神引入教学理念，为实证教学建设实验室等基础设施，这也成了庞巴尔教育改革的重要组成部分，凸显了政府对于大学的新定位。[1]

三、若昂·德·迪乌斯

若昂·德·迪乌斯，1830 年 3 月 8 日出生于葡萄牙南部阿尔加维地区的一个小镇，19 岁时北上求学，在科英布拉大学攻读法律。毕业后，迪乌斯移居南部的贝雅市，并开始为《贝雅人报》撰写文章。1868 年，迪乌斯在阿尔加维选区中当选议员，因工作原因搬迁至里斯本，并在此定居。

在进入教育领域前，迪乌斯曾是诗人，于 1868 年出版名为《花田》的诗集，在文学界崭露头角。1876 年，迪乌斯的作品《落叶》面世，也正是在这一年，迪乌斯受罗兰出版社的邀请，将自己对于教育的相关见解编撰成书，并在 1877 年出版，这就是著名的《母亲的识字书》。该书一经问世，便在葡萄牙引起了巨大的反响，吸引了一批支持者。此后，迪乌斯开始专心于教育事业，传播自己的教育方法，并为对此感兴趣的教师提供指导。

迪乌斯对教育的主要贡献在于识字教学，他在《母亲的识字书》里写道："人类真正的话语是文字，只有落在纸上时，它才是不朽的。然而，如果说口头语言的教授是母子间有趣的互动，那么书写文字的教学就是师生对于彼此苦痛的折磨……需要找到一种有趣、普适且再简单不过的方法，来传递这一艺术（或用能力来形容更加贴切）。若不具备这一艺术或能力，人类则与野兽无异。这一方法需要与母亲教我们牙牙学语的方法相似，即

---

[1] GOMES J F. O Marquês de Pombal e as reformas do ensino[M]. Lisboa: Instituto Nacional de Investigação Científica, 1989: 9-18.

一边说话，一边教我们令人精神愉悦的单词，而非如课堂教学般地将单词拆分为死板零散的字母或音节。"[1] 作者提出识字应当像母亲教婴孩学习语言一样，而不是依靠机械的复述来学习，他不提倡采用传统的识字课本授课，因为在他看来，识字课本不过是通过冗长的视觉训练来教授死板的字母组合，无法深入到单词本身意义的层面，这有悖于教育的本质，是对学生的"鞭挞"。识字教育应当立足于活学活用的语言，重点关注整体而非部分，注重单词的教学，旨在让学习者能够掌握在现实生活中用得到、听得懂的单词，并引导学习者了解单词背后的价值。

在此基础上，迪乌斯认为真正的拼读是流利地阅读，反对在教学活动中先教授儿童每个字母的名字、然后进行大量的拼读训练。此外，在迪乌斯的理念中，语法规则并非教学的优先事项。以葡语的重音为例，对于迪乌斯而言，无须刻意教授儿童重音法则，在儿童有了一定的词汇量并且能够较为熟练地读写时，自然就会明白重音的规律及作用。为了更好地教儿童识字，迪乌斯在教授单词时还会采用不同的颜色、不同的色彩来代表单词，并将不同的字母以平整和突起两种方式印刷，让学生在认识完整单词的同时，又可以直观地观察到单词是由不同的部分构成的，教学方式更为灵活、简明和富有趣味性。[2]

迪乌斯提出的教学法虽然也受到了诸如课程设置过于理想、缺乏可行性的抨击，但不可否认的是，其理念为葡萄牙识字教学提供了新的起点和思路——单词和意义先于音节和语音的教学，迪乌斯也因此被认为是其所处时代的"教育第一人"。

---

[1] DEUS J. Cartilha maternal[M]. Lisboa: Imprensa Nacional, 1878: 2.

[2] OLIVEIRA C R. João de Deus, a Cartilha Maternal e o ensino da leitura em Portugal[J]. Revista história da educação, 1998, 2(4): 49-56.

四、卡西米罗·弗莱雷

　　卡西米罗·弗莱雷于 1843 年出生于葡萄牙中部的塞尔唐市，少年时期移居里斯本，工作后进入当地著名粮商若昂·雅辛托·费尔南德斯的办公室，担任会计一职，后成为该商行的合伙人，开始在里斯本商界崭露头角。作为共和主义理念的坚定追随者，弗莱雷认为良好的国家教育是建设稳定共和国的必要之举。因此，虽然没有系统学习过教育或社会学相关课程，弗莱雷仍十分关注葡萄牙的教育事业，积极推动教学以及公共学校的建设，种种善举使其在里斯本的声望渐长。

　　弗莱雷作为推行公共教育的坚定支持者，其愿望之一便是所有的葡萄牙居民都能够识字，从而积极地为社会进步做出贡献。1881 年，弗莱雷在《世纪报》上发表题为《公共教育与葡萄牙》的文章，以统计数据为基础，将葡萄牙与欧洲其他国家的教育数据进行对比，揭示了葡萄牙在教育领域的差距，并抨击了葡萄牙糟糕的教育面貌和高居不下的文盲率。在文章中，弗莱雷强调教育在社会稳定方面的重要性，呼吁建设覆盖全国的公立初等教育网络，提高葡萄牙公民的识字率及教育水平。

　　为达成这一目的，弗莱雷提出应当向全国各地派遣由专业师范学校培养的教师团队，并借鉴瑞典流动学校的案例，成立若昂·德·迪乌斯教学法流动学校协会。作为若昂·德·迪乌斯的好友，弗莱雷十分赞同迪乌斯的教学理念，并在实践中加以运用。以迪乌斯的教学法为指导，流动学校内的教师向社区民众普及读写能力，为国家扫盲活动做出了贡献。1908 年，协会运营范围有所扩大，在开办流动学校的同时，还成立幼儿园，为 3—7 岁的儿童提供教育平台，故更名为若昂·德·迪乌斯教学法流动学校–流动图书馆及幼儿学校协会。同年，科英布拉移动学校分委会向当地市政厅提交申请，希望获批土地，用于建设第一所若昂·德·迪乌斯幼儿学校。1911 年，在迪乌斯之子拉莫斯的带领下，第一所幼儿学校正式开张。截至 1953

年，协会共建立了 11 所幼儿学校，成为葡萄牙学前教育的先驱。据统计，1882—1920 年，28 000 名成人或儿童在协会的帮助下学会识字，在文盲率高达 80% 的当时，其进步意义可见一斑。[1] 此外，1920 年，协会贯彻迪乌斯的教学法，还开办了全国唯一一个幼师培训课程。[2] 目前，协会更名为若昂·德·迪乌斯幼儿学校协会，旨在推动国家教育与文化事业，旗下机构包括若昂·德·迪乌斯博物馆、若昂·德·迪乌斯高等教育学校以及多所幼儿园。

弗莱雷晚年遭遇财政危机，经济周转困难。为了救济他，教育部部长马加良斯·利马为他安排了在教育博物馆的工作。1918 年 10 月 18 日，弗莱雷在里斯本逝世。

正如人们对他的评价，弗莱雷具有"积极而进步的精神，是致力于扫盲的斗士，在目睹了国家所处的令人痛心的教育境况后，更加坚定了一直以来的信念——无法识字、没有接受过公民教育的人民，无法清晰地理解自由的含义。"[3] 弗莱雷一生致力于推动教育事业发展，为葡萄牙教育做出了杰出贡献。

---

[1] MARTINS E C. Casimiro Freire–apóstolo da instrução popular[C]//MARTINS E C. Atas do V Encontro Ibérico de história da educação: renovação pedagógica. Castelo Branco: Alma Azul, 2005: 522-524.

[2] 资料来源于若昂·德·迪乌斯幼儿学校协会官网。

[3] 资料来源于若昂·德·迪乌斯幼儿学校协会官网。

第四章 学前教育

　　根据葡萄牙《教育体系基本法》第 4 条规定，葡萄牙教育体系由学前教育、学校教育和校外教育三部分组成，其中，学前教育与家庭教育密切合作，是对家庭教育活动的补充。葡萄牙的学前教育面向年满 3 岁的学龄前（6 岁）儿童，旨在鼓励儿童全方位、平衡发展其潜能；帮助儿童建立稳定的情绪和安全感；鼓励儿童观察、融入和参与到自然和人类环境中去；对儿童进行道德教育，培养其自由观念和责任感；发展儿童社交能力，促进其融入除家庭外的其他社会群体；培养儿童的表达沟通技巧和创造性想象力；培养儿童良好的卫生习惯，以保护个人和集体健康；筛查出发育不良、有发育缺陷或早熟的儿童，以对其进行最佳指引。本章将梳理葡萄牙学前教育的发展历史和现状，总结当前学前教育的特点，分析学前教育发展所面临的挑战和相应对策。

第一节 学前教育的发展和现状

一、学前教育的发展

一个国家学前教育的发展必然要受到同一时期发生的一系列政治、经济事件的影响，下文将以葡萄牙学前教育实施机构的出现和繁荣为线索，梳理整个学前教育的发展历史。

（一）君主立宪制王国时期（1820—1910 年）

1834 年，在葡萄牙出现了首批专门照顾 6 岁以下儿童的庇护所。这些机构由私人发起，面向大城市中贫困阶层的儿童，具备社会关怀和慈善性质，被视作葡萄牙最早的学前教育机构。[1] 贫困儿童庇护所之所以能够诞生，得益于当时工业化的发展，更多的妇女开始投身到工作中去。此外，葡萄牙自古以来就有社会救助和慈善传统，给予女性、家庭和儿童很多支持和帮助。

在国王佩德罗五世统治时期（1853—1861 年），"贫困儿童庇护之家协会"成立，面向断奶后至 7 岁以下的男孩和 9 岁以下的女孩开放，课程包括手工或艺术等教育活动和社会教育活动，目的是将照顾儿童的工作接替过来，从而使他们的父母可以更好地处理工作和其他日常事务。

对于葡萄牙学前教育的发展来说，1882 年是另一个极为重要的时间节点。这一年，恰逢德国教育家、幼儿园创办者弗勒贝尔一百周年诞辰，葡萄牙在里斯本开设了第一家官方幼儿园。同年，"若昂·德·迪乌斯教学法流动

---

[1] BAIRRÃO J, VASCONCELOS T. A educação pré-escolar em Portugal: contributos para uma perspectiva histórica[J]. Inovação, 1997, 10: 7.

学校协会"也成立了。受弗勒贝尔和若昂·德·迪乌斯的教育理念和教育原则影响，教育部门负责人主张有必要进行学前教育，他们最终促成了政府给地方进行专项拨款用于兴建幼儿园。学前教育越来越受重视，但当时仅有的官方教师培训学校都是为培训小学教师服务的，所以一些小学教师就被派往瑞士等国家学习更多的学前教育专业知识。

学前教育的重要性日益凸显，在许多政界和文化界人士的推动下，逐渐形成了一项有利于儿童的运动。其中，葡萄牙首批现代教育家之一若泽·奥古斯都·柯艾略（1850—1925）在他的一部著作中分析了个人接受教育的主要意义，提出了需针对"幼儿学校"中3—8岁儿童的特点进行课程设置，涉及精神运动、情感、社交、美学和智力等全部发展领域，并明确了课程设置的基本原则。[1] 他认为，尽管学前教育需要帮助儿童为社交和小学学习做准备，但归根结底还是应该提供一种令儿童愉悦的体验，给予他们舒适感和安全感。

在1882年接下来的20年间，葡萄牙颁布了多部法律用以发展学前教育，如1894年政府立法规定在里斯本、波尔图和其他重要城市建立幼儿园，1896年颁布了《小学条例》。当时的学前教育被包括在了小学教育系统中，与早期儿童教育相关的规定有：教育性优先于福利性；专为儿童后续接受小学教育而设计；运用适合这个年龄组儿童特点和具体需要的教育方法；只有女性能从事学前教育教师这一职业。[2]

（二）第一共和国时期（1910—1926年）

1910年10月5日，葡萄牙共和国成立，即葡萄牙第一共和国。当时全

---

[1] COELHO J Augusto. Organisação geral do ensino applicavel ao estado actual da nação portugueza[M]. Porto: Imprensa Portugueza, 1896: 86-108.

[2] GOMES-FERREIRA A, MOTA L, VILHENA C. Early childhood education in Portugal: discourses, projects and practices (1834—1974)[J]. Revista colombiana de educación, 2021, 1(82): 175-196.

国文盲人数占总人口的 75%，因此政府将发展教育作为优先事项，其中包括建立多所幼儿园这一措施，学前教育在官方教育体系中有了一席之地。1911年，教育部通过颁布两部法令奠定了这一时期学前教育的根基，对教育目标、课程、教师资质等方方面面都做出了规定。第一部法令于 3 月 29 日颁布，规定政府免费向 4—7 岁儿童提供学前教育，不论男女可自愿参加，学前教育旨在全面促进儿童的生理、道德和智力发展，培养其良好的习惯，为其接受小学教育做准备。第二部法令颁布于 8 月 23 日，通过了幼儿学校的计划，其使命是实现儿童从家庭到小学的过渡；隶属地方政府或中央政府的其他学前教育机构，尤其是儿童庇护所等，须转型为幼儿园。1919 年，教育部开始进行教改，正式将学前教育纳入了小学教育系统。由于学前教育机构稀缺，教育部颁布政令要求每所小学都要专门针对 6—7 岁儿童开设一个预备班。

尽管第一共和国政府在学前教育方面立法颇多，但由于当时国内经济状况较差，文盲率高，政局不稳（16 年内陆续有 46 届政府上台执政），学前教育的实际发展极其有限。1910—1926 年，葡萄牙全国仅新增 12 所幼儿园，其中有 7 所在波尔图，有 4 所分别在科英布拉、菲盖拉–达福什、阿尔科巴萨和里斯本，均采用若昂·德·迪乌斯教学模式，还有 1 所"以色列学校"。

（三）第二共和国时期（1926—1974 年）

1926 年 5 月 28 日，军人发动国民革命推翻第一共和国，建立了军人政府，开始"新政"，史称第二共和国。1932 年萨拉查就任总理，开始在葡萄牙实行独裁统治。萨拉查政府国民教育部在 1937 年 10 月 9 日颁布了法令，宣布由于受 1929 年经济大萧条影响，幼儿园成本高昂却覆盖率极低（只有不到 1% 的儿童受益），投入与产出不成正比，国家决定取消官方学前教育，而由"国民教育母亲工程"组织负责。"国民教育母亲工程"是在 1936 年由国民教育部颁布政令创立的妇女组织，目标是鼓励家庭教育，主张教育子女是母亲不可动摇的使命，支持子女由母亲来进行教育。至此，学前教育被认为是家庭的根本职能之一，母亲的角色就是教育子女。从 1937 年该法令颁布到 20 世纪 70 年代前，社会上对学前教育的需求形成两种解决办法：其一是内政部下属的慈善堂和同类型机构向贫困儿童提供救助，以及卫生和救助部支持建立的托儿所和幼儿园在父母工作时向儿童提供看护服务；其二是在私立教育总局的监督下由私人办园，重在对儿童提供教育。此外，合作办园也为学前教育提供了更多的机会。总之，调动一切潜在的教育资源和社会资源，为家庭和儿童提供帮助。[1]

1971 年，国民教育部部长维加·西芒在任期间计划对葡萄牙教育体系进行全面改造，又称"维加·西芒改革"，计划中包括建立幼师培训学校和扩大学前教育覆盖率等内容。1973 年 7 月 25 日，葡萄牙通过了法律，学前教育被重新正式纳入官方教育体系中，并且，在科英布拉和维亚纳堡设立了最初的两所公立幼师师范学校。[2] 同年，基础教育总局受命监督教育部下属的公立学前教育机构的组织、创建和运营，并与私立教育总局合作指导营利性或合作性私立教育的教学。

（四）第三共和国时期（1974 年至今）

1974 年 4 月 25 日，一批中下级军官组成的"武装部队运动"推翻第二共和国政权，开始民主化进程，同时放弃在非洲的葡属殖民地，葡正式成

---

[1] Ministério da Educação. A educação pré-escolar e os cuidados para a primeira infância em Portugal[R]. Lisboa: Ministério da Educação, 2000.

[2] 私立幼师培训学校和课程早在 20 世纪 50 年代便已出现。法律规定，私立教育总局负责监督已有的学前教育机构实体。

为西方民主制度国家。1978 年 2 月 1 日，根据有关法律的规定，教育部的第一所幼儿园开始运营，标志着公立学前教育体系的创立。1979 年 12 月 31 日，教育部颁布了《幼儿园章程》，决定将学前教育扩展到全体适龄人口，增进社会福祉，开发儿童潜能。章程规定由教育部和社会事务部对学前教育进行规范，须保障从业人员的权利和义务。

葡萄牙于 1986 年颁布了《教育体系基本法》，开始了教育改革。学前教育被纳入教育体系，与学校教育和校外教育一起构成了葡萄牙教育体系。学前教育具有非强制性，面向 3 岁以上 6 岁以下儿童。然而，在政府施行改革的实践中，学前教育几乎被完全忽略掉了，发展学前教育的大部分责任落到了私立实体身上。

1995 年，教育部制定了《学前教育机构网络扩张计划》，旨在确保更多儿童能够得到学前教育机构的教育和看护。计划的主要内容有：中央政府提供指导和规范，与地方政府、私立实体和社会团结实体共同启动《学前教育发展和扩张方案》，(旨在支持家庭完成教育儿童的任务，为儿童提供自主和社会化的机会，以使他们均衡地融入社会生活，并为他们成功进入小学做准备。将学前教育的预算增加一倍；与地方政府和私立实体签署扩张和发展学前教育的项目合同；在公立网络中采取与基础教育周期密切相关的组织模式，以扩大学前教育范围；通过各种倡议，在国家和民间社会之间建立真正的伙伴关系；使学前教育成为教育型社会的发展单元之一，让儿童、家长、专业人员和整个社会都参与其中。

同年，为改善当时学前教育机构匮乏的局面，政府通过法令给予私立实体更多的财政激励措施，鼓励它们开设更多学前教育班，而对公立学前教育机构却没有提出任何规范，因此公立机构的发展仍然受限。可以说，这项法令使得发展学前教育的责任几乎完全落到了私立实体身上。

1996 年，新一届政府启动了《学前教育发展和扩张方案》，教育部连同两个部委——劳动、团结和社会保障部，设备、计划和国土管理部——倡导公私合作。1997 年 2 月，葡萄牙颁布《学前教育框架法》，规定通过机构教学和家庭支持两部分来实现对幼儿的保育和监护。随后，政府还在次年建立了学前教育发展和扩张办公室，专门负责组织和管理相关事务。《学前教育框架法》规定了开展学前教育的法律框架，确定了学前教育网络、一般教学原则以及组织原则，目标是整合公立网络和私立网络，建立一个全国性的学前教育网络；规定家庭有权参与制定学前教育机构的教学计划；确定参与发展学前教育计划的各政府部门间的机构合作机制；确定学前教育机构的组织条件以及财政支持框架。

教育部于 1997 年制定了《学前教育课程指南》，阐明了学前教育的总体教学和组织原则，为幼师对幼儿的教育过程及自身的发展提供参考。[1] 学前教育被认为是个人教育的一个基本阶段，在此阶段应重视增强幼儿的自尊、自信和反思能力，从而使每个人都能确定自己的潜能，取得进步。

2005 年公布的《第十七届宪法政府[2]方案》承认学前教育是学校教育取得成功的基础，也是终身教育过程中的第一个支柱。该方案有以下目标：继续加大对公立网络的投入，增加所有儿童接受学前教育的机会；创造条件，争取到 2009 年能够使年满 5 岁的儿童 100% 地接受学前教育；调整学前教育机构的运作方式和时间，以适应家庭的需要；延长学前教育机构的开放时间至每天最少 8 小时；与家庭和地方政府协调，促进文化和社会教育活动的开展。

学前教育的发展由国家、私立和合作实体、私立社会慈善机构和非营利性机构共同推动。国家为公立网络提供全部的经费支持，同时也承担了社会和非营利性私立网络教学部分的成本。

表 4.1 显示，30 年间，葡萄牙学前教育就读人数从 64 739 人上升至

---

[1] Editorial do Ministério da Educação. Orientações curriculares para a educação pré-escolar[Z]. Lisboa: Ministério da Educação, 1997.

[2] 自葡萄牙第三共和国成立后，依照《宪法》规定选举每届政府，因此称为"宪法政府"。

250 629 人，将近翻了 3 倍，学前教育率从 12.6% 上升到 78.8%，可见幼儿的早期教育更加受到重视，政府的一系列措施颇见成效。

表 4.1　1977—2007 年葡萄牙学前教育在学人数及学前教育率 [1]

年份	1977	1987	1997	2007
在学人数	64 739	148 348	215 279	250 629
学前教育率	12.6%	34.0%	65.9%	78.8%

二、学前教育的现状

教育是一个连续的过程，终身教育的认知应该从生命的初始时刻就开始培养起来的。0—6 岁的整个时期，尤其是学前教育时期，对基础学习以及构建未来学习的态度和价值观至关重要。葡萄牙政府视教育为人类和社会发展的主要动力之一，在学前教育阶段进行深化、持续的投资。主张学前教育与家庭建立密切合作，帮助儿童形成价值观和平衡发展，以使其作为一个自主、自由和有爱心的人充分融入社会。

（一）组织框架

1997 年 2 月颁布的《学前教育框架法》总则规定，学前教育是"终身教育过程中基础教育的第一个阶段"，其对象是 3 岁以上至进入义务教育阶段前的儿童；教育子女主要是家庭的责任，因此学前教育具有非强制性，是对家庭教育的补充，但对于年满 5 岁的儿童来说，应普遍接受学前教育。

---

[1] 数据来源于葡萄牙教育部统计和规划办公室官网。

2015 年学前教育扩张发展计划进一步提出，4 岁以上儿童应普遍接受学前教育。[1] 学前教育机构为儿童发展提供教育活动和家庭支持活动，每个班的儿童人数应考虑到各地的人口状况。

学前教育网络由公立网络和私立网络组成。公立网络包括在教育部及劳动、团结和社会保障部的领导下运作的学前教育机构；私立网络包括私立和合办的营利性学前教育机构，以及私立社会慈善机构开办的非营利性学前教育机构。公立网络和私立网络互为补充。

教育部负责对学前教育机构进行教学监督，确保学前教育网络所提供的教育的教学质量。教育部与劳动、团结和社会保障部签署了合作议定书，保证全国学前教育网络所提供的教育是免费的，费用由国家承担。此外，教育部和地方政府之间也签署了协议，在公立网络中参与保育部分的出资，包括午餐和延长儿童在园时间的支出等，具体金额每年通过具体立法确定。此外，家庭也根据各自的社会经济条件缴纳费用。

学前教育机构每班学生最少 20 人，最多 25 人。在特殊情况下，尤其是在人口密度低的地区，每班学生数可低于 20 人，或者可以采取替代方案进行学前教育，例如流动学前教育。学前教育工作者定期到交通不便的地区或儿童人数少的地区提供学前教育服务，以便生活在没有幼儿园的农村地区的 3—5 岁儿童能够接受教育。学前教育工作者按照课程指南制定课程，方式与在园幼师的相同。

学前教育机构每班至少由 1 名保育员和 1 名幼师负责。根据 2007 年 2 月的法令，幼师的基本培训期为 3 年，如取得基础教育学士学位，则再进行为期一年半的学前教育专业培训，或取得硕士学位，可获得教学资格。保育员需具备高中或同等学力，承担的工作包括监督教学场地、监督用餐以及与儿童一起开展教师计划的各种活动。

---

[1] FERREIRA M, TOMÁS C. "O pré-escolar faz a diferença?" Políticas educativas na educação de infância e práticas pedagógicas[J]. Revista Portuguesa de educação, 2018, 31(2): 68-84.

（二）校历

校历是每所学校组织和规划学年教学活动的一个不可或缺的要素，旨在确定教育项目、实施年度活动计划，同时协调课程的发展与儿童的兴趣以及他们的家庭生活安排。

每年的校历都由教育部发布政令颁布。国务院副秘书长办公室、教育办公室和教育国务秘书办公室于 2021 年 7 月 8 日通过政令公布了 2021—2022 学年葡萄牙校历（见表 4.2），公立学前教育机构须按命令执行。私立网络学前教育机构不受此限制。

表 4.2 2021—2022 学年葡萄牙公立学前教育机构校历

学期安排	起始日期	终止日期
第一学期	2021 年 9 月 14—17 日	2021 年 12 月 17 日
圣诞节假期	2021 年 12 月 20 日	2021 年 12 月 31 日
第二学期	2022 年 1 月 3 日	2022 年 4 月 5 日
复活节假期	2022 年 4 月 6 日	2022 年 4 月 18 日
第三学期	2022 年 4 月 19 日	2022 年 6 月 30 日

通过校历可以看出，公立学前教育机构将每年的教育活动分为三个学期进行，其中第一学期含 62—65 个工作日，第二学期有 64 个工作日，第三学期有 50 个工作日，全年总计 176—179 个工作日。第二学期中间还有一个短暂的狂欢节，为期 3 天，以 2021—2022 学年为例，狂欢节假期从 2022 年 2 月 28 日开始，到 2022 年 3 月 2 日结束。

（三）管理单位

教育部是主管教学的唯一单位，保障机构提供高质量的教育服务和社会服务。

在机构内部，所有学前教育机构都必须设置一个教学主任，该主任需完成幼师课程或参与受到教育部认可的培训，负责协调本级别或本机构教师的工作。教学主任的设置保证了教育工作者在专业工作中的技术自主权，主要是在学前教育机构被插入到包括其他教学层次的大型组织单位的情况下，如被插入到初等教育第一阶段、托儿所和主要具有护理功能的机构时，可以协调所负责教师的工作。

（四）课程设置

为了提高学前教育的质量，教育部于 1997 年制定了《学前教育课程指南》，对全国学前教育网络的所有教育工作者都具有约束力，明确了教育者在教学组织及教学实践方面的具体权利。2016 年，教育部更新了《学前教育课程指南》，将一些新的领域，尤其是体育和艺术教育，作为核心领域，明确提出了促进儿童全面发展的途径。《学前教育课程指南》详细阐述了学前教育的教育原理和基本原则。

一是在儿童的成长过程中，发展和学习是不可分割的。儿童的运动、社会、情感、认知和语言发展是一个复杂的过程，每个孩子都是独特的，有自己的需求、兴趣和能力，他们所生活的文化和家庭环境也应当得到认可和重视。学前教育工作者应当考虑到每个儿童的特点，为他们创造丰富的文化环境和多样化的刺激，在连贯一致的教学过程中提供不同的学习经验和机会，使儿童感到受欢迎和被尊重，提升他们的幸福感，促进儿童与他人互动的意愿。

二是承认儿童是教育过程的主体。从出生开始，儿童就对理解和认识周围的世界有天然的好奇心，对新的和不同的东西持开放态度。教育者应承认儿童有能力构建自己的发展和学习，将他们视为教育过程的主体，从儿童的经验出发，重视儿童独特的知识和技能，倾听儿童对于其教育过程的意见，从而使他们能够发展自己的所有潜力。

三是回应儿童的需求。接受教育是儿童的权利，对儿童的包容意味着教育机构应建立一个重视多样性的包容性环境，采用有区别的教学方法，对每个儿童的特点做出反应，关注差异，帮助儿童学习和进步。

四是知识构建的连贯性。在儿童的学习和发展过程中，游戏是最重要的手段之一，在游戏过程中，儿童的情感、身体和认知等各方面得到了整体的锻炼。游戏还可以发展儿童的创造力和好奇心，激发儿童对学习的兴趣。教育者应观察和参与儿童的游戏，鼓励儿童进行探索和发现，促进儿童社交技能的发展，并逐步掌握口语表达。

同时，《学前教育课程指南》还规定了学前教育需包含的若干知识领域：个人和社会培训领域，包括四方面内容，分别是构建身份和自尊、独立与自主、作为学习者的自我意识、民主和公民身份；表达和交流领域，包括体育、艺术教育（视觉艺术、戏剧/话剧、音乐和舞蹈）、口头语言和书面表达、数学四方面内容；世界知识领域，包括科学方法论、科学探索、技术及技术应用三方面内容。

（五）师生数量

《学前教育框架法》规定，学前教育的实施机构是幼儿园。自1998年以来，为应对人口减少和教育资源差距加大的状况，同一地区的公立幼儿园和中小学逐渐形成教育集团，集团内的各教育机构拥有一致的教育方针和规划，旨在更好地共享资源，有效地跟进学生教育路径。

表 4.3 显示，2015—2020 年葡萄牙学前教育在学人数基本保持稳定，公立网络在学人数稍多于私立网络在学人数。以 2018—2019 学年为例，葡萄牙全国学前教育注册人数为 243 719 人，其中就读于公立网络的儿童占比为 52.7%，公立和私立学前教育机构的学生规模几乎相当。

表 4.3 2015—2020 年葡萄牙学前教育机构在学人数 [1]（按机构性质划分）

单位：人

学年	2015—2016	2016—2017	2017—2018	2018—2019	2019—2020
总数	259 850	253 959	240 231	243 719	251 108
公立	137 573	133 930	127 535	128 512	133 007
私立	122 277	120 029	112 696	115 207	118 101

表 4.4 和 4.5 显示，2015—2020 年学前教育教师人数保持稳定趋势，教师队伍规模基本保持在 16 万余人。整体而言，平均生师比约为 15.4，意味着一位教师需要对 15 名幼儿进行教育，教师任务较重。此外，公立幼儿园生师比略低于私立幼儿园，表明公立幼儿园的儿童能够获得教师更多的关注。

表 4.4 2015—2020 年葡萄牙学前教育师生人数 [2]

单位：人

学年	2015—2016	2016—2017	2017—2018	2018—2019	2019—2020
学生	259 850	253 959	240 231	243 719	251 108
教师	16 002	16 148	16 065	16 277	16 611

[1] 数据来源于教育和科学统计总局官网。

[2] Direção-Geral de Estatísticas da Educação e Ciência, Direção de Serviços de Estatísticas da Educação, Divisão de Estatísticas dos Ensinos Básico e Secundário. Educação em números-Portugal 2021[R]. Lisboa: Direção-Geral de Estatísticas da Educação e Ciência, 2021.

表 4.5 2015—2020 年葡萄牙学前教育生师比 [1]（按教育机构性质划分）

学年	2015—2016	2016—2017	2017—2018	2018—2019	2019—2020
平均	16.2	15.7	15.0	15.0	15.1
公立	15.4	14.7	14.0	13.9	14.0
私立	17.3	17.0	16.2	16.4	16.7

2005—2006 学年，葡萄牙大陆地区专任幼师的学历结构为硕博占 1.0%，本科占 77.8%，专科占 21.2%。换句话说，绝大多数专任教师拥有本科学历，但硕博高学历教师百里挑一。15 年后，该结构几乎没有太大变化，硕博、本科和专科学历教师在全体教师中占比分别为 3.8%、77.8% 和 18.3%。本科学历教师仍是绝对主力，占比与 2005—2006 学年时一致，研究生学历教师人数增长了 2.8 个百分点，显示了整体教师队伍学历水平有微弱提升。

按学历划分，2015—2020 年葡萄牙大陆地区教师人数见表 4.6。

表 4.6 2015—2020 年葡萄牙大陆地区教师人数 [2]（按学历划分）

单位：人

学年	2015—2016	2016—2017	2017—2018	2018—2019	2019—2020
总数	14 722	14 861	14 802	15 007	15 465
博士或硕士	853	919	820	557	591
本科或同等学力	11 945	12 019	11 932	11 527	12 039
专科或其他	1 924	1 923	2 050	2 923	2 835

[1] Direção-Geral de Estatísticas da Educação e Ciência, Direção de Serviços de Estatísticas da Educação, Divisão de Estatísticas dos Ensinos Básico e Secundário. Educação em números-Portugal 2021[R]. Lisboa: Direção-Geral de Estatísticas da Educação e Ciência, 2021.

[2] Direção-Geral de Estatísticas da Educação e Ciência, Direção de Serviços de Estatísticas da Educação, Divisão de Estatísticas dos Ensinos Básico e Secundário. Educação em números-Portugal 2021[R]. Lisboa: Direção-Geral de Estatísticas da Educação e Ciência, 2021.

（六）时间安排

学前教育是非义务性的，为 3 岁以上的儿童免费提供每周 25 小时的教育内容，直到他们进入义务教育阶段。幼儿园在工作日开园，时间表相对灵活。每周必须包含 25 小时的教学时间（见表 4.7），每天 5 小时，由幼师负责。幼儿园每天开园时间至少为 8 小时，下午 5 点半后方可闭园。为适应家庭需求，一些幼儿园适当延长开放时间，如从上午 8 点到晚上 7 点半开放。幼儿园开放时间应在学年开始时告知家长。

表 4.7 葡萄牙幼儿园保育活动和教育活动时间表示例 *[1]

活动	保育活动时间	上午教学活动时间	午餐	下午教学活动时间	保育活动时间
星期一	8:00—9:30**	9:00—11:30	11:45—13:00	13:00—15:30	15:30—19:30
星期二	8:00—9:30	9:00—11:30	11:45—13:00	13:00—15:30	15:30—19:30
星期三	8:00—9:30	9:00—11:30	11:45—13:00	13:00—15:30	15:30—19:30
星期四	8:00—9:30	9:00—11:30	11:45—13:00	13:00—15:30	15:30—19:30
星期五	8:00—9:30	9:00—11:30	11:45—13:00	13:00—15:30	15:30—19:30

* 指示性表格。各学前教育机构可以根据家庭需要，灵活调整开放时间。
** 原文是 9:30。

学前教育机构有义务提供保育活动，确保在教育活动间隙和午餐期间对儿童进行陪伴。保育活动的起止时间和活动计划，是由各学校集团针对本地区家庭的需求来制定的。根据教育部同劳动、团结和社会保障部以及

[1] 资料来源于欧盟委员会官网。

葡萄牙全国市镇协会之间达成的合作协议，保育活动最好由各市镇组织力量实施。这些活动也可以通过家长协会、市政府、私人社会慈善机构或其他实体与学校集团签署协议而举办。

（七）招生及录取

对于公立幼儿园和接受国家补贴的私立幼儿园来说，根据 2018 年 4 月 12 日的政令，1 月 1 日—9 月 15 日期间年满 3 岁的儿童的入园工作可以全年进行，只要有空缺，在遵守入园优先次序规则条件下，必须接受该儿童。9 月 16 日—12 月 31 日期间年满 3 岁的儿童入园时间是有条件的，如果现有班级中仍有空缺，在遵守入园优先次序规则后，可以申请入园，如经录取即可参加幼儿园的活动以及享受幼儿园的家庭支持服务。公立幼儿园的注册录取顺序如下：第一顺位，12 月 31 日前年满 5 岁和 4 岁的儿童，按年龄长幼顺序依次录取；第二顺位，9 月 15 日前年满 3 岁的儿童；第三顺位，9 月 16 日—12 月 31 日年满 3 岁的儿童。

前一年在该机构接受学前教育的儿童，在新学年注册时将按如上顺序优先被录取。年满 3 岁的儿童在申请时，家长应申报 5 所教育机构，顺序分先后。派位时参考因素依次为：儿童年龄、离家距离和家庭经济状况（贫困儿童优先）。

私立幼儿园的录取标准在各机构的内部条例中有相应规定。

第二节 学前教育的特点

一、普及率高

自共和国时期以来,历届葡萄牙政府都承诺大力发展学前教育,并将其作为从源头上消除社会不平等的基本举措。1980年,学前教育普及率很低,"五分之四的儿童在6岁之前没有参加过任何学前教育课程"。[1] 短短40年,葡萄牙政府通过扩大全国学前教育网络,提高民众对学前教育的重视程度,加强专业人员配备和资格认证,编制《学前教育课程指南》等举措,在没有强制要求的情况下,成功地全面普及了3—5岁儿童的学前教育。2019—2020学年,适龄儿童实际入学率达到了92.8%,毛入学率高达97.1%。2015—2020年的入学率数据见表4.8。

表4.8 2015—2020年葡萄牙学前教育入学率 [2]

单位:%

学年	2015—2016	2016—2017	2017—2018	2018—2019	2019—2020
实际入学率	88.4	90.8	90.1	92.2	92.8
毛入学率	91.1	94.5	93.8	96.4	97.1

在此基础上,葡萄牙政府于2021年12月29日发布部长会议决议,批准了《2021—2030年国家消除贫困战略》。为了完成第一个战略目标"减少

---

[1] Ministério da Educação. Educação e formação em Portugal[Z]. Lisboa: Editorial do Ministério da Educação e Ciência, 2007.

[2] Direção-Geral de Estatísticas da Educação e Ciência, Direção de Serviços de Estatísticas da Educação, Divisão de Estatísticas dos Ensinos Básico e Secundário. Educação em números-Portugal 2021[R]. Lisboa: Direção-Geral de Estatísticas da Educação e Ciência, 2021.

儿童和青少年及其家庭的贫困"，国家将继续加强对学前教育的支持，确保贫困家庭的儿童也有机会接受学前教育，并在此期间，也准备将学前教育纳入义务教育范畴。因此，在可预见的未来，葡萄牙学前教育将成为义务教育。

二、教学主管部委单一

尽管葡萄牙学前教育有不同的模式，但《学前教育框架法》规定，所有幼儿园都具备教育和保育两种职能。在教育职能方面，教育部是唯一的主管部委，这就意味着虽然家庭情况不同，但教育部为所有的儿童都"制定共同的规则"[1]，也就意味着所有的幼儿园在教学和技术方面应遵守同一准则。

作为单一教学主管部委，教育部可以保障不同机构的教育职能。为适应不同地区的情况，葡萄牙学前教育模式呈现出多样性。但无论是传统的幼儿园，还是流动学前教育班或社区儿童活动中心，其教育活动都应遵循教育部关于教学质量和教学目标的规定。

教育部从国家层面为学前教育机构的设施安装和改造制定了标准，与专业人员、服务机构和研究人员广泛协商后编写了学前教育课程指南，制定了学前教育机构的服务质量评估规则，重视学前教育的技术和辅助人员并承诺对他们进行持续培训，要求学前教育课程和机构管理有家长系统地参与。所有这些都有利于提高学前教育质量，使得幼小衔接后儿童的学习更加深入。

虽然教育部是唯一主管教学的部委，但其管理是一个"共同构建"[2]的

---

[1] FORMOSINHO J. Comentário à Lei 5/97[Z]. Lisboa: Gabinete para a Expansão e Desenvolvimento da Educação Pré-Escolar, 1997, 11.

[2] VASCONCELOS T. Que Tutela Pedagógica Única? [Z]. Lisboa: Boletim do Gabinete para a Expansão e Desenvolvimento da Educação Pré-Escolar, n.º 3, 1998, 11.

过程，必须多部门合作和多方努力，保障学前教育机会平等，纠正社会不
公平。

第三节 学前教育的挑战和对策

一、学前教育面临的挑战

（一）地区分布不均

由于葡萄牙各地区社会经济发展程度不同，地区间存在学前教育不平
等的现象。2019—2020 学年，全国共有幼儿园 2 920 所，其中 1 095 所是公
立性质（见表4.9），多集中在葡萄牙大陆地区，占所有公立幼儿园总数的
99.7%。[1] 海岛地区的公立学前教育资源极其匮乏，整个马德拉自治区甚至
一所公立幼儿园都没有。

面临民众对学前教育的迫切需求，私立学前教育网络看到了机会，也感
到了更大的压力。很多儿童去往私立幼儿园和慈善幼儿园接受教育。2019—
2020 学年，葡萄牙私立学前教育机构共 1 825 所，其中 94.11% 位于大陆，主
要集中在北部、中部和里斯本地区。亚速尔群岛和马德拉群岛也分别拥有 49
所和 33 所私立幼儿园，满足了当地儿童接受学前教育的基本需求。[2]

---

[1] Direção-Geral de Estatísticas da Educação e Ciência, Direção de Serviços de Estatísticas da Educação, Divisão de Estatísticas dos Ensinos Básico e Secundário. Educação em números-Portugal 2021[R]. Lisboa: Direção-Geral de Estatísticas da Educação e Ciência, 2021.

[2] Direção-Geral de Estatísticas da Educação e Ciência, Direção de Serviços de Estatísticas da Educação, Divisão de Estatísticas dos Ensinos Básico e Secundário. Educação em números-Portugal 2021[R]. Lisboa: Direção-Geral de Estatísticas da Educação e Ciência, 2021.

整体来看，学前教育网络在葡萄牙大陆中部和北部地区最为发达，私立网络已覆盖到了全国，而公立网络尚未覆盖到马德拉自治区。

表4.9 2019—2020学年葡萄牙幼儿园数量[1]（按性质划分）

单位：所

地区	公立	私立
总计	1 095	1 825
大陆	1 091	1 743
北部	339	539
中部	454	429
里斯本	136	564
阿连特茹	126	125
阿尔加维	36	86
亚速尔自治区	4	49
马德拉自治区	—	33

（二）师资结构不平衡

首先，师资性别结构失衡。从学前教育行业专任教师的性别来看，葡萄牙专任幼儿教师以女性为主。以2015—2020年的数据为例（见表4.10），专任幼儿教师中女教师在16 000人左右，占全国专任幼儿园教师的99.0%—99.1%，男教师占比不足1%。女性幼师比例如此之高，是由于葡萄牙社会普遍认为对幼儿的照顾和教育应是属于女性的专业领域。但相关研究显示，学前教育中过高的女性教师比例并不利于儿童人格的健全发展。

[1] Direção-Geral de Estatísticas da Educação e Ciência, Direção de Serviços de Estatísticas da Educação, Divisão de Estatísticas dos Ensinos Básico e Secundário. Educação em números-Portugal 2021[R]. Lisboa: Direção-Geral de Estatísticas da Educação e Ciência, 2021.

表 4.10 2015—2020 年葡萄牙学前教育女性教师人数和占比

学年	2015—2016	2016—2017	2017—2018	2018—2019	2019—2020
总人数	16 002	16 148	16 065	16 277	16 611
女教师人数	15 851	15 998	15 908	16 129	16 454
女性占比	99.1%	99.1%	99.0%	99.1%	99.1%

其次，师资队伍老龄化现象突出。表 4.11 显示，自 2015—2016 学年以来，30 岁以下幼师人数整体呈下降趋势，5 年间下降了 3.4%。与之相应，50 岁以上幼师人数有所上升，2019—2020 学年数据显示，葡萄牙全国共有幼儿教师 15 465 名，其中 50 岁以上教师占比高达 54.7%。[1] 老年教师偏多，中青年教师偏少，教师队伍后继乏力，势必造成教师年龄结构的失衡，影响学前教育的长远发展。

表 4.11 2015—2020 年葡萄牙大陆地区教师人数 [2]（按年龄组划分）

单位：人

学年	2015—2016	2016—2017	2017—2018	2018—2019	2019—2020
总数	14 722	14 861	14 802	15 007	15 465
< 30 岁	632	536	486	485	519
30—39 岁	2 968	2 906	2 767	2 550	2 472
40—49 岁	4 402	4 163	3 941	3 904	4 021

[1] Direção-Geral de Estatísticas da Educação e Ciência, Direção de Serviços de Estatísticas da Educação, Divisão de Estatísticas dos Ensinos Básico e Secundário. Educação em números-Portugal 2021[R]. Lisboa: Direção-Geral de Estatísticas da Educação e Ciência, 2021.

[2] Direção-Geral de Estatísticas da Educação e Ciência, Direção de Serviços de Estatísticas da Educação, Divisão de Estatísticas dos Ensinos Básico e Secundário. Educação em números-Portugal 2021[R]. Lisboa: Direção-Geral de Estatísticas da Educação e Ciência, 2021.

续表

学年	2015—2016	2016—2017	2017—2018	2018—2019	2019—2020
50—59 岁	6 298	6 580	6 591	6 545	6 389
≥ 60 岁	422	676	1 017	1 523	2 064

二、学前教育的发展对策

（一）重视幼师学历

1997 年，葡萄牙颁布法律，规定学前教师必须持有大学本科文凭，迈出了提高幼师学历的关键一步。2007 年，随着博洛尼亚进程不断推进，葡萄牙再次提高了对学前教育的教师的学历要求，要求必须拥有硕士学位。这项要求取得了明显的效果。2019—2020 学年，葡萄牙大陆地区的学前教师与 2005—2006 学年相比，总人数相近，具有本科或同等学力的学前教师人数也无太大差别，但具有硕士或博士学历的学前教师人数大幅增加，是 15 年前的 3 倍多。

（二）重视幼小衔接

在教育部的公共网络中，幼儿园被纳入学校集团，并受每年公布的学前教育和中小学教育校历的约束。在相当多的情况下，学前教育和初等教育第一阶段在同一教育机构中进行，尽管是在有限的地区。葡萄牙的政令规定了幼儿学校教育者和初等教育第一阶段的教师之间的衔接，以保证儿童在学前教育和初等教育之间的顺利过渡。《学前教育课程指南》涉及教育的连续性和过渡性，指出了一些促进横向（托儿所 / 幼儿园）和纵向（幼儿园 / 学校）

过渡的策略，这需要家庭、儿童、教育者和机构的参与。促进幼小衔接的方式有很多，如学前班和小学之间的合作协议；与小学分享有关学龄前儿童发展的信息；制定幼儿园和小学之间的共同教育项目；幼儿园儿童正式访问小学；组织与家长的会议，讨论他们在幼小衔接过程中的作用。

（三）建立伙伴关系

为大力发展学前教育，1995 年，葡萄牙教育部制定了《学前教育机构网络扩张计划》，主要内容有：中央政府提供指导和规范，与地方政府、私立实体和社会团结实体共同启动《学前教育发展和扩张方案》，将对学前教育的预算增加一倍；与地方政府和私立实体签署扩张和发展学前教育的项目合同；在公立网络中采取与基础教育周期密切相关的组织模式，以扩大学前教育；通过各种倡议，在官方和民间社会之间建立真正的伙伴关系；使学前教育成为教育型社会的发展单元之一，让儿童、家长、专业人员和整个社会都参与其中。

从以上内容可以看出，该计划是一个建立伙伴关系的过程，中央与地方、政府与机构、官方和民间、家长和机构，都有责任提高学前教育的质量。各地方政府有责任对辖区内的公立或私立学前教育网络进行投资。与家庭和专业人员及其组织建立伙伴关系，是地方政府推动社会民主化的重要工作之一。

此外，为协调所有发展学前教育的行动，葡萄牙于 1996 年通过政令宣布成立学前教育扩张与发展办公室，由教育部及劳动、团结和社会保障部共同参与。这个部委间办公室的目标是：制定学前教育框架规范性文件，推动教学改善提案，具体来说是课程指南、教学组织和幼师培训方面的提案，以此来制定《葡萄牙学前教育扩展计划》行动大纲；推动和跟进《葡萄牙学前教育扩展计划》的发展措施；建立激励机制，与其他服务机构和实体衔接，启动创新、培训和研究计划，以提高整个学前教育网络的质量。

第五章 基础教育

    根据 1986 年葡萄牙《教育体系基本法》第 4 条规定，基础教育[1] 是学校教育的组成部分。葡萄牙基础教育时长 12 年，分为初等教育和中等教育两个阶段。其中，初等教育为九年制，面向 6—15 岁儿童和青少年，具有普遍性、义务性和无偿性，旨在为所有公民提供相同的背景教育，使学生获得进一步学习的基本知识和技能。中等教育学制三年，自 2008 年起也被纳入义务教育的范畴。中等教育向已完成前一阶段学习的 16—18 岁青少年提供教育和职业培训（后者不在本章讨论范围内），目的是发展学生的推理能力和思考能力，培养他们的人文、艺术和科技素养，为其继续深造做准备。

---

[1] 本章的基础教育指普通中小学教育。为与 1986 年葡萄牙《教育体系基本法》中的"基础教育"（educacao basica）进行区分，本书在具体陈述时将葡萄牙的"基础教育"称为"初等教育"，包括一至九年级。

第一节 基础教育的发展和现状

一、基础教育的发展

（一）第一共和国成立前（1910 年以前）

长久以来，葡萄牙儿童一直在教会接受基本的教育。18 世纪时，庞巴尔侯爵将教育权利从教会手中收回并移交给国家，由此出现了公立教会学校。此后，葡萄牙还进行过多次教育改革，其中对基础教育影响最大的是1844 年标志着义务教育开端的卡布拉尔改革。

1844 年 9 月 28 日，科斯塔·卡布拉尔政府发布法令，规定 7—15 岁儿童必须接受初等义务教育，中央政府将在实施义务教育的过程中发挥干预作用。初等教育被划分为两个阶段：第一阶段，学校教授读、写、基本道德原则、基督教教义、葡萄牙历史等内容；第二阶段，进一步教授葡萄牙语语法、地理和通史、算术和几何、簿记等。

尽管上学已成为法律规定的一项义务，但 1850 年葡萄牙的文盲率高达85%，远高于欧洲其他国家。50 年后，这一比率下降至 75%，但仍与其他欧洲国家存在差距。[1] 此外，学校数量也有所扩张。1854 年葡萄牙全国共有1 199 所学校进行初等教育，到 1899 年增长至 4 495 所。[2]

---

[1] CANDEIAS A, SIMÕES E. Alfabetização e escola em Portugal no século XX: censos nacionais e estudos de caso[J]. Análise Psicológica, 1999, 1 (XVII): 163-194.

[2] ARAÚJO H C. Precocidade e "retórica" na construção da escola de massas em Portugal[J]. Educação, Sociedade e Culturas, 1996, 5: 161-174.

（二）第一共和国时期（1910—1926 年）

20 世纪初，随着葡萄牙第一共和国的建立，政府在教育和教学领域进行了一场重大改革，其目标之一是在农村地区发展初等教育，将教育机会扩展到越来越多的人群中去。

1911 年 3 月 29 日，政府发布法令，启动了对初等教育的改革，这是葡萄牙第一部规范初等教育的法规。初等教育被划分为初级阶段（3 年）、补充阶段（2 年）和高级阶段（3 年）三个阶段。其中，初级阶段为义务教育，所有 7—14 岁儿童必须参加，不论男女。在高级阶段，学生可以选择学习文化知识或进行职业培训。

1919 年，初等教育的阶段划分又出现了新的变化。9 月 29 日，政府发布法令，改为对所有 7—12 岁的儿童实行义务的、免费的普通初等教育，分为初级阶段（5 年）和高级阶段（2 年）两个阶段。

（三）第二共和国时期（1926—1974 年）

从 1926 年 5 月 28 日政变开始，葡萄牙开始实行独裁统治，教育经历意识形态方面的重大变革。基础教育在小学和国立中学两种不同的教育机构中进行，从小学升入中学，不仅意味着个人和家庭要付出巨大的努力，还代表着社会地位的变化。

根据 1927 年 5 月 17 日的法令，初等教育进行了新的改组，包含三个层次：针对 4—7 岁儿童的学前教育，面向 7—11 岁儿童的小学教育，面向 11—13 岁儿童的补充教育。其中，小学教育是义务教育制，共设置四个年级（一至四年级），男女学生分开上课。1930 年，小学教育又被细分为 3+1 制，一至三年级是第一段，四年级是第二段。

1933 年 4 月 11 日葡萄牙《共和国宪法》颁布，"新国家"政权诞生。

在此之前，政府关闭了学生数量低于 40 或 50 名的学校（1931 年），儿童超过 3 次不及格则被退学（1932 年），教学工作会交给不具备教学资质的管理者，学校的无偿性原则被废除（1933 年），要求使用唯一的、有意识形态标记的书籍，[1] 初等教育规模迅速减小。面对这种情况，"新国家"政权在 1936 年 11 月 24 日发布法令，宣布采取"紧急措施"以期"确保所有葡萄牙人具备基本文化程度"，但受教育人数并没有明显增加。

男女有别也在"新国家"时期的初等教育中有所体现。1956 年 12 月 31 日的法令规定"所有男性未成年人"都要接受 4 年的小学义务教育，而女童的义务教育年限则是 3 年。直到 1960 年 5 月 28 日的法令发布后，女童才和男童一样被平等对待。

1964 年 7 月 9 日的法令将免费义务教育年限延长至 6 年，分为小学教育（4 年）和补充教育（2 年）两个阶段。1968—1969 学年，政府发布法令，设置了中等教育的预科阶段（2 年）。在完成 4 年的小学学业后，学生可以从补充教育和中等教育预科中二选一。此外，为了达成"让所有人在 14 岁之前都接受完学校教育"的目标，葡萄牙还开创了"电视学校"的模式。"电视学校"是一种利用电视设备进行远程学习的方式，在葡萄牙取得了巨大的成功，一直运行到 2003—2004 学年才结束了它的使命。

20 世纪 70 年代初，教育部部长维加·西芒决定进行一项重要的、决定性的教育改革，提出了使教育现代化和民主化的总体思路，其原则是确保所有葡萄牙人的受教育权、普及初等教育、入学机会人人平等。义务教育年限从 6 年延长至 8 年，细分为 4 年小学教育和 4 年预科教育。然而，由于 1974 年爆发了"四·二五革命"，这项改革没有得到充分实施。

---

[1] LOPES A. A identidade dos professores do 1º CEB entre o passado e o futuro[M]//LEITE C, LOPES A. Escola, currículo e formação de identidades. Porto: Edições Asa, 2007: 173-192.

（四）第三共和国时期（1974 年至今）

1974 年"四·二五革命"之后，国家需要培养新公民，人民也希望迅速实现受教育机会的民主化和普及化。1975 年，随着海外殖民的结束，此前一直生活在海外殖民地的葡萄牙人回归祖国。在此背景下，整个国家的教育系统面临着巨大的人口压力，各级各类学校的学生数量都出现了巨大增长。

1974—1986 年，教育系统进行了一系列变革。在初等教育方面，从 1974—1975 学年开始实验性地将小学教育（一至四年级）分为 2+2 两个阶段，学校只在每阶段结束时（即二年级和四年级）进行评估考试。同样被纳入义务教育范围内的五—六年级有小学补充阶段、预科和电视预科三种可选方式，旨在让更多经济困难的学生能够就学，且最大限度地利用既有资源。此外，政府也有一些经济援助的新举措，如提供食、宿、行的补助等。在中等教育阶段，国家设立了统一的中学普通课程（八、九年级）、补充课程（十、十一年级）和预科（十二年级）。预科阶段全部采取远程教学方式，包括葡萄牙语等五个科目。至此，葡萄牙将其初等和中等教育制度与欧洲其他国家接轨，学生需进行 12 年的学习才能报考高等教育院校。十二年级的课程设有两个方向，分别为学生进入大学和理工学院做准备。

1986 年，葡萄牙颁布《教育体系基本法》，建立了教育体制的新框架，从法律上规定初等教育面向 6—15 岁儿童，分为三个阶段（一至四年级、五至六年级、七至九年级），具有普遍性、义务性和无偿性。中等教育是第三阶段的延续，也是向高等教育或就业的过渡。该法律实施后，接受基础教育的学生人数有了很大增长，到 1995 年，14 岁以下儿童达到了 100% 的入学率。

此后十年，葡萄牙在基础教育领域主要进行了中小学课程计划和改革。从 2005 年开始，政策转向研究延长义务教育到 12 年的可行性，并最终在 2009 年通过法律确定下来。在这一时期，政府大力投资教育，如在"学校公园"项目下，对 300 多所中小学进行了修缮。

二、基础教育的现状

目前，葡萄牙初等教育面向6—15岁儿童，分为三个阶段进行：一至四年级（6—10岁）、五至六年级（10—12岁）、七至九年级（12—15岁），相当于中国的小学和初中教育。葡萄牙的中等教育学制三年，同样具有义务性和无偿性，对象是15—18岁的青少年，与中国的高中教育相对应。基础教育教学的主管部门是教育部下属的国家教育总局，主要负责落实国家相关政策，侧重于课程开发、教学评估等职责。

初等教育第一阶段的主要目标是发展学生的口头表达能力、阅读和写作能力、数学和计算能力；使学生充分了解社会环境；使学生接受音体美教育。在这一阶段，教学采取包班制，即由一名教师全面负责一个班的学生的学习，辅以其他教师在音乐、外语和体育方面提供支持。班级容量为24人，同一教师应从一年级一直跟班到四年级。

初等教育第二阶段和第三阶段的教学更侧重于人文、艺术、体育、科技、道德和公民教育，旨在使学生能够批判性和创造性地吸收信息，并认识到自己应当积极和自觉地参与社会发展。教学采取分科制，由一或两名教师负责同一学科，班级容量为24—28人。

葡萄牙中等教育共有四种组织形式——普通中等教育、普通和职业中等教育、艺术教育、职业教育。本章节只探讨第一种，下文的"中等教育"特指"普通中等教育"。这一阶段的班级容量同样为24—28人。

（一）教育机构和师生概况 / 基本数据

基础教育的实施机构是公立学校 / 学校集团、私立学校、合办学校。各学校涵盖的教育阶段不同，有的只设置单一教学层次的单一阶段，如初等教育第一或第三阶段，有的包括了多个教育层次和阶段，如初等教育第三阶段和中等教育阶段。

2015—2020 年的统计数据显示（见表 5.1 和 5.2），全国基础教育不同阶段的注册学生规模较为稳定，分别约为 40 万、21 万、32 万、20 万，意味着初等教育每年级注册学生数为 10 万人左右。初等教育各阶段平均实际就学率分别为 95.9%、88.5%、88.6%，说明年级越低，就学率越高。整体而言，初等教育各阶段实际就学率呈现出微弱的上升趋势，到 2019—2020 学年，约 93% 的适龄儿童正接受相应的义务教育。

表 5.1 2015—2020 年葡萄牙基础教育阶段在学人数 [1]

单位：人

学年		2015—2016	2016—2017	2017—2018	2018—2019	2019—2020
初等教育	第一阶段	408 041	404 010	401 476	393 793	386 583
	第二阶段	220 378	216 422	212 018	211 511	210 192
	第三阶段	325 481	325 287	324 028	318 973	320 156
中等教育		206 346	207 644	204 713	207 684	206 976

表 5.2 2015—2020 年葡萄牙初等教育阶段实际就学率 [2]

单位：%

学年	2015—2016	2016—2017	2017—2018	2018—2019	2019—2020
第一阶段	96.0	95.3	95.4	95.7	97.1

---

[1] Direção-Geral de Estatísticas da Educação e Ciência, Direção de Serviços de Estatísticas da Educação, Divisão de Estatísticas dos Ensinos Básico e Secundário. Educação em números-Portugal 2021[R]. Lisboa: Direção-Geral de Estatísticas da Educação e Ciência, 2021.

[2] Direção-Geral de Estatísticas da Educação e Ciência, Direção de Serviços de Estatísticas da Educação, Divisão de Estatísticas dos Ensinos Básico e Secundário. Educação em números-Portugal 2021[R]. Lisboa: Direção-Geral de Estatísticas da Educação e Ciência, 2021.

学年	2015—2016	2016—2017	2017—2018	2018—2019	2019—2020
第二阶段	87.2	87.2	88.6	89.1	90.2
第三阶段	87.1	87.7	88.1	89.1	90.8

在葡萄牙教育和科学统计总局的各项报告中，对中等教育四种组织形式的大部分数据是整体进行统计的，并未将普通中等教育单独列出来，因此笔者未直接找到普通中等教育的实际就学率。但是，2019—2020 学年中等教育实际入学率为82.9%，其中接受普通中等教育的学生人数占比59.0%，说明普通中等教育实际入学率为50% 左右。此外，普通中等教育学生在所有中等教育学生中的占比最高，与其他三种组织形式相比，大部分学生在结束初等教育后，倾向于继续接受普通中等教育，为后续进入大学学习做准备。但不能忽视的是，与2005—2006 学年66.7% 占比相比，2019—2020学年普通中等教育的占比有了明显的下降，表明越来越多的学生开始选择艺术和职业教育等其他形式的中等教育。

师资方面，总体而言，近年来教师规模并没有显著变化，与学生规模保持了一致的稳定（见表5.3）。2015—2020 年，女性教师在初等教育三个阶段的教师总人数中平均占比分别为86.82%、72.18%、71.72%。

表5.3 2015—2020 年葡萄牙基础教育阶段教师人数 [1]

单位：人

学年	2015—2016	2016—2017	2017—2018	2018—2019	2019—2020
初等教育第一阶段	28 806	29 861	29 979	30 178	30 043

[1] Direção-Geral de Estatísticas da Educação e Ciência, Direção de Serviços de Estatísticas da Educação, Divisão de Estatísticas dos Ensinos Básico e Secundário. Educação em números-Portugal 2021[R]. Lisboa: Direção-Geral de Estatísticas da Educação e Ciência, 2021.

续表

学年	2015—2016	2016—2017	2017—2018	2018—2019	2019—2020
初等教育第二阶段	23 757	23 973	24 064	23 802	23 518
初等教育第三阶段和中等教育[1]	74 348	75 567	76 722	76 735	76 869

由于教师和学生规模基本稳定，生师比也相对稳定，如表 5.4 所示。2015—2020 年初等教育第一阶段的生师比平均值约为 13.3，即 1 名教师大约需要负责 13 名学生的教学。第二阶段、第三阶段和中等教育的生师比平均值分别约为 9.2 和 8.5。低年级（一至四年级）之所以生师比较高，是因为实行包班制，教师的教学任务相对更重。

表 5.4 2015—2020 年葡萄牙基础教育阶段生师比 [2]

学年	2015—2016	2016—2017	2017—2018	2018—2019	2019—2020
初等教育第一阶段	14.1	13.5	13.3	13.0	12.8
初等教育第二阶段	9.5	9.2	8.9	9.0	9.0
初等教育第三阶段和中等教育[3]	8.8	8.6	8.4	8.3	8.2

（二）课程设置及指导性文件

2017 年 7 月 26 日，葡萄牙政府发布《义务教育阶段毕业生概况》，其中规定了学生在义务教育阶段结束时应达到的目标，旨在为课程的组织管理

---

[1] 根据葡萄牙教育和科学统计总局的分类。

[2] 数据来源于葡萄牙教育和科学统计总局。

[3] 根据葡萄牙教育和科学统计总局的分类。

和教学方法进行规范。这是义务教育阶段课程设置、规划、教学内外部评估的纲领性文件，也是教师、管理者、政策制定者以及所有直接或间接承担教育责任的人应参考的文件。该文件将学生应具备的能力归纳为十大领域，分别是语言和文本、信息和交流、身体感知和控制、美学和艺术感知、批判和创新性思维、卫生、个人自主发展、推理和解决问题、人际关系、科技和技术知识。此外，在义务教育阶段的课程和活动中，应当培养学生正确的价值观，鼓励他们不畏困难将事情做好，保持好奇心、反思能力和创新能力，成为有责任心的、正直的人，具备公民意识和参与意识，崇尚自由。

《基本学习》是一套针对教学计划、实施和评估而拟定的课程指导文件，按年级和课程对学生应具备的知识、能力、态度和价值观做出了规定，是所有学生共同的学习参考标准，旨在发展《义务教育阶段毕业生概况》中规定的十大领域能力，与其共同构成了中小学教学外部评估的依据。

根据 2014 年的法令规定，一至二年级周课时量为 22.5—25 个小时，三至四年级周课时量为 24.5—27 个小时。2012 年的法令将初等教育第二阶段总课时量设置为 2 700—2 790 个课时（每个课时 45 分钟），每学年总课时量为 1 350—1 395 个课时；第三阶段总课时量 4 500—4 635 个课时，每学年总课时量是 1 484—1 575 个课时。初等教育各年级科目设置如表 5.5 所示。

普通中等教育共分为科技、社会经济学、语言和人文、视觉艺术四个方向，旨在让学生为日后进入高等教育做准备。课程学习计划包括一般学习、专业学习、道德和宗教教育三个部分，其中道德和宗教教育是选修课。

所有学生的一般学习科目都是葡萄牙语、外语（德语、西班牙语、法语或英语）、数学和体育，其目标是构建学生的个人、社会和文化身份认同。各方向的专业学习科目各不相同，但都包括一门为期三年的必修课（十至十二年级）、两门为期两年的科目（十至十一年级）和两门为期一年的科目（十二年级）。三年课程结束后，学生需参加学校考试和必修课全国统一考试，合格后才能获取文凭。

表 5.5 葡萄牙初等教育各年级科目设置

科目		第一阶段				第二阶段		第三阶段		
		一年级	二年级	三年级	四年级	五年级	六年级	七年级	八年级	九年级
葡萄牙语		√	√	√	√	√	√	√	√	√
数学		√	√	√	√	√	√	√	√	√
环境学习		√	√	√	√	—	—	—	—	—
艺术教育	视觉艺术	√	√	√	√	—	—	—	—	—
	戏剧	√	√	√	√	—	—	—	—	—
	舞蹈	√	√	√	√	—	—	—	—	—
	音乐	√	√	√	√	—	—	—	—	—
公民和发展		√	√	√	√	√	√	√	√	√
体育		√	√	√	√	√	√	√	√	√
英语		—	—	√	√	√	√	√	√	√
信息和传媒技术		√	√	√	√	√	√	√	√	√
葡萄牙历史地理		—	—	—	—	√	√	—	—	—
自然科学		—	—	—	—	√	√	√	√	√
视觉教育		—	—	—	—	√	√	√	√	√
科技教育		—	—	—	—	√	√	—	—	—
音乐教育		—	—	—	—	√	√	—	—	—
第二外语	德语	—	—	—	—	—	—	√	√	√
	西班牙语	—	—	—	—	—	—	√	√	√
	法语	—	—	—	—	—	—	√	√	√
历史		—	—	—	—	—	—	√	√	√
地理		—	—	—	—	—	—	√	√	√
物理化学		—	—	—	—	—	—	√	√	√
道德和宗教教育（选修）		√	√	√	√	√	√	√	√	√

注:"√"表示开设,"—"表示未开设。

（三）教材

教育总局每学年都会在其官网发布基础教育不同阶段的教材清单，按年级划分，内容包括科目、书名、作者和定价等信息，并注明该教材是否具有"教材信息系统"认证。学生可以根据自身经济情况选择购买全新或二手教材。自2017年开始，一年级教材全部由政府免费发放。

为确保中小学教材具备科学性并符合现行课程大纲，教育部建立了"教材信息系统"电子平台，对教科书进行评估和认证。平台会及时公布评估和认证流程，更新评估和认证信息，无论是师生还是出版商都可以获取相关信息。

（四）校历

葡萄牙的学前教育和基础教育采用共同的校历，每学年由教育总局在其官网公布。除教学活动日期外，校历还规定了初等教育各阶段末的考试时间和中等教育结束后的全国统考时间，后者具体到科目和年月日时。因此，对于基础教育来说，校历还具备了考试历的功能。

第二节 基础教育的特点

一、公立学校占比高

以"让所有人都接受义务教育"为目标，葡萄牙政府一直以来都非常重视公立学校网络的建设，如今基础教育的公立学校网络已经遍布全国，基本能够满足绝大部分九年级毕业生的求学需求。但在一些偏远地区，学生需要到较远的市镇上学，政府会向他们提供这一部分交通补贴。此外，还有一些地区的公立学校超负荷运转，政府还会向私立学校拨款，鼓励他们招收更多的学生，以满足社会的需求。综上所述，在基础教育阶段，公立学校在所有教育机构中占据了绝对多数。表5.6 显示了 2019—2020 学年学生在不同性质的学校中的分布。

表5.6 2019—2020 学年葡萄牙基础教育学生分布 [1]（按学校性质）

单位：%

学校类型	初等教育			中等教育（四种组织形式）
	第一阶段	第二阶段	第三阶段	
私立学校	13.4	11.7	12.0	21.5
公立学校	86.6	88.3	88.0	78.5

二、公立学校纵向集团化程度深

自 1986 年颁布《教育体系基本法》后，葡萄牙中小学网络经历过多次重组和调整，也曾建立过横向学校集团，即同一教育层次或阶段的学校形成集团。第十八届宪法政府上台后，提出其主要目标之一是普及中小学教育，使所有 5—18 岁儿童和少年有学可上。在这一背景下，2010 年部长会议决定重新为学校网络制定准则，旨在使学校网络适应此目标，调整学校的规模以促进学生顺利完成教育，促进学校集团的合理化以更好地衔接不

---

[1] Direção-Geral de Estatísticas da Educação e Ciência, Direção de Serviços de Estatísticas da Educação, Divisão de Estatísticas dos Ensinos Básico e Secundário. Educação em números-Portugal 2021[R]. Lisboa: Direção-Geral de Estatísticas da Educação e Ciência, 2021.

同层次和阶段的教育。

部长会议决议认为，要将学生集中到设施更完备的学校，确保学生有平等的机会在高质量的教育机构进行学习；要关闭规模过小的学校，确保师生在培训和发展方面都得到更多的资源；要重组学校网络，管理单位要将各级教育结合起来，使学生能够在同一集团的学校完成全部12年（2021年起义务教育纳入了学前教育，延长至15年）的义务教育。可以说，该决议确立了纵向学校集团的标准，要求集团应尽可能包括所有级别的中小学教育，使教育计划的实施能够从学前教育延伸到中等教育，形成一条更明确的培养路径。

随后，根据决议要求，同年颁布的第1181号条例对纵向学校集团的建立、变更和取消程序做出了规定。[1]学校集团是葡萄牙教育系统的一个组织单位，集团内拥有自己的行政和管理机构，由学前教育机构同一个或多个级别和阶段的教育机构组成，集团内教学机构使用共同的教学计划。

此外，学校集团的自治、行政和管理制度也被重新定义。[2]2008年的法令提出三个目标：通过一个合议管理机构——总理事会——"加强家庭和社区对教育机构战略管理的参与"；设立校长职位，"支持建立强有力的领导机构"；"加强学校的自主权"，开发自我评估和外部评估系统。总理事会负责批准和监督内部条例、教学计划和年度活动计划的实施。由总理事会选举产生一名校长，负责学校集团在教学、文化、行政、财务等方面的管理。

由于"学校集团已被确认为是葡萄牙最有效的学校管理单位，符合公共教育系统确保所有公民有机会接受教育的宗旨，使不同阶段的教育形成连贯的路径"，2012年7月2日的法令规定，可以通过合并学校集团和非集团学校来创建更大的学校集团。

---

[1] Ministério da Educação, Portaria n.º 1181/2010 Diário da República n.º 222/2010[Z]. 2010-11-16: 5203-5205.

[2] DOSSIÊ TEMÁTICO: Escola Pública[Z]. Revista Práxis Educacional, Vitória da Conquista, Bahia, v. 6, n. 9, 2010: 57-76.

2012—2013 学年，葡萄牙大陆共有学校集团 5 921 个，非集团学校 713 个，到 2019—2020 学年，学校集团降至 4 564 个，而非集团学校数量保持不变，[1] 这说明部分学校集团已经在法令的许可下进行了合并，成为更大的行政单位。

三、公立学校低年级课程拓展活动丰富

为满足学生和家庭的需求，大多数提供初等教育第一阶段（一至四年级）教学的学校都设置了丰富的课程拓展活动，以供学生选择。课程拓展活动具有明显的娱乐性和文化性，形式多样，侧重体育、艺术、科技、英语学习，并涉及学校和社会、欧洲教育、慈善和志愿者等方面。以波尔图市的卡洛琳娜·米哈伊利斯学校集群为例，2019—2020 学年提供的课程拓展活动有体育、游戏、英语、音乐、舞蹈和戏剧。集团还明确规定了拓展活动每次时长 60 分钟，一二年级每周体育活动 3 次，游戏、音乐和戏剧活动各 2 次，英语 1 次；三四年级每周体育活动 3 次，音乐和舞蹈各 2 次，戏剧 1 次。[2]

葡萄牙教育和科学统计总局每学年都会对教育部下属的、位于葡萄牙大陆的公立学校进行一次课程拓展活动的相关调查，调查结果显示了拓展活动对于学校日常教育和培训的重要性。葡萄牙低年级课程拓展活动具有以下特点。

首先，课程拓展活动有较高的普及率。2020—2021 学年的调查结果 [3] 显

[1] Direção-Geral de Estatísticas da Educação e Ciência (DGEEC), Direção de Serviços de Estatísticas da Educação (DSEE), Divisão de Estatísticas dos Ensinos Básico e Secundário (DEEBS). Educação em números–Portugal 2021[Z]. Lisboa: DGEEC, 2021.

[2] 资料来源于卡洛琳娜·米哈伊利斯（Carolina Michaëlis）学校集团官网。

[3] 数据来源于葡萄牙教育和科学统计总局官网。

示，在 3 354 所提供第一阶段初等教育的学校中，只有 14 所（0.4%）学校未开设课程拓展活动；虽然课程拓展活动是非强制的，但 80.6% 的学生都选择了参与。2015—2021 年，99.5% 以上的大陆公立学校持续向学生提供丰富的课程拓展活动。具体情况见图 5.1。与前一学年相比，2020—2021 学年参加活动的学生数量突然减少了 5.4%，这与新冠疫情导致部分家长不愿意再让孩子参加非强制性的集体活动有关。

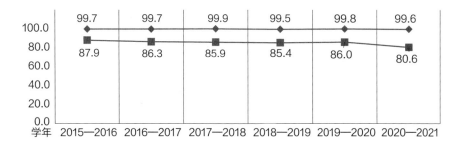

图 5.1 2015—2020 年葡萄牙初等教育第一阶段提供课外拓展活动学校
和参与学生比例（单位：%）

其次，学生对课程拓展活动的选择相对集中。排名前三的活动是体育（62.3%）、艺术（57.7%）和英语（16%），其他方面活动的选择率均低于12%。其中，学生选择英语的比例不高，部分原因在于从三年级开始英语已经被纳入课堂教学了。也正是出于这一原因，大部分三四年级学生投入到课程拓展活动中的时间为每周 3 小时，比一二年级学生少 2 个小时。

最后，多方协助推动开展课程拓展活动。从机构来看，市政府和学校集团是该活动的最主要推广者，此外还有社会慈善机构、父母和监护人协会、公司等。从人员投入来看，在 2020—2021 学年，拓展活动共获得 2 613名教师和 17 532 名技术人员的支持和参与，平均每周花费时间 2.4 小时和2.6 小时。

第三节 基础教育的挑战和对策

一、基础教育面临的挑战

（一）师资年龄结构失衡

这些年来，葡萄牙一直致力于大力普及义务教育，基础教育的师资队伍数量较为充足，学校、学生和教师的规模非常稳定。然而，师资队伍年龄结构存在着失衡的问题。

在葡萄牙基础教育中，以 2019—2020 学年为例，各阶段 50 岁及以上教师占比均在 40% 以上（见表 5.7），尤其是从五年级至十二年级，这一年龄段教师占比超过了 50%，意味着半数以上的教师都是教龄长且教学经验丰富，但他们可能存在教学观念陈旧、难以接受新事物等问题。而对比鲜明的是，各阶段 30 岁以下青年教师占比偏少，不足 2%，其中在初等教育第三阶段和中等教育阶段占比最低，这就有可能影响基础教育的效果。因此，只有通盘考虑师资队伍的年龄结构，才能更好地提高基础教育的教学质量。

表 5.7 2019—2020 学年葡萄牙基础教育不同年龄阶段教师人数占比 [1]

单位：%

年龄	初等教育第一阶段	初等教育第二阶段	初等教育第三阶段和中等教育
30 岁以下	1.5	1.9	1.2
50 岁及以上	41.3	56.7	53.8

[1] Direção-Geral de Estatísticas da Educação e Ciência (DGEEC), Direção de Serviços de Estatísticas da Educação (DSEE), Divisão de Estatísticas dos Ensinos Básico e Secundário (DEEBS). Educação em números - Portugal 2021[Z]. Lisboa: DGEEC, 2021.

（二）普通中等教育教学质量偏低

1. 留级率和辍学率高

辍学是一个复杂的社会问题，无论是其发生原因和方式，还是对社会和个人职业生涯造成的后果，都非常复杂。葡萄牙年轻人如果没有完成义务教育而辍学，其受教育水平和专业资格水平低，而过早地进入劳动力市场，不仅制约了个人的自我实现，也制约了社会经济的发展，加剧了社会不平等。

在跟踪观察了 2013—2018 年注册普通中等教育的学生后发现，到毕业（即第三年）时，平均约 60% 左右的学生完成了学业，约 10% 的学生转入其他形式的中等教育，而约 30% 左右的学生处于留级或辍学的状态（见表5.8）。高留级率和辍学率反映了普通中等教育的教学质量还有很大的提升空间。

表 5.8 2015—2020 年葡萄牙普通中等教育学生毕业情况 [1]

单位：%

学年	2015—2016	2016—2017	2017—2018	2018—2019	2019—2020
完成学业	57	60	约 59	约 62	69
转入其他形式	10	10	约 10	约 10	10
未完成	30	27	约 28	约 25	18
未注册	3	3	约 2	约 2	3

---

[1] Direção-Geral de Estatísticas da Educação e Ciência (DGEEC), Divisão de Estudos e de Gestão do Acesso a Dados para Investigação (DEGADI), ENGRÁCIA P(apuramento de dados e relatório), et al. Situação após 3 anos dos alunos que ingressam em cursos científico-humanísticos, 2019/20[Z]. Edição: Direção-Geral de Estatísticas da Educação e Ciência (DGEEC), 2021.

2．毕业统考成绩低

普通中等教育阶段结束后，学生除参加本校组织的考试外，还需参加全国性的考试，相对而言，后者的成绩更加客观、更具有比较意义。以2020 年全国中等教育毕业考试为例，考试共有 9 个科目，采取 20 分满分制。学生绝大多数科目的平均分都处于 13—14 分（相当于满分制的 65—70分），但几何和应用数学除外，平均分分别是 11.4 分和 9.6 分（相当于满分制的 57 分和 48 分）。此外，在大部分科目中，获得 9.5 分以上的学生比例都在 70%—90%，但生物和地质学（91%）及应用数学（50%）除外。[1]

二、基础教育的发展对策

（一）课程设置国际化

近年来，葡萄牙政府实施了一系列举措，旨在重新制定中小学教育的课程大纲，不仅广泛听取了民众意见，还非常欢迎来自欧盟的建议。葡萄牙制定课程大纲的官方指导性文件，其中包括《基于学生情况的"基本学习"建设的中小学教育课程大纲》《义务教育毕业生情况》《基本学习》（课程大纲的组成部分）等。总体来说，这些文件为葡萄牙义务教育阶段的课程组织和开发构建了新的框架，具有极强的参考性，是整个教育系统教学规划、发展和内外部评估的指导。

葡萄牙义务教育参考框架包括主要的国际准则和欧盟准则，并且列出

---

[1] Direção-Geral de Estatísticas da Educação e Ciência Divisão de Estudos e de Gestão do Acesso a Dados para Investigação (DEGADI), PEREIRA P(apuramento de dados e relatório), ABRANTES P& DUARTE J(relatório). Exames nacionais | principais indicadores-2020[Z]. Lisboa: Direção de Estatísticas da Educação e Ciência (DGEEC), 2021.

了葡萄牙初等教育和中等教育中与欧盟、联合国特别是联合国教科文组织和经合组织的联系和项目。在《义务教育毕业生情况》的序言中，也明确强调要参考国际上其他组织的相关资料，即欧盟、经合组织和联合国教科文组织的文件，以及其他国家的同类指导性文本。在《基于学生情况的"基本学习"建设的中小学教育课程大纲》的引言部分，指出在新千年伊始，国际上针对学生背景更加多样化的情况，为继续提高教育质量，进行了不同性质的课程变革，其指导思想是课程设置"二元论"，即在课程设置时要协调国家规定和学校自主权。上述官方文件都表明葡萄牙的课程政策是建立在国际视野之上的。

（二）创新性举措

为提高普通中小学教学质量，葡萄牙政府采取了一系列侧重发展学校自主性和创新性的举措，如实施国家阅读计划和成立活力科学国家科技文化社。

阅读是发展教育和文化的前提，也是获得多元化知识需掌握的基本技能，对于个人积极行使公民权和国家社会经济良性发展而言不可或缺。国家阅读计划计划于 2006 年首次提出，目标是在公立学校培养全体民众（尤其是年轻人）良好的阅读习惯。该计划提出后的前十年，年轻人的阅读能力得到了明显提升。为继续扩大这一成果，政府在 2017 年再次出台《2017—2027 年国家阅读计划战略框架》，旨在促进公民通过阅读和写作获得文化、科学和艺术知识，提高公民素质，从而最终推动国家民主，促进社会融合。对于义务教育阶段的学生来说，阅读对于其所有课程领域的影响都是非常重大的，是顺利完成学业的根本。对此，《2017—2027 年国家阅读计划战略框架》将在多个领域对阅读进行干预和支持，其中之一便是推崇快乐阅读，具体做法是推广阅读周、举办全国阅读比赛、针对不同年龄组拟定自主阅读指南、支持教学模式创新以增加创造性和趣味性。此外，《2017—2027 年国家阅读计划战略框架》还建议初等教育阶段的教师多围绕阅读和书籍开展活动，并给出了一系列活动指南。可以预见，《2017—2027年国家阅读计划战略框架》将进一步提高义务教育阶段学生的阅读和写作能力，有助于从整体上提高中小学教学质量。

1996 年 7 月 1 日，葡萄牙科技部开启了"活力科学"计划，活力科学国家科技文化社正是得名于此。1998 年，活力科学国家科技文化社成立，其成员包括公共机构和科学实验室。如今，活力科学国家科技文化社的使命是面向所有公民，特别是年轻一代和正在学校受教育的学生，推广科学文化，以包容性、好奇心、实验性、批判性思维、创造性、合作和分享为价值导向，在以下三个领域开展活动：针对民众的科普、"活力科学中心"互动科普空间、中小学科学实验教学。其中，中小学科学实验教学便是针对葡萄牙初等教育和中等教育的学生进行的，旨在提高其科学文化素养。目前，通过与活力科学国家科技文化社合作的若干国家研究实验室，学生可以参与欧洲和北非的暑期科普班，大大提高了学习积极性，从而有助于提高学习成绩，最终提高中小学教学质量。

第六章 高等教育

1986 年《教育体系基本法》第 11 条规定，葡萄牙高等教育包含大学教育和高等理工教育两大分支，旨在帮助学生打下牢固的科学文化基础，提供文化和技术培训，增强学生的创新精神，培养其批判性思维能力。该法律还规定，国家应当为公民接受高等教育创造条件，避免其由于经济和地区发展不平衡等因素影响学生入学，从而保障社会公平。

第一节 高等教育的发展和现状

一、高等教育的发展

在葡萄牙诞生一个世纪后，高等教育便开始萌芽了。1290 年，根据国王迪尼什一世签署、教皇尼古拉斯四世发布的文件"科学瑰宝"，葡萄牙综合研究学院在里斯本创建。该学院是葡萄牙最古老的大学——科英布拉大学——的前身，最初只有艺术、规范法、民法和医学专业。1308 年，学院被移至科英布拉，此后在两个城市间来回迁移，直至 1537 年，最终安营在科英布拉。科英布拉大学至今已拥有 730 余年历史，是欧洲和世界科学文化进步的重要见证者，2013 年被联合国教科文组织列为世界遗产。

埃武拉大学是葡萄牙成立的第二所大学。为了服务葡萄牙南部人民对高等教育的需求，在红衣主教恩里克的要求下，教皇保罗四世在 1559 年 4 月宣布同意建立一所新的大学，国王若昂三世选址在埃武拉。同年 11 月，埃武拉大学举行了开学典礼，主要教授哲学、道德、圣经、思辨神学、修辞学、语法和人文学科等科目，由耶稣会掌管，完全融入了欧洲天主教高等教育机构的框架中。建校两百年之际，由于当时的政治局势对耶稣会存有敌意并下令驱逐，埃武拉大学几经辗转，最终根据教育部长维加·西芒签署的法令，于 1973 年变成埃武拉大学学院。

私立高等教育始于 1967 年，葡萄牙天主教大学于 10 月 13 日由罗马教廷成立。葡萄牙天主教大学的第一个学院是设在布拉加的哲学院，实际上自 1947 年以来就一直在运行。1971 年 7 月 15 日，葡萄牙政府承认了这所大学。现被划为私立高等院校。

在 1974 年"四·二五革命"爆发前，葡萄牙经历了君主立宪、军事专政等多种体制，高等教育的发展步履缓慢。全国仅有 5 所大学，除葡萄牙天主教大学外，其他 4 所全部是公立院校，它们分别是科英布拉大学、里斯本大学、里斯本技术大学和波尔图大学。尽管根据 1973 年第 402/73 号法令的规定，葡萄牙将扩大公立高等教育网络，开办大学（里斯本新大学、阿威罗大学、米尼奥大学和埃武拉大学学院），创办若干理工学院（在科维良、雷阿尔城、法鲁、莱里亚、塞图巴尔、托马尔等地），但这些直到国家实现民主化之后才得以实现。[1]

"四·二五革命"结束了独裁政府 48 年的统治，葡萄牙迎来了民主化。随着民主化进程的加深，人民对公共产品和服务的需求日益增加，教育也不例外。民主政府为了回应民众对教育需求的爆炸性增长，开始对教育体

[1] CERDEIRA L. O Financiamento do ensino superior Português. A partilha de custos[D]. Coimbra: Almedina, 2009.

系进行重大变革，采取了一系列措施，其中在高等教育领域最突出的措施之一便是创建了一个新的高等教育分支——理工高等教育。自此，葡萄牙高等教育机构按教学内容分为大学和理工学院两大类，两条腿走路。在 20 世纪 70 年代中期，随着国家经济增长和社会发展，葡萄牙的高等教育规模快速扩大，大学教育网络开始扩张，理工学院网络也开始建立并逐步壮大，同时私立高等院校也在增加。短短几年间，葡萄牙新创建了 7 所大学和 1 所大学高等学院，并在 15 个区的首府成立了 15 所理工高等学院。

1960—1961 学年，高等教育入学人数仅为 24 149 人，而到 1970—1971 学年，这一数字上升到 49 461 人，1980—1981 学年，入学人数几乎又翻了一番，达到了 82 428 人（见表 6.1）。

表 6.1　1960—2016 年葡萄牙高等教育在学人数 [1]（按性质划分）

单位：人

学年	1960—1961	1970—1971	1980—1981	1990—1991	2000—2001	2010—2011	2015—2016
公立	21 927	46 172	74 599	135 350	273 530	314 032	290 363
私立	2 222	3 289	7 829	51 430	114 173	89 413	55 984
总数	24 149	49 461	82 428	186 780	387 703	403 445	346 347

数据显示，自 20 世纪 60 年代到 2010 年，高等教育注册人数不断增长，尤其是 20 世纪 80 年代到 2000 年，学生规模急剧扩大，这与高等教育向私营部门开放有关。1986 年葡萄牙颁布《教育体系基本法》，允许私人兴办高等院校，私立高等教育得到了极大扩张。与 1980—1981 学年相比，1990—1991 学年私立高校学生人数涨幅达到了 557%。

[1] CERDEIRA L, CABRITO B G, MUCHARREIRA P R. O crescimento do ensino superior no Portugal democrático: evolução da pós-graduação e da produção científica[J]. EccoS – Revista Científica, 2019, 51: 1-24.

　　然而，在 21 世纪 10 年代，葡萄牙民众对于教育的需求呈现出不可否认的下降趋势，如表 6.1 所示，2015—2016 学年在学人数较 2010—2011 学年相比有所减少。导致需求下降的主要原因有两个，一是人口危机，二是全球经济和金融危机。葡萄牙现在是欧洲老龄化问题最为严重的国家之一，出生率和生育率极低。受 2008 年开始的全球经济危机和金融危机影响，葡萄牙向国际货币机构请求援助，实施了强烈的紧缩性货币政策，导致公共投资大幅减少，公司破产，员工被解雇，最终结果是人民收入下降，从而影响了人民对于高等教育的内部需求。

　　葡萄牙民主政府在高等教育领域的另一项重大举措是于 1999 年通过了《博洛尼亚宣言》，并从 2006 年开始实施。该宣言旨在建立签署国间的学分转换系统（ECTS），以及按照《里斯本战略》的要求，促进和扩大欧洲高校学生的流动性。在通过《博洛尼亚宣言》前，葡萄牙的高等教育学制为：本科课程大部分专业是 4 或 5 年，有些专业（如医学、兽医学、农学、建筑学、法学）为 6 年或更久；专科课程，即理工学院提供的短期高等教育课程为 2 或 3 年；硕士课程 3 年；博士课程没有明确的修习期限。

　　2006 年，葡萄牙开始实施《博洛尼亚宣言》，专科课程已经被取消。随着《博洛尼亚宣言》的实施，葡萄牙高等教育体制发生了重大的框架性变化，被分为三个阶段：第一阶段，本科，学制 3—4 年，需修习 180—240 学分（每学年修 60 学分），授予本科文凭；第二阶段，硕士，学制 2 年，需修习 90—120 学分，授予硕士学位；第三阶段，博士，学制为 3 年或以上，完成学业后被授予博士学位。

　　在葡萄牙，从事心理学家、医生、律师、非高等教育的教师等职业的前提是在某一领域连续深入学习并获得硕士学位，取得"综合硕士学位"文凭，类似中国的本硕连读。其他职业则没有这种要求。本科生选择一个专业后，可以申请自己感兴趣的、不同学科的硕士课程，这样可以拓宽就业渠道，提高就业可能性。如果不想继续深造，本科毕业后也可以直接参加工作，只是近年来劳动力市场持续追求更高学历人才，本科毕业生普遍继续学习深造，硕士人数急剧增加。

综上所述，近年来葡萄牙做了大量工作以满足人民对教育的需求和国家对高素质劳动力的需求，目前葡萄牙的教育已接近欧洲最发达国家的水平。[1]

军事高等院校被划归为公立高等教育系统。葡萄牙的军事教育开始于1641年根据国王若昂四世的法令创办的"炮兵和中队课堂"，它被认为是"葡萄牙第一所训练军官的军事教育学校"。随后，在18世纪，葡萄牙先后创立了军事学院，工程师培训学校，炮兵训练学校，皇家防御工事、炮兵和设计学院，皇家贵族学院和皇家海军学院，这些院校都具备高等教育的特点。尤其是玛丽亚一世于1790年1月2日创建的"皇家防御工事、炮兵和设计学院"，被认为是"第一所培训葡萄牙陆军军官的军事高等学校"，旨在培养炮兵和工程军官（4年课程）、步兵和骑兵（3年课程）以及希望成为工程师的平民学生。[2]

1837年1月12日，在萨·达·班代拉侯爵的倡议下，皇家防御工事、炮兵和设计学院更名为陆军学校，该院校一直运行到1910年第一共和国建立才中断自己的使命。此后，陆军学校经过了多次更名：1911—1919年名为"战争学校"，在军队组织上采取民兵形式，为葡萄牙军队培养了大量干部，其学生赴法国和非洲参加了第一次世界大战；1919—1938年名为"军事学校"，这一时期恰好是两次世界大战之间的和平期，学校教授的内容受到一战后军事手段和军事科学演变的影响；1938—1959年再次更名为陆军学校，以当时的经济状况为基础，着力于缩短课程时间，进行更加实际的教学；1959年更名为军事学院，培养了众多英才，其中包括七位共和国总统和许多其他在国内和国外承担政治和军事职能的官员。

---

[1] CERDEIRA L, CABRITO B G, MUCHARREIRA P R. O crescimento do ensino superior no Portugal democrático: evolução da pós-graduação e da produção científica[J]. EccoS–Revista Científica, 2019, 51: 1-24.

[2] 资料来源于军事学院官网。

军事学院的发展史在某种程度上可以视作葡萄牙高等军事教育的演变史，从其各阶段的更名可以得知，影响葡萄牙高等军事教育的主要因素有政治、经济、社会、科技原因，以及特定的军事原因。

二、高等教育的现状

（一）基本情况

葡萄牙高等教育是一个二元系统，由大学教育和理工教育两大分支构成。大学教育的指导思想是促进知识的研究和创造，目的在于确保对学生进行扎实的科学训练，拓展其文化知识储备，提供技术培训，使学生能够从事专业和文化活动，发展设计、创新和批判性分析的能力。理工教育以应用研究和发展视角为指导，以理解和解决具体问题为目标，侧重于以专业为导向的高级技术培训，旨在提供更高水平的扎实的文化和技术教育，培养学生创新和批判性分析的能力，传授具有理论和实践性质的科学知识及其在专业活动中的应用。

为实施博洛尼亚进程，葡萄牙在 2005 年启动了教育体制框架法的改革进程，在学习阶段、流动机制和文凭等方面引入了欧洲学分转移系统。2006年，葡萄牙高等教育引入了三个学习阶段的架构，即学士学位（3—4 年）、硕士学位（2 年）和博士学位阶段，并自 2009—2010 学年开始全面实施。学士学位课程要求学生在 6—8 学期内修够 180—240 学分；硕士学位课程要求是 3—4 学期内修习 90—120 学分；博士学位学习时间没有统一规定，通常是 6—8 学期。在学士学位和硕士学位课程学习中，实行 20 分满分制，10 分为及格线。大学还提供本硕连读课程，学生需修习 300 学分才能获得"综合硕士"文凭。2014 年，葡萄牙还创建了一个不授予学术学位的高等教育学习阶段，称之为高等技术课程，学制 2 年，学分要求 120 分，与欧洲高等教育资格框架中规定的与第一阶段相关的短期学习阶段相对应。

葡萄牙高等教育机构享有科学、教学、文化和纪律自主权。科学自主权指的是各高等院校享有定义、规划、执行和研究本校科学活动的权力。教学自主权包括制订学习计划、确定课程对象、选择教学和评估方法、分配资源的权力。文化自主权指确定培训活动和文化活动方案的自由。纪律自主权指的是，如教职员工和学生有违纪行为，各高等院校有权根据法律法规对其进行惩罚。在这个大框架内，高等院校还可以自主规定各学习阶段的招生和修读要求、制订学习计划、设定发布学术文章的时间表等事项。

（二）实施机构

按照性质划分，葡萄牙高等教育的实施机构分为公立和私立高等院校两类。公立院校由国家机关及其设立的基金会开办，私立院校属于私营实体和合作办学。公立高等院校规模较大，平均学生数量约为 6 800 名，而私立高等院校的规模小很多，平均拥有约 920 名学生。阿伯塔大学成立于 1988 年，是专门提供远程教育的高等院校，与军事和警察高等教育机构一样，都属于公立高校网络。葡萄牙天主教大学被划归到私立高校。

葡萄牙高等教育的区域分布主要以全国城市网络为基础。最新数据显示，2020—2021 学年葡萄牙全国共有高校 288 所，约 94% 分布在大陆地区且集中在北部地区和里斯本（见表 6.2），约 6% 位于亚速尔和马德拉。按高校种类划分，大学和理工学院在全国高校数量中的占比分别为 43.4% 和 56.6%。具体而言，里斯本是唯一一个大学数量超过理工学院数量的地区；在阿尔加维、亚速尔和马德拉，大学与理工学院各占半壁江山；在北部、中部和阿连特茹地区，大学所占比重明显低于理工学院，其中以阿连特茹为最，大学占比仅为 21.1%。

表 6.2 2020—2021 学年葡萄牙（各地）高等教育机构一览 [1]（按类型划分）

单位：所

教育机构	总数	大学			理工学院		
		总数	公立	私立	总数	公立	私立
葡萄牙	288	125	84	41	163	103	60
大陆	272	117	76	41	155	97	58
北部	98	40	19	21	58	29	29
中部	52	16	12	4	36	32	4
里斯本	91	51	36	15	40	17	23
阿连特茹	19	4	4	—	15	14	1
阿尔加维	12	6	5	1	6	5	1
亚速尔行政区	8	4	4	—	4	4	—
马德拉行政区	8	4	4	—	4	2	2

　　2020—2021 学年，葡萄牙公立高校和私立高校数量在全国高等教育机构中的占比分别为 64.9% 和 35.1%，公立高校几乎是私立高校的两倍，说明葡萄牙大约三分之二的高校都是公立性质。具体到各地区而言，北部是全国唯一一个私立高校数量超过公立高校的地区，在全部 98 所高等教育机构中，公立和私立高校占比分别为 49% 和 51%；其他地区都是公立高校数量占据优势地位，尤其是亚速尔没有一所私立高校，公立院校占比为 100%。

（三）主管单位

　　在葡萄牙，高等教育机构由科学、技术与高等教育部管理。军事和警察高等教育机构比较特殊，主管部委除科学、技术与高等教育部以外，还

---

[1] 资料来源于葡萄牙教育和科学统计总局官网。

受国防部和内政部监管。

高等教育总局（DGES）隶属于科学、技术与高等教育部，负责设计、执行和协调高等教育方面的政策，其具体工作职责如下。①协助执行政府在高等教育机构网络的组织、入学和录取以及社会活动等方面的政策。在不影响高等教育机构自主权的情况下，执行政府的决定。②在不影响科学、技术与高等教育部下属其他机关单位权限的前提下，提供高等教育系统的相关信息。③主管与高等教育入学相关的活动。④在高等教育认证和评估过程中，给予相关机构必要的支持。⑤对用于高等教育的设施和设备的资质及数量进行监管。⑥对高等教育系统中的学习阶段和专业技术课程进行登记。⑦在不影响外交部和教育和科学部总秘书处权限的情况下，保障高等教育领域的国际关系和国际合作。⑧支持和促进葡萄牙高校的学生在欧洲范围内进行交流。⑨管理社会活动基金，编制高等教育社会活动的预算提案，并监督其执行情况。同时与教育和科学总监察局联系，评估高等教育社会活动服务的质量。⑩对私立高校提供的社会活动服务进行认可。⑪依法保管已关闭的高等教育机构的文件，不允许发布这些机构运作期间的相关文件。

在对高等教育机构及其学习阶段进行认证方面，高等教育评估和认证机构是其主管单位。该机构独立于政府和高等院校之外，旨在促进和确保葡萄牙高等教育的质量。该机构遵循法律规定的针对高等教育学位和教育评估方面的评价和认证标准，除了对新开办的学习阶段进行预认证外，还对已开办的学习阶段进行定期认证。

（四）报考

葡萄牙现行高等教育入学制度是根据1998年的法律建立的，中学毕业生若想在高校深造，共有三种不同类型的考试可以选择：若想报考私立高等院校，则选择私立高等院校自行举办的入学考试；若想学习某些特殊课程，则选择地方上举行的考试；若想进入公立高等院校，则选择参加全国性入学考试。

高等教育总局在每学年末组织全国性入学考试，分三个阶段进行，学生可以根据自己的需求申请考试阶段。国家高等教育入学委员会对整个过程进行指导与评估，并建立高等教育选拔和排序标准。各高等教育机构每年都要为各自的所有专业课程设定最低录取分数线和招生名额，并在《报考指南》中公布。考生最多可填报 6 个志愿，按照先后顺序排列，各高校按照志愿和分数降序录取。

（五）专业和师生人数

葡萄牙高等教育共分为以下十大教育和培训领域：教育，艺术和人文科学，社会科学、新闻学和信息，商学、行政和法律，自然科学、数学和统计学，信息和通信技术，工程、制造和建造，农业、林业、渔业和兽医科学，卫生和社会保护，服务。2020—2021 学年，最受青睐的前三个专业领域是商学、行政和法律（22.3%），工程、制造和建造（20.5%），卫生和社会保护（15.2%），一半以上的学生都选择了这三个领域。农业、林业、渔业和兽医科学是最乏人问津的专业，只有 2% 的学生修读。[1]

2016—2021 年，葡萄牙高等教育注册学生数呈现出轻微的上涨趋势，在 2020—2021 学年突破了 40 万人。整体而言，高等院校无论性质和种类，其注册学生人数都是稳中有升。以 2020—2021 学年的数据（见表 6.3）为例，全国高等教育注册学生 411 995 人，其中 81.3% 的学生都选择了公立高等院校，仅有 18.7% 的学生在私立高等院校就读。按照院校的种类划分，共有 261 299 名学生接受大学教育，150 696 名学生在理工学院就读，比例约为

---

[1] 资料来源于葡萄牙教育和科学统计总局官网。

1.73∶1，即 60% 以上的人选择进行系统的科学培训，40% 左右的学生参加以专业为导向的高级技术培训，大学教育更受欢迎。[1]

表 6.3 2016—2021 年葡萄牙高等教育注册学生数 [2]（按院校性质和种类划分）

单位：人

院校性质和种类	学年				
	2016—2017	2017—2018	2018—2019	2019—2020	2020—2021
公立	302 596	308 489	316 189	323 754	335 139
大学	192 201	195 199	199 388	202 188	208 227
理工学院	110 395	113 290	116 801	121 566	126 912
私立	59 347	64 264	69 058	73 155	76 856
大学	43 013	46 036	48 479	51 272	53 072
理工学院	16 334	18 228	20 579	21 883	23 784
总数	361 943	372 753	385 247	396 909	411 995

　　近年来，葡萄牙高校学生人数日趋增加，与之相应的是公立高校教师队伍也在逐渐扩大，而私立院校的教师人数虽有微小的波动，但几乎可以忽略不计。2016—2021 年，葡萄牙高等教育平均注册学生数为 385 769.4 名，教师数为 34 948.4 名，生师比约为 11.04。在高等教育阶段，虽然教师授课多以引导为主，但生师比越低，教师越能更好地照顾到学生的学习和研究。数据证明，葡萄牙高等教育的整体生师比较为理想。从院校种类的角度而言，理工学院的学科多注重实操，因此生师比越低越好。以 2020—2021 学年为例，葡萄牙全国理工学院共有学生 150 696 名，教师 14 039 名（见表6.4），生师比为 10.73。

[1] 资料来源于葡萄牙教育和科学统计总局官网。
[2] 资料来源于葡萄牙教育和科学统计总局官网。

此外，2020—2021 学年数据显示，全国高等院校教师平均年龄为 48 岁，男教师平均 49 岁，女教师平均 47 岁。

表 6.4 2016—2021 年葡萄牙高校教师人数[1]（按院校性质和种类划分）

单位：人

院校性质和种类	学年				
	2016—2017	2017—2018	2018—2019	2019—2020	2020—2021
公立	25 699	26 579	27 279	28 095	28 614
大学	15 914	16 390	16 653	17 170	17 622
理工学院	9 785	10 189	10 626	10 925	10 992
私立	7 461	7 648	8 004	7 454	7 859
大学	4 664	4 695	4 942	4 642	4 812
理工学院	2 797	2 953	3 062	2 812	3 047
总数	33 160	34 277	35 283	35 549	36 473

2019—2020 学年，葡萄牙全国高等教育共有 85 799 名学生取得学位，其中 81.4% 于公立院校取得学位，18.6% 于私立院校取得学位。与前一学年相比，新增 4 661 人取得学位，其中公立理工学院增长 7%，私立理工学院增长 9.2%，理工学院毕业生增长幅度更大。从地域分布来看，毕业生集中于里斯本（36.2%）、北部地区（34.6%）和中部地区（21.5%）。

按照学习阶段划分，2019—2020 学年本科、硕士和博士毕业生占当年毕业生总人数的比例分别为 61.6%、21.2% 和 2.3%。本科和硕士毕业人数最多的前三个专业领域是"商学、管理和法律""工程、制造和建造""卫生和社会保护"，博士毕业生人数最多的领域是"工程、制造和建造"和"自然科学、数学和统计学"。

---

[1] 资料来源于葡萄牙教育和科学统计总局官网。

（六）校历

葡萄牙高等院校每学年有 36—40 周的教学周，具体的教学和假期安排由各院校自主决定，因此没有统一的校历。通常情况下，各院校每学年分为两个学期，第一学期从 9 月第二周或第三周开始，到 12 月第二周或第三周结束；第二学期从 2 月第二周开始，到 5 月底结束。较长的节假日有 2 月底的狂欢节和 4 月中旬的复活节，分别休息 2—4 天和 7 天。考试时间由法律机构、科学技术委员会和教育委员会三者协商确定，第一学期通常在 12 月底到次年 2 月第一周间考试，第二学期在 6 月初至 7 月底进行考试。

第二节 高等教育的特点

随着葡萄牙高等教育的发展，私有化程度日益加深。

一、私立高等教育发展迅速

葡萄牙于 1986 年通过《教育体系基本法》，将高等教育面向私营部门开放。政府不再采取以前的做法，通过增加公立高等教育机构的招生名额来满足社会对高等教育的需求，而是改向私人资本开放，创建新的私立高等教育机构。之后的历任政府，虽然政治立场和意识形态各不相同，或保守或激进，但都延续了这一政策，使得高等教育私有化进程一直在加深。此外，世界银行也建议葡萄牙将高等教育私有化，社会上和政府内部也有一些声音认为公立高等教育的效率不如私立高等院校。因此，这部法律的通过可以说是对国际压力和国内压力的一种回应。自此之后，私立高等教育部门发展极为迅速，使得无法进入公立院校的学生就读高等教育的需求得到满足。短短几年间，有三分之一的高等教育学生就读于私立高等院校。[1]

二、公立高等教育私有化程度提高

占据绝对主力的公立高等教育也一直在提高其私有化程度。如前文所述，目前葡萄牙公立高等教育规模远远大于私立高等教育，公立高等院校数量约是私立高等院校数量的两倍，就读公立高校的学生数量是私立高校的五倍多。葡萄牙公立高等教育从来都不是无偿的，20 世纪 90 年代末，公立高等院校 95% 的经费来自国家预算拨款，其他收入则来自学生的学费。1944 年，政府规定公立高等院校学费不超过 1 200 埃斯库多（相当于 6 欧元），相当于葡萄牙民主共和国成立之前全国家庭年均收入的 8%。[2] 换句话说，这一费用比较高昂，导致公立高等教育成了精英阶层才能享受到的资源。1974 年"四·二五革命"后，新的政府规定国家最低工资标准为 3 300埃斯库多（相当于 16.5 欧元），此后年年调整，但学费并没有上涨，因此，公立高等院校学费逐渐变成象征性征收了。自 1994 年起，葡萄牙主管部委为公立高等教育划定学费范围，具体由各公立院校每年为其各个专业定价。学费不再是象征性收取，而是成为学生实实在在的一笔支出。1993—1994学年，主管部委设定的学费定价是 359—399 欧元，到 2018—2019 学年，上涨至 689—1 068 欧元。2019—2020 学年，出于高等教育扩招、减少家庭财政支出的原因，且迫于师生压力，学费被设定为 435.76—871.52 欧元。近几十年来，由于国家划拨给公立院校的预算急剧减少，公立高等院校积极寻

---

[1] CABRITO B G, CERDEIRA L, NASCIMENTO A, et al. O ensino superior em Portugal: democratização e a nova governação pública[J]. Revista educere et educare, 2020, 15(37): 1-31.

[2] CABRITO B. O financiamento do ensino superior universitário, em Portugal[J]. Educ. Soc., Campinas, 2004, 25, 88+977-996.

求私人资金。以 2017 年为例,国家拨款、学费和其他收入在全国公立高校经费中的占比分别是 58.4%、17.8% 和 23.7%。与 20 世纪 90 年代末相比,国家拨款占公立高等院校的比例大大降低。2009 年 7 月,公立高等院校波尔图大学、阿威罗大学和里斯本大学学院转变为基于基金会制度的大学。基金会制度是指,根据校长或理事会主席的合理提议,经理事会及其绝对多数成员批准,公立高等教育机构可要求政府根据法律将其转变为公共基金会。综上所述,从向私人征收学费到院校向基金会制度转变,葡萄牙公立高等教育的私有化程度也在一步步加深。

葡萄牙高等教育的私有化有利有弊。一方面,在公立高等院校招生名额有限的情况下,私立高等教育是很好的补充,并且私有化可以促进公立和私立高等院校之间的竞争,从而使学生能以更低的成本接受教育服务,促使机构竞相提高各自的教育质量。另一方面,私有化有可能导致高等教育机构对市场产生依赖,受到私人资本更多的干预,影响到高等院校的自主性。不过,只要国家仍在投资,葡萄牙的公立高等教育就不可能完全私有化,当下要做的是把握好尺度,以便更好地推动高等教育的整体发展。

第三节 高等教育的挑战和对策

一、高等教育面临的挑战

(一)人口压力大,仍需扩大高等教育的社会基础和渗透率

科学、技术与高等教育部部长曼努埃尔·埃多在 2019 年谈及 2030 年的高等教育时指出,如今葡萄牙的 18 岁人口约 12 万,而只有约半数能进入到

高等教育系统进行深造。为了进一步提高国民素质，需要国家和私营部门继续共同努力，扩大高等教育的渗透率。

此外，接受高等教育能够帮助个人在就业市场获得相对优势，也能为国家和社会带来更多的经济效益，因此葡萄牙仍需扩大高等教育的社会基础，降低贫困学生家庭的成本，并向其提供更多的社会支持。然而，知识属于公共产品，高等教育的费用除由社会和所有纳税人分担外，其大部分支出还得逐步转移给高等教育的主要受益者，即毕业生本人和雇主。[1] 高等教育的最大受益者是学生，即教育投资的个人回报率高于社会回报率，那么按照用户付费的逻辑，学生必须为其获得的服务付费。学生付费可以提高学生的责任感，促使他们更快完成学业，更快让自己的"投资"收到回报，还可以提高学生对机构以及整个高等教育系统的参与权，他们有权要求获得更好质量的教育。因此，政府需要重新思考高等教育机构的财务可持续性，调整其经费结构。

（二）面对数字化趋势，需提高教学过程的现代化

当今社会数字化进程逐渐加快，高等教育的教学实践也应当向数字化转型。换句话说，高等教育机构在对预科、本科和研究生进行教学和提供课内环境方面，尤其要具备专业化和多样化。

经合组织专家 2018 年对葡萄牙的评估结果显示，葡萄牙高等教育学生群体是欧洲最年轻的高等教育学生群体之一，平均年龄为 25 岁，北欧一些国家这一年龄为 41 岁。因此，高等院校还大有可为，但需要更加多样化，提供更多的机会，例如技能再培训等。其中，最重要的是高等院校专业化，即使学生可以获得极大的技能提升，以此来吸引新的学生，尤其是成年人，使人们更能够进行终身学习。

---

[1] HEITOR M, HORTA H. Democratizing higher education and access to science: the Portuguese reform 2006—2010[J]. Higher education policy, 2014, 27: 239-257.

随着数字化进程的加深，人们社会生活的方方面面都与数字化相关，未来的工作也不会独立存在于这一趋势之外。一方面，移动互联网无处不在，另一方面，大数据分析和人工智能越来越大众化，新的网络计算技术被广泛应用，这就逼迫高等教育机构在多元化和专业化的框架内实现教学过程的现代化，促进高等教育向数字化的转型。

二、高等教育的发展对策

（一）帮助贫困学生是实现社会公平和提高高等教育渗透率的重要举措

为此，葡萄牙政府已提出若干解决措施：制定具体的政策，为经济困难较大的学生提供更多社会支持，以保证他们能够接受高等教育；当学生无法在居住地所在地区的高等教育机构深造时，为其创造条件，帮助他们迁移到其他有高等教育名额的、较远的地区；设立优惠信贷额度，使得年轻人在接受高等教育时无须顾虑经济因素；向全体年轻人发放教育支票或代金券，以便他们选择理想的高等教育机构。例如，葡萄牙于2018年启动了国家高等教育学生住宿计划，这无疑帮助了经济困难较大的学生。该计划旨在为高等教育学生配备足够的床位，翻新和建设学生宿舍，在2019—2022年创造约12 000张新床位，预计十年内学生宿舍数量将翻一番。项目集高等教育总局、房地产投资基金管理公司、地方政府和高等教育机构之合力，由住建所跟进其实施，并且每年都在高等教育总局网站更新计划执行情况。目前，除学校宿舍向学生提供床位外，地方政府还与青年旅社、当地民宿和酒店通过签订协议的方式增加床位数量。

（二）提升高等教育国际化水平

高等教育与研究和创新密切相关，葡萄牙一直在参与欧盟的创新研究计划，目前已经完成"地平线 2020"计划，加入了"欧洲地平线"计划，一定程度上推动了本国高等教育向更高水平发展。

"地平线 2020"是欧盟的研究与创新框架计划，专门用于支持研究、创新和示范项目，于 2014—2020 年实施，总预算超过 770 亿欧元。各项目需进行竞争性投标，通过独立的评估后，中标项目将获得财政支持。"地平线2020"计划主要设立了三大支持领域，即卓越科学、行业领先、社会性挑战，分别约占总预算的 32%、22%、39%。除了这三大领域外，其他如卓越传播等占了约 6% 的份额。

"欧洲地平线"是欧盟新的研究与创新框架计划，实施时间是 2021—2027 年，旨在加强欧盟的科学和技术基础，特别是通过开发解决方案来实现某些优先事项，例如生态和数字化转型。这一计划是"地平线 2020"的延续，预算为 955 亿欧元，支持的三大领域是卓越科学、全球挑战与欧洲工业竞争力、创新欧洲。

葡萄牙是欧洲在大西洋上的窗口，在欧洲与非洲、欧洲与拉丁美洲的关系发展中拥有独特的优势。葡萄牙高等教育的国际化不仅着眼于在欧洲，还着眼于全球；不仅仅鼓励人才引进和流动，更包括联合机构的发展，联合招聘研究人员以及联合承担国际项目。正是基于这种考虑，葡萄牙于2018 年提出"葡萄牙全球科技伙伴关系"（Go Portugal）倡议，目标之一便是促进学生、教师、研究人员和非教学人员的国际流动，深化葡萄牙学术、科学、技术和创新能力的国际化，以最佳国际实践为标杆，创新研究方法。自 2006 年以来，葡萄牙重点与美国的机构开展国际合作，通过创新项目和高素质人力资源的流动，促进了国家科学和高等教育机构的国际化。这些合作涉及 1 000 多名教职员工和研究人员，1 500 多名硕士和博士生。[1] 葡萄牙计划通过 Go Portugal 倡议，在 2018—2023 年加强和开拓国际合作伙伴关系，为高等教育学生和研究人员打开新的大门。

---

[1] 资料来源于葡萄牙科学和技术基金会官网。

第七章　职业教育

　　根据葡萄牙共和国《宪法》的规定，国家的职责就是为劳动力提供职业培训，从而帮助他们更好地去行使其工作的权利。葡萄牙现行的《教育体系基本法》规定，职业培训旨在促进学生通过习得专业的知识和技能，积极地融入劳动市场，以适应国家发展和科学进步的需求。

　　"国家应强调职业教育和培训的中心地位，这不仅由于其在知识三角中的决定性地位——连接着研究和创新，还因为职业教育在加强一体化和社会凝聚力，增进公民态度和推动公民实践，以及在欧洲范围内传播和深化多元文化与多语主义的活力等更广泛的内容的过程中发挥着决定性的作用。"[1]

---

　　[1] AFONSO M, FERREIRA F. O Sistema de educação e formação profissional em Portugal[M]. Luxemburgo: Serviço das Publicações Oficiais das Comunidades Europeias, 2007: prefácio.

第一节 职业教育的发展和现状

一、职业教育的发展

（一）技术教育的出现

随着对振兴和发展民族工业关注的提高，1948 年葡萄牙颁布了有关技术教育的的法令。法令的颁布，为葡萄牙 3 年义务教育引入了 2 年的预科阶段，并且不限制受教育者的性别。尽管其目的仍是服务初等教育，但已具备专业培训的特点。预科阶段结束后，后续有三—四年的商业和工业课程。此外，还为女性设立了专门培训，内容限于"家务管理"。直到 1960 年之后，葡萄牙女性才被允许进入普通高中学习。[1]

20 世纪 50 年代，教育整体受到社会各界重视。这一时期，由于国家对工人受教育权的承认，技术教育的需求增长，技术课程的发展也成为关注的焦点，尤其是在金属和电气行业。尽管如此，技术课程的扩展远未达到最佳状态，接受技术教育的学生数量刚过同年龄段学生总数的四分之一。在当时萨拉查的统治时期，技术教育整体上不被看好，被广泛认为是提供给贫困和弱势人群的。这一现象持续到 1974 年。

（二）维加·西芒改革

20 世纪 70 年代初，葡萄牙教育部部长维加·西芒推行教育改革，国家试图通过发展教育来实现现代化。1971 年，葡萄牙颁布法令，旨在实现教

---

[1] NÓVOA A, SANTA-CLARA A T. Liceus de Portugal: histórias, arquivos, memórias[M]. Porto: ASA, 2003: 42.

育民主化，保障机会均等，寻求技术教育和中等教育的平等。

随着维加·西芒改革的推进，初等义务教育的年限从 6 年提高到 8 年（4 年小学教育和 4 年预科教育）。中等教育包括另外 2 个 4 年（内含 2 个普通课程和 2 个补充课程）。高等教育的年限可长可短，可包括研究生教育。职业教育的对象需完成初等义务教育或中等教育的普通课程或补充课程。

（三）1974 年革命后

1974 年"四·二五革命"后，商业和工业教育都被视为法西斯主义的产物，而通识教育被理解为公民文化形成的保障。这一时期，中学教育（普通教育）成为制度化的教育模式，其中包含商业和工业课程。除了仍具有技术教育特点的夜校教育，技术教育几乎被完全废除。

（四）塞亚布拉改革

葡萄牙在加入欧洲共同体之前，在教育方面远达不到欧洲的要求，这成为 1983 年改革的主要动力。1983 年 10 月 21 日，葡萄牙颁布法令，要求通过教育模式多样化来振兴教育，并重新启动职业技术教育。根据 1983 年出台的中等教育年限表，高中阶段立即引入职业技术实践课程。中学教育课程分为 4 类：普通课程、职业技术课程（第十、十一和十二学年）、专业课程（第十学年，之后为学徒制）、夜校形式的补充课程（第十和十一学年）。在改革的推动下，新教学方向的确立不仅动员了大批学生，还调动了公司、协调委员会、教育部、劳动部、高等教育机构和技术教育地方委员会发展职业技术教育的积极性。

然而，1983 年改革并未获得真正意义上的成功。这一方面是因为 20 世纪 80 年代爆发的经济危机以及紧随其后的大规模失业，另一方面是由于职业教育文凭在葡萄牙的承认度低，常规教育和继续教育更受国人的重视。

（五）中等职业教育子系统和职业教育框架的确立

随着葡萄牙加入欧洲共同体，葡萄牙的职业教育发生了积极变化。在20世纪的最后20年里，葡萄牙参加职业教育的学生数量显著增加，这要归功于欧洲共同体的一系列政治改革和激励措施。1989年，根据《教育体系基本法》第19条，葡萄牙通过创办（公立和私立）三级职业学校，建立了中等职业教育的子系统。1991年，葡萄牙政府颁布政令，规定了职业教育和培训由葡萄牙教育部和劳动部共同领导和负责。20世纪90年代以来，葡萄牙政府进一步增加了对职业教育的投资，细化并完善了相关的培训制度，以支持职业教育和培训的多元化发展和质量提高。1998年，葡萄牙政府制定了"私立与合作"职业学校和公立学校的相关规定，有力地稳定了职业学校的发展。

二、职业教育的现状

（一）学制和入学年龄

葡萄牙职业教育的兴起始于18世纪，现为葡萄牙教育体制的重要组成部分，主要分为初等职业教育、中等职业教育、高中后职业教育和高等职业教育四个学历教育层次，此外还有成人职业教育。葡萄牙初等职业教育面向的群体是葡萄牙初等教育的高年级学生，即初中生，学业课程除社会文化类、科学技术类的课程外，还包括实践课程。葡萄牙中等职业学校的学制同葡萄牙普通中学一样为3年，面向的群体是葡萄牙初等教育的毕业生，学生毕业后可获得中等职业教育学历文凭和欧盟国家统一标准的三级职业证书，可选择直接进入劳动力市场或升入高等教育继续深造。高中后职业教育为中等教育毕业生提供技术专业课程，学制为2—3学期，毕业后学生可通过专门录取程序进入高等教育或直接就业。葡萄牙高等职业院校的学制一般为2—3年，其设立类似于中国的高职大专院校。成人职业教育也是成人教育的一部分，分为成人教育培训课程和模块认证培训。取得职业证书的成年人或已有工作经验的未成年人可参加成人教育培训课程，课程修习的年限为1—3年。未完成初等教育或中等教育的成年人或已有工作经验的未成年人可接受模块认证培训。根据葡萄牙《教育体系基本法》，受教育者在成功完成一个职业培训模块或课程后有权获得相应的证书。

在葡萄牙，尽管独立设置的职业中学就有200多所，但普通中学仍有多达17门的职业教育课程。目前，葡萄牙中等职业学校的数量要多于高等职业院校。

（二）职业技术教育机构及其培训领域

葡萄牙国家资格认证体系内的职业教育和职业培训经营者包括：公立初高中、公立和私立职业学校、承认公共利益的私立与合作办学机构、就业和职业培训中心直接管理和协议管理下的专业培训和专业康复中心、受公法管辖的其他法人培训实体（如旅游局直属的酒店旅游管理学校、经济部管辖的技术学校）、私营部门认证的培训实体、为工人提供培训的企业和其他组织等。[1]

在上述职业教育和培训经营主体中，公立和私立职业学校是葡萄牙职业教育开展的重心。相较于在普通初高中里开设职业课程作为基础课程的补充，职业技术学校的模式在职业教学上更具有专业性。职业学校的教

---

[1] 资料来源于葡萄牙就业和劳工关系总局官网。

学重点在于培养学生的职业性和提高学生多种技能方面的实践能力。较之普通初高中，职业学校和社会企业的结合更为紧密，更擅长将青年的职业才能与工作环境相联系，也因此更能为青年学生提供较好的实习场地和环境。

目前，共有超过 200 所的职业学校遍布葡萄牙各地。其中，葡北部工业发达地区设立的职业学校较多，约占全国的 34%，首都里斯本地区的职业学校约占全国总数的 20%。表 7.1 显示了 2019—2020 学年葡萄牙各地区设立的职业学校数目。

表 7.1 2019—2020 学年葡萄牙各地区职业学校数量 [1]

单位：所

类型	总计	葡萄牙大陆						亚速尔群岛	马德拉群岛
		总数	北部	中部	里斯本大区	阿连特茹	阿尔加维		
公立	34	30	11	7	5	4	3	1	3
私立	228	207	80	58	50	15	4	17	4
总计	262	237	91	65	55	19	7	18	7

职业学校开设的专业和课程紧密结合地方的经济发展情况，其教育计划也随当地的就业市场情况而变化。表 7.2 是 2019—2020 学年葡萄牙以地域为单位按照教育机构类型以及教育和培训领域统计的入学学生人数。

---

[1] 数据来源于葡萄牙教育和科学统计总局官网。

表 7.2 2019—2020 学年葡萄牙以地域为单位，按照教育机构类型以及教育和培训领域划分的入学学生人数 [1]

单位：人

机构类型和教育培训领域	总计	葡萄牙大陆						亚速尔群岛	马德拉群岛
		总计	北部	中部	里斯本大区	阿连特茹	阿尔加维		
公立和私立	116 305	110 549	40 709	26 775	30 161	7 352	5 552	2 731	3 025
艺术	14 184	13 752	5 586	2 936	3 966	602	662	88	344
人文	107	93	21	—	72	—	—	14	
新闻	8	—						8	
企业学	13 674	12 901	5 640	2 601	3 619	5 92	449	486	287
法律	414	414	131	167	116	—	—	—	—
信息技术	16 179	15 421	5 334	3 541	5 021	794	731	355	403
工程技术	16 068	15 578	6 712	5 078	2 370	966	452	253	237
制造业	1 391	1 303	741	212	257	54	39	71	17
土木工程	111	81	10	20	51	—	—	30	—
农牧渔	1 979	1 862	566	576	173	520	27	117	
健康	7 326	7 055	3 310	1 609	1 465	466	205	136	135
社会服务	7 450	7 193	1 854	1 513	2 630	755	441	160	97
个人业务	36 519	34 035	10 726	8 363	10 031	2 518	2 397	986	1 498
交通	124	124	—	—	124	—	—	—	—

[1] 数据来源于葡萄牙教育和科学统计总局官网。

机构类型和教育培训领域	总计	葡萄牙大陆						亚速尔群岛	马德拉群岛
		总计	北部	中部	里斯本大区	阿连特茹	阿尔加维		
环境保护	214	180	23	24	101	32	—	27	7
安保服务	557	557	55	135	165	53	149	—	—
公立	69 079	66 357	24 580	14 985	17 239	4 341	5 212	814	1 908
艺术	7 366	7 050	2 822	1 628	1 624	382	594	11	305
人文	46	46	21	—	25	—	—	—	—
新闻	8	—	—	—	—	—	—	8	—
企业学	6 979	6 646	2 725	1 440	1 895	237	349	145	188
法律	124	124	73	28	23	—	—	—	—
信息技术	11 696	11 277	4 031	2 486	3 549	497	714	124	295
工程技术	9 038	8 795	4 154	2 622	1 229	338	452	110	133
制造业	459	442	125	142	82	54	39		17
土木工程	15	15	—	—	15	—	—	—	—
农牧渔	1 537	1 514	557	349	127	454	27	23	—
健康	4 743	4 609	2 385	894	872	253	205	41	93
社会服务	3 955	3 895	1 051	802	1 250	431	361	28	32
个人业务	22 640	21 505	6 636	4 522	6 415	1 610	2 322	297	838
交通	12	12	—	—	12	—	—	—	—

续表

机构类型和教育培训领域	总计	葡萄牙大陆						亚速尔群岛	马德拉群岛
		总计	北部	中部	里斯本大区	阿连特茹	阿尔加维		
环境保护	134	100	—	6	62	32	—	27	7
安保服务	327	327	—	66	59	53	149	—	—
公办私立	2 554	1 437	272	1 146	—	19	—	—	1 117
艺术	324	285	67	218	—	—	—	—	39
人文	—	—	—	—	—	—	—	—	—
新闻	—	—	—	—	—	—	—	—	—
企业学	330	231	67	145	—	19	—	—	99
法律	9	9	—	9	—	—	—	—	—
信息技术	285	177	—	177	—	—	—	—	108
工程技术	381	277	96	181	—	—	—	—	104
制造业	—	—	—	—	—	—	—	—	—
土木工程	—	—	—	—	—	—	—	—	—
农牧渔	—	—	—	—	—	—	—	—	—
健康	50	8	—	8	—	—	—	—	42
社会服务	138	73	42	31	—	—	—	—	65
个人业务	1 037	377	—	377	—	—	—	—	660

续表

机构类型和教育培训领域	总计	葡萄牙大陆						亚速尔群岛	马德拉群岛
		总计	北部	中部	里斯本大区	阿连特茹	阿尔加维		
交通	—	—	—	—	—	—	—	—	—
环境保护	—	—	—	—	—	—	—	—	—
安保服务	—	—	—	—	—	—	—	—	—
私立	44 672	42 755	15 857	10 644	12 922	2 992	340	1 917	—
艺术	6 494	6 417	2 697	1 090	2 342	220	68	77	—
人文	61	47	—	—	47			14	
新闻	—	—							
企业学	6 365	6 024	2 848	1 016	1 724	336	100	341	
法律	281	281	58	130	93	—	—	—	—
信息技术	4 198	3 967	1 303	878	1 472	297	17	231	—
工程技术	6 649	6 506	2 462	2 275	1 141	628	—	143	—
制造业	932	861	616	70	175	—	—	71	—
土木工程	96	66	10	20	36	—	—	30	—
农牧渔	442	348	9	227	46	66	—	94	—
健康	2 533	2 438	925	707	593	213	—	95	—
社会服务	3 357	3 225	761	680	1 380	324	80	132	—
个人业务	12 842	12 153	4 090	3 464	3 616	908	75	689	—
交通	112	112	—	—	112	—	—	—	—

161

续表

机构类型和教育培训领域	总计	葡萄牙大陆						亚速尔群岛	马德拉群岛
		总计	北部	中部	里斯本大区	阿连特茹	阿尔加维		
环境保护	80	80	23	18	39	—	—	—	—
安保服务	230	230	55	69	106	—	—	—	—

从表 7.2 各地域的相关数据可以看出，学生注册人数最多的课程同当地的特色经济或支柱产业有着明显的统一性。比如注册信息技术和工程技术的学生中来自北部的比例众多，而注册农业和畜牧业生产课程的学生中多数是阿连特茹地区的。这反映出职业培训的课程设置和所处地区的需求紧密相关，学校开设哪些职业技术课程是根据市场需求精心挑选的。

根据葡萄牙就业和劳工关系总局提供的表 7.3 所示，葡萄牙职业教育中最受欢迎的五大领域依次为：信息技术、酒店餐饮、视听与媒体制作、旅游休闲、商贸。

表 7.3 葡萄牙职业教育中最受欢迎的五大领域

领域	注册学生数量（人）	百分比（%）
信息技术	13 640	12.91
酒店餐饮	13 307	12.59
视听与媒体制作	11 023	10.43
旅游休闲	9 089	8.60
商贸	6 782	6.42

（三）注册学生数

自 1989 年葡萄牙创建第一所职业技术学校以来，学校的招生数一直保持上升趋势。据统计，2019—2020 学年注册葡萄牙中等职业学校的人数达 49 692 人。表 7.4 显示了葡萄牙 2019—2020 学年公立和私立职业学校的具体学生数。

表 7.4 2019—2020 学年葡萄牙公立和私立职业学校学生数

单位：人

	总数	初等职业教育 [1]				中等职业教育	高中后职业教育
		总数	第一阶段	第二阶段	第三阶段		
职业学校	49 692	4 444	—	—	4 444	43 923	1 325
公立	5 164	411	—	—	411	3 469	1 284
私立	44 528	4 033	—	—	4 033	40 454	41

2018—2019 学年，约有 20% 的学生参加了中等教育课程，（大部分职业教育课程都在这个教育层次。）如图 7.1 所示。

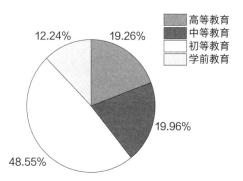

图 7.1 2018—2019 学年葡萄牙不同教育层次注册的学生数占比 [2]

---

[1] 初等教育的第三阶段包括七至九年级，相当于中国的初中阶段。

[2] 资料来源于葡萄牙教育和科学统计总局官网，高中后教育的注册人数占比不到 0.5%。

葡萄牙教育和科学统计总局的数据显示，2018—2019 学年，约有 40% 的高中学生参加了职业教育和培训课程。而在这些职业培训课程中，最受欢迎的四个领域分别是：个人服务（30.7%）、工程技术（13.9%）、信息技术（13.8%）、艺术（12.6%）。[1]

此外，约 5.8% 的高中学生选择了学徒制。其余的职业教育课程在职教系统中地位相对边缘。通常情况下，除了专门的艺术课程外，参加职业教育和培训的学生以男性居多（约为 59.1%）。[2]

（四）教师

葡萄牙职业教育培训的教师和培训人员组成是：职教教师、培训师、公司的培训师（或称导师）、技术指导和技术认证师。[3]

葡萄牙的职教教师应为高等教育初级阶段教师培训课程的毕业生，需取得教师培训课程和教育科学课程的毕业证书。教师培训课程和教育科学课程的学习者必须通过知识和技能考试并进行实习。公共部门的教师要根据学历和专业经验在全国范围内进行公开招聘。自 2014 年起，新入职的职教教师需获硕士学位。

培训师为国家资格认证体系认证的工作人员。对培训师的初步教学培训是强制性的，培训时长至少为 90 小时。培训包括多个模块，每一模块持续时长在 10 小时以上，可供候选人灵活选择。成为培训师的要求是：获得初步教学培训证书和硕士学位证书；或至少取得同等学力，以及在相关领域获得 5 年专业经验。培训师也可以教授职业教育培训课程的社会文化和科学部分，只要他们拥有同职教教师相同的学历资质。

---

[1] 资料来源于葡萄牙教育和科学统计总局官网。

[2] 资料来源于葡萄牙教育和科学统计总局官网。

[3] CEDEFOP. O sistema de educação e formação profissional em Portugal: descrição sumária[M]. Luxemburgo: Serviço das Publicações, 2021: 48.

公司的培训师（导师）多为公司的员工。公司以专业和教学能力来选定培训师。培训师应为每个学员设计个人活动计划，支持学员融入工作环境，评估学员是否达到预期学习成果，并与相关职业教育培训机构合作。培训师可以通过技能认证程序来证明他们获得的教学技能。

技术指导和技术认证师，主要负责技能认证程序，包括接待学员、初步诊断、信息提供和指导，以及向学员建议最合适的培训课程。他们必须具备以下领域之一的高等教育学位和经验：不同模式下对年轻人或成年人的培训追踪；学校或职业指导；成人教育和培训方法；为残障人士提供适合的工作。

第二节 职业教育的特点

一、与欧洲资格框架接轨

加入欧盟后，葡萄牙在教育政策方面进行反思，向其他欧盟成员国学习。在历次教育和教育系统的改革和结构调整的过程中，葡萄牙不断强化"工作是学习的一个重要方面"的意识。

2008年，欧洲理事会和欧洲议会通过了欧洲资格框架。该框架强调学习结果而非学习时限等学习投入方面的内容，并在此基础上将学习结果分为"知识""技能"和"能力"三个维度，进一步设计了一套含有8级定性描述指标的共同和中立的参照系，囊括了从义务教育结束后到接受最高层次的学术与专业教育和培训的全过程所能获得的所有资格。欧盟各成员国根据本国的立法和实践建立属于本国的国家资格框架，同时以透明的方式参照欧洲资格框架设定层次，从而实现在2010年前将本国的国家资格框架与欧洲资格框架对接。2009年7月，葡萄牙将欧洲资格框架的等级制移植到本国，制定了葡萄牙国家资格框架。葡萄牙国家资格框架将欧盟建议的"能力"概念取代为"态度"，旨在提高葡萄牙人口资格水平的评价质量，促进欧洲人才的跨国流动。

在此背景下，葡萄牙推出了国家资格认证体系，并于2017年更新，大大推动了葡萄牙的职业培训发展。该认证体系汇总了葡萄牙现有的资格认证子系统，提高了资格认证的质量，促进了劳动力市场的准入和发展。葡萄牙国家资格认证体系中的职教课程可获得双重认证：学校认证和职业认证，其主要目标是：促进中等教育作为最低资格水平的普及；支持个人的教育和专业发展；使职业教育和培训课程适应劳动力市场的需要；使职业教育和培训更具有适应性和灵活性，以实现终身教育；促进技能认证进程；促进机会平等，支持弱势群体的融入。

二、政府和公共部门支持力度大

在葡萄牙国家资格认证体系框架下，葡萄牙职业教育和培训现由以下机构协调领导：全国职业学校协会、教育总局、就业和劳动关系总局、就业和职业培训委员会、负责资助职业教育和培训政策的机构、部门资格认证委员会、成人资格认证中心（由全国职业学校协会监督）、小学和中学教育机构（由学校机构管理总局监督）、职业培训中心（由就业和职业培训委员会监督）、职业卓越中心和认证培训机构等。

葡萄牙政府是葡萄牙职业教育管理的最高机构。葡萄牙教育部的主要职责之一是负责职业教育和培训的。葡萄牙教育部规定职业学校的学制、质量，并提供一定的经费。教育部有责任保证和促进各种职业学校的稳定性和正常发展，有权在全国范围内协调和干预职业学校统筹设点的问题，并且有责任对职业学校进行教育评估。与此同时，劳动、团结和社会保障部主要负责劳工市场的培训，实施积极的劳动力市场政策，并开展学徒制和职业继续教育培训课程。此外，其他部门在促进职业教育培训的工作中也发挥着各自的作用，使各部门合作部分的资格证书问题得以有效解决。

全国职业学校协会由教育部及劳动、团结和社会保障部共同监督，与就业和职业培训委员会共同负责执行职业教育和培训政策。在地方层面，地区当局执行相应的职业教育政策，监督地方教育机构：成人资格认证中心、基础和中等教育机构、职业培训中心。葡萄牙学校机构管理总局负责学校的管理，包括提供职业教育和培训课程的学校，并推动区域行政措施的实施。葡萄牙职业教育和培训管理机构体系如图 7.2 所示。

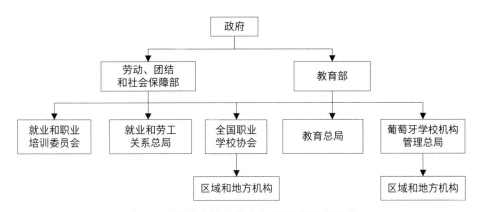

图 7.2 葡萄牙职业教育和培训的管理结构

第三节 职业教育的挑战和对策

一、职业教育面临的挑战

与其他欧盟国家相比，葡萄牙职业教育发展的历史较短，因而不可避免地存在一些问题，如在财政经费、生源群体和培养模式等方面面临着不同程度的挑战，其中列入政策议程的优先议题有：提高终身学习的参与度；引入新的教学方法和多样化的职教课程，提供基于技能的资格认证，实现职教的现代化；使职教符合劳动力市场的需求；对弱势群体（包括未完成中等教育的人）进行再培训提高其技能。尽管自 2010 年起，在葡萄牙政府的干预下，过早辍学现象已得到显著改善，但仍是葡萄牙社会倍加关注的问题。葡萄牙政府特别关注因数字经济引发的劳动力市场的深刻变革，试图通过发展数字化来提高人口的就业能力和职业资格，以支持经济的发展。

2020 年以后，新冠肺炎疫情对社会经济的负面影响是显而易见的，占比较大（约 50%）的只拥有低等级资格认证的劳动力成为制约葡萄牙经济增长的重要阻碍因素。在此背景下，如何重新培养和提高个人技能成为葡萄牙社会的一大重要课题。

二、职业教育的发展对策

（一）经济上对受教育者和企业给予支持

包容性职业技术教育和机会平等是葡萄牙职业教育和培训体系的核心要素，其目的在于消除社会弱势群体或经济条件不佳的公民参与职业教育培训的障碍。自 2010 年以来，葡萄牙在打击过早辍学方面取得了相当大的进展。为受教育者提供了适宜的财政支持，为失业或不在职人员提供了补贴、助学金和奖学金。人力资本运营计划和社会包容与就业计划为可通过培训机构接受培训的受训者提供财政支持。对受训者的激励措施包括职业化补助金、学习材料奖学金、培训奖学金、旅费津贴、住宿津贴、膳食津贴、个人意外保险等。在竞争力和国际化运营计划的监测和评估范围内，公司也为受雇员工的培训提供支持。[1]

职业教育和培训课程以及包括公司在内的培训机构最重要的资金来源是人力资本运营计划，并以社会包容与就业计划支持的一些措施作为补充。上述两项计划为"葡萄牙 2020"[2] 的一部分。[3] 根据规定，针对在正常工作时间内、由外部培训机构提供的企业培训，企业雇主可获得财政支持以支付员工的培训费用。政府对与失业者签订雇佣合同并提供职业培训的公司给予财政支持。为雇员提供职业培训的企业也可享受免除或减少缴纳社会保险费。

面对新冠肺炎疫情的肆虐，葡萄牙政府还推出了一项特殊的培训计划，旨在帮助雇员提高专业技能和就业能力，同时，帮助企业减轻新冠肺炎疫情带来的挑战，增强企业的生存能力。

（二）为受教育者提供全方位的指导和咨询

在终身学习理念的指引下，葡萄牙为不同教育背景和教育层次的受教育者提供形式多样的指导。正式指导由学校（以心理咨询和就业辅导的形式）、葡萄牙就业与职业培训研究院（公共就业服务）和 Qualifica 中心 [4] 的专业人员提供。公共服务提供的指导是免费的。葡萄牙残疾人职业培训和就业联合会为残疾人提供职业指导。葡萄牙教育部、国家质量监督局和葡萄牙就业与职业培训研究院等公共机构负责制定指导服务方面的指导方针

---

[1] 资料来源于葡萄牙就业和劳动关系总局官网。

[2] "葡萄牙 2020"是葡萄牙和欧盟委员会之间通过的伙伴关系协议，汇集了包括欧洲社会基金在内的 5 项欧洲结构投资基金的行动，确定了一系列规划原则，这些原则体现了葡萄牙在 2014—2020 年所要推广的经济、社会和领土发展政策，并与"智能、可持续和包容性增长"理念相一致，以实现"欧洲 2020 战略"。

[3] 资料来源于葡萄牙就业和劳动关系总局官网。

[4] Qualifica 直译为认证，Qualifica 中心为低学历的个人提供指导和咨询，特别是针对未接受教育和就业培训或处于技能认证过程中的成年人。

和相关文件。目前，促进关键利益相关方之间的协同与合作越来越多。葡萄牙就业与职业培训研究院与教育部、里斯本大学和全国职业学校协会合作，创建了职业管理能力框架，其中包括对有效互动、信息和变更管理、找到和保住工作以及做出决定等领域的指导。[1]

所有公立学校都可为义务教育年限内的学生提供心理辅导和就业指导。学校心理专家在提供指导服务的过程中，与教师、家长和其他教育利益相关者保持全面密切的协作，开展不同类型的活动，包括个人和 / 或小组会议、访问学习和专业实习。其目的在于减少教育培训的早期辍学，吸引更多的学生参加职业教育和培训课程，使职业教育培养的技能和能力与劳动力市场的需求相匹配。在职业课程中，指导分三个不同阶段进行：一是招生期间，吸引申请人报名；二是注册期间，让申请人了解情况并确定他们的优势和需求；三是就读期间，为学生提供支持，帮助他们向高等教育或劳动力市场过渡。

为支持失业人员进入或重新融入劳动力市场，葡萄牙就业与职业培训研究院在对失业者的指导方面实施了一个干预模式，包括两个主要因素：个人定位分析和个人就业计划。后者旨在改善失业者的就业能力状况，并促进他们通过求职、自由职业或创办企业融入劳动力市场。此外，研究院还运行一个互动开放的在线指导平台，为失业者提供信息。就业指导专家、教师和家长也是该平台的目标群体。[2]

Qualifica 中心为成年人（无论失业与否）提供有关教育和培训、劳动力市场、技能匹配和职业机会的信息、咨询和指导服务。为提高职业教育和培训的水平、增强受教育人的就业能力，中心还实施了 Qualifica 计划[3]，其主要目标是：确定最能满足每个人需求和期望的职教课程；向每位申请

---

[1] 资料来源于欧洲职业培训发展中心官网。

[2] 资料来源于欧洲职业培训发展中心官网。

[3] Qualifica 计划是一项关于成人培训和资格认证的综合战略计划，该计划整合了各项成人教育课程和资格认证模式，旨在提高成人教育和培训水平，促进就业，并使葡萄牙能在终身学习方面达到欧盟国家的平均水平。

者提供一个技能认证程序；提高年轻人、成年人和企业家对终身学习的认识。[1]

为提高社会上对职业教育培训的重视程度，非正式指导在葡萄牙也发挥着重要作用。比如在国家层面组织了以"未来之路"[2]和"资格认证"[3]为代表的教育展，其目的是促进中等或高等教育的职业教育和培训课程，使年轻人及其家庭能够更多地了解职业教育。其他门户网站，如葡萄牙世界技能协会，也提供关于职业教育和培训的在线信息。[4]

（三）借鉴并推行德国职业教育模式

德国的职业教育发展一直走在世界前列，其重视校企合作和培养学生实践能力的特点被欧洲其他国家借鉴，也是二战后德国经济能快速发展的重要原因。为适应第四次工业革命后对复合型技能人才的需求，葡萄牙借鉴并推行德国的职业教育模式，以期提高职业技术教育的水平和劳动力的质量，推动葡萄牙的社会经济发展。

1984 年，葡萄牙便提出建立以实践为根基的学徒制职业培养体系。此后葡萄牙通过立法和一系列法律文件的颁布将学徒制教育模式确立下来，将企业作为学徒制教育培训的主要场所，肯定其在职业教育中的重要地位。2008 年，葡萄牙劳动、团结和社会保障部在中等教育的课程安排中新增加了学徒课程。文化课程外的实践比重增加也体现了对学徒教育模式的重视。

此外，葡萄牙职业技术教育中对学生职业资格和能力的考核，以及对学生个性化计划的制定，都由校外的评审委员会来评估和认定。评审委员会的专家皆由葡萄牙工会和企业的代表组成。

---

[1] 资料来源于葡萄牙就业和劳动关系总局官网。

[2] "未来之路"（Futurália）教育展是葡萄牙最大的教育、培训和就业能力展览会。

[3] "资格认证"（Qualifica）教育展是葡萄牙定期举办的教育、培训、青年和就业博览会。

[4] 资料来源于葡萄牙就业和劳动关系总局官网。

在学徒制教育模式下，葡萄牙职业学校教育教学计划的执行与合作企业和市场需求密切相关。学校可采用工作合同制的方法向合作企业聘用合适的教师或培训师，也可根据市场的需求，精心选择要开设的职业技术课程。葡萄牙政府呼吁私立部门与公立部门多方参与，进一步稳定和提高师资，改进和完善教学环境和教学设备，共同助力职业教育的发展。

第八章 成人教育

根据葡萄牙现行《教育体系基本法》的规定，成人教育包括回归教育和继续教育。其中，回归教育被纳入学校教育系统，是学校教育的一种特殊形式，指在学校教育机构范围内向为未能顺利接受初等和中等教育者提供教学，并根据不同的培养计划和学习方法，向结业者授予相应的正规教育的文凭和证书。继续教育作为终身教育的重要组成部分，是学校教育的补充，属于校外教育系统，旨在帮助受教育者增加知识、提高技能，扫除文字性文盲和功能性文盲。

第一节 成人教育的发展和现状

一、成人教育的发展

葡萄牙的成人教育最早可追溯到 1815 年的"相互教育"，这是一场在军营中进行的扫盲运动，目的是让青年们能更好地为军队效力。1910 年葡萄牙共和国成立后，历届政府发起多项成人教育运动，然而收效甚微。根据1950 年人口数据，当时的文盲率高达 41.77%。1974 年爆发"四·二五革命"

后，扫盲运动兴起。1979 年，政府在全国范围内推行"国家扫盲和成人基础教育计划"。1986 年，《教育体系基本法》将回归教育纳入到了学校教育系统的特殊形式中，扫盲便是回归教育的侧重点之一。[1]1999 年，国家成人教育和培训机构成立，2002 年该机构被职业教育管理总局所替代，旨在协调青年和成人的教育与职业培训政策的实施，体现葡萄牙成人教育的职业培训需求。1998—2010 年，葡萄牙的成人教育政策受到了欧盟关于终身学习的指导方针的强烈影响，推动了葡萄牙校外成人教育的发展。经过历届政府半个多世纪的不懈努力，葡萄牙的文盲率大大降低，2021 年的统计数字为 3.08%。[2]

二、成人教育的现状

（一）教育类型

葡萄牙成人教育分为两种类型：回归教育和继续教育。前者可授予正规教育的文凭和证书，目的是为学龄阶段没有接受教育、过早辍学和为寻求在文化或职业发展上进一步提升的人提供第二次上学的机会，并减轻各年龄层在受教育水平方面的不平衡。回归教育分为初等教育和中等教育两个层级，其中初等教育针对的是 15 岁 [3] 以上的学生，中等教育针对的是 18 岁以上的学生，通过入学评估来判断学生应接受哪一层级的教育。继续教育作为学校教育的补充，包含扫盲、基础教育、文化科学教育及职业培训

---

[1] 资料来源于葡萄牙国家统计局官网。

[2] 资料来源于葡萄牙国家统计局官网。

[3] 葡萄牙《教育体系基本法》中规定符合要求的年满 15 岁人士即可接受回归教育，并不以 18 岁成年作为分水岭。

等。其目的是扫除文字性文盲和功能性文盲，通过职业培训帮助成年人做好就业准备、促进教育和职业机会的平等并丰富成年人的业余生活。

（二）教育机构

与普通教育一样，成人教育也可以在初等教育和中等教育机构中进行。但成人教育在教学形式、学习计划和内容安排等方面更具灵活性，需考虑到学生的不同年龄、生活经验和知识水平等。葡萄牙《教育体系基本法》规定，成人教育可以在学习系统内进行，也可以在开放的系统中，借助媒体和其他适当的教育技术进行。葡萄牙在校外也开展一系列有组织的教育活动，并支持由地方政府、文娱协会、家长协会、学生协会和青年组织、大众教育协会、工会、公民和宗教组织及其他群体发起的教学活动。葡萄牙政府除了关注广播和电视节目的教育层级外，还从节目多元化的角度出发，确保在不同的时间段进行足够的广播和电视教育。

（三）主要课程类型

基础技能培训，面向 18 岁及以上的成年人，没有上过或只完成 4 年初等教育的人，或已完成但不具备基本的阅读、写作和算术知识的人。完成培训后可进一步学习成人教育和培训课程，或进行初等教育水平的资格认证。课程时间为 150—300 小时。

成人教育和培训，是一种灵活的培训课程，时间长短不一，专门针对 18 岁及以上的成年人，可以发展从事专业活动所需的社会、科学和专业能力，授予初等或中等教育水平证书，是葡萄牙参加人数最多的成人教育课程。

回归教育：面向 15 岁及以上的青少年和成年人，为没有获得学校教育或辍学的人提供第二次机会，授予相当于正规教育的文凭和证书。对于所有想在文化和专业层面寻求提升的人来说，这也是一个很好的选择。

模块化认证培训：以短期培训的形式，通过灵活、模块化和资本化的途径获得认证资格，课程时间在 25—600 小时，每完成一个模块，就会颁发相应的能力证书。该课程针对的是 18 岁及以上的成年人，特别是没有完成初等或中等教育的人。

面向移民群体的葡萄牙语课程：针对母语不是葡萄牙语和 / 或不具备基本、中级或高级葡萄牙语能力的移民群体。此课程能提高葡萄牙语的阅读、写作和口语技能以及帮助了解基本公民权利知识，这也是移民人口融入葡萄牙社会的一条重要途径。

（四）扫盲率

葡萄牙最新的文盲统计数据来自 2021 年的人口普查，全国平均文盲率为 3.08%，其中女性的文盲率（3.96%）远远高于男性（2.10%）。[1] 根据 2021 年人口普查的年龄分布统计结果，文盲人口基本上是老年人，1946 年前出生的文盲数量高达 392 407 人，而 1946 年后出生的文盲数量为 106 359 人。阿连特茹、马德拉和中部等地区的文盲率高于全国平均水平，且阿连特茹和中部地区的老龄化指数也高于全国平均水平，这有助于理解其高文盲率，并且中部和马德拉地区的贫困风险同样高于全国平均水平。[2]

基础技能培训课程于 2010 年推出，针对不具备基本的阅读、写作和算术知识的人进行培训，即基础的扫盲教育课程，图 8.1 展示了 2010—2019 年该课程的注册人数，自 2013 年以来该课程的入学人数急剧减少。一方面

---

[1] 资料来源于葡萄牙国家统计局官网。

[2] CAVACO C. Analfabetismo em Portugal–os dados estatísticos, as políticas públicas e os analfabetos[J]. Revista internacional de educação de jovens e adultos, 2018, 1(2): 17-31.

是由于受教育程度较低的受众通常难以被动员来进行新的学习活动，另一方面则是因为学习者倾向于投入能带来直接经济效益的特定领域的学习，而这种课程的收益并不能达到他们的期望值。[1]2010—2019 年参加基础技能培训课程的成年人数量相当少，不到葡萄牙文盲人数的 10%，并且学习效果也不尽如人意。识字学习是一个长期性的过程，短暂的、几次课程并不能达到扫盲的目的。参加基础技能培训课程的人数严重不足也和葡萄牙公共教育政策框架内对成人扫盲投资不足有关。

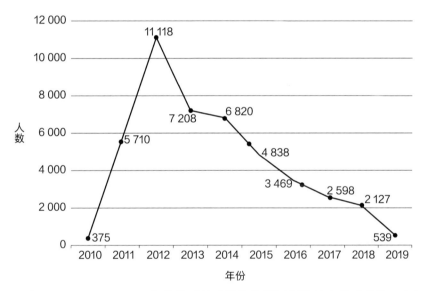

图 8.1 2010—2019 年葡萄牙基础技能培训课程注册人数（单位：人）

[1] Conselho Nacional de Educação. Estado da educação 2019[R]. Lisboa: CNE, 2020: 239.

第二节 成人教育的特点

一、遵循欧盟政策指导方针

欧盟高度重视终身学习战略，对葡萄牙成人教育政策产生了重要影响。尽管欧盟承认各成员国在界定和实施教育领域的政策方面具有自主权，但必然会影响和指导各成员国国家层面的措施。1998—2010年，葡萄牙的公共政策就特别关注成人教育，并在此背景下发布了"S@ber+成人教育发展计划"，将终身学习作为提高竞争力和社会凝聚力的重要手段。2000—2011年，在发展成人教育方面的巨大投资使得葡萄牙人口的教育水平有了相当大的提高，这一点在2001年和2011年人口普查的比较中显而易见。2001年，在15—65岁的人口中，超过400万的葡萄牙人未受过中等教育，这一数字在2011年降至340万，文盲率从2001年的9.03%下降到2011年的5.22%。[1]

然而，在这一时期关于成人教育的公共政策，几乎只关注成人教育和培训课程及其资格验证。这些课程的准入要求都是已掌握基本的阅读和写作技能，导致文盲无法入学。这一时期成人识字课程只有回归教育，而回归教育在2000—2010年的注册人数愈来愈少。通过回归教育获得初等教育水平证书的成人数量也相当少：2000年约有3 000名成人获得证书，2010年只有142名成人获得证书。[2]

该情况反映了葡萄牙虽然遵循欧盟发布的政策指导方针，但对本国成人扫盲的情况了解不足。成人识字率并不是欧盟关注的问题，因为大多数欧盟成员国的文盲率几近为零。欧盟强调的是终身教育的政策和观点，强

---

[1] CAVACO C. Políticas públicas de educação de adultos em Portugal–a invisibilidade do analfabetismo[J]. Laplage em revista (Sorocaba), 2016, 1(2): 51-62.

[2] CAVACO C. Políticas públicas de educação de adultos em Portugal–a invisibilidade do analfabetismo[J]. Laplage em revista (Sorocaba), 2016, 1(2): 51-62.

调就业能力、竞争力、流动性和个人责任，这些无助于葡萄牙成人扫盲问题的解决，并未能缓解葡萄牙的社会教育不平等现象。[1]

二、以非正式学习为主

成人教育的学习活动可分为三类：正规教育、非正规教育和非正式学习。正规教育指通过公共组织和公认的私人团体进行的有制度、有目的、有计划的教育；非正规教育是个人一生学习的过程中对正规教育的追加、替代和/或补充，通常以短课程、研讨班或讲座的形式进行；而非正式学习指有目的的或有意的但不是有制度的学习形式，可包括在家庭、工作场所、地方社区中心和日常生活中基于自我督导、家庭督导或社会督导的学习活动。[2]

图8.2展示了2007、2011和2016年葡萄牙25—64岁人口在三类学习活动中的参与情况，表明成年人口在正规教育活动中的参与率非常低，在非正规教育活动中的参与率大幅上升，而在非正式学习活动中的参与率更高。并且，往往是受教育程度较高的人参与正规教育活动更多，低于初等教育水平的人群参与正规教育的比例极低，从而加大了成人教育之间的两极分化，导致教育不平等情况更加严峻。

因此，政府有必要在不同层面采取行动，扩大成人教育的规模并使之多样化，确保不同类型群体的广泛参与。此外，还应加强对成人扫盲教育的研究，深化对该领域的认识。[3]

---

[1] CAVACO C. Políticas públicas de educação de adultos em Portugal–a invisibilidade do analfabetismo[J]. Laplage em revista (Sorocaba), 2016, 1(2): 51-62.

[2] UNESCO Institute for Statistics. International standard classification of education, ISCED 2011[R]. Canada: UIS, 2012: 11-12.

[3] ÁVILA P. Literacia e educação de adultos em Portugal: tendências e resistências[R]//Conselho Nacional de Educação. Educação de adultos: ninguém pode ficar para trás. Lisboa: Conselho Nacional de Educação, 2020: 39.

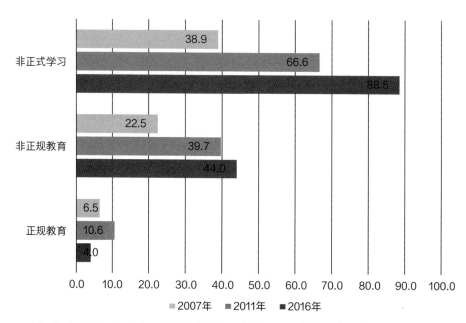

**图 8.2 2007、2011、2016 年葡萄牙 25—64 岁人口在三类学习活动中的
参与情况（单位：%）**

第三节　成人教育的挑战和对策

一、成人教育面临的挑战

葡萄牙成人教育虽已取得一定的进展，但仍存在许多问题，识字率在欧盟成员国中排名靠后，仍需国家和社会采取更多措施，进一步提高识字率。

扫盲教育过程中，以下群体文盲问题较为严重，其缺乏教育资源的情况需要给予特别关注：受教育水平低的劳动者、相对贫困或受社会排斥的群体、妇女、65 岁以上的老年人群、移民人群、吉卜赛人、囚犯以及刑满释放人员。[1]

葡萄牙成人受教育水平较低，2021 年统计数据显示，多达 40.5% 的 25—64 岁成人最高教育水平低于高中教育，落后于大部分欧洲国家。[2] 与欧洲其他国家相比，葡萄牙人在获取和使用信息技术和互联网方面也相对落后。

表 8.1 是欧盟统计局发布的关于 2016 年葡萄牙 25—64 岁成人受教育的主要障碍因素。

表 8.1 2016 年葡萄牙 25—64 岁成人受教育的主要障碍及其占比 [3]

单位：%

障碍因素	占比
不需要接受更多教育或培训	65.1
不满足前提条件	7.4
教育或培训费用过高	33.2
缺乏来自雇主或公共部门的支持	24.4
与工作时间相冲突或时间不方便	53.8
家庭责任	32
地理距离过远	22.2
对回到学校等教育机构缺乏信心	1.1
健康或年龄问题	13.7
没有合适的教育或培训活动	17.7
其他个人原因	9.1
无法使用电脑或互联网（用于远程学习）	3.8

[1] Centro de Investigação & Inovação em Educação, Escola Superior de Educação do Politécnico do Porto. Plano nacional de literacia de adultos, relatório de pesquisa[R]. Porto: ED&ESE-P. PORTO, 2019: 48.

[2] 资料来源于经济合作与发展组织官网。

[3] 资料来源于欧盟统计局官网。

表 8.1 的信息显示，成年人受教育的障碍是多方面的，有 65.1% 的受访者认为不需要接受更多教育或培训，这一方面表明许多劳动者的工作环境要求不高，另一方面也体现出低学历人群对教育不够重视。现实条件是成人受教育的最主要障碍，有 53.8% 的成人因与工作时间相冲突或时间不方便无法接受教育，24.4% 的成人缺乏来自雇主或公共部门的支持，32% 的成人由于承担家庭责任占用了时间无法接受教育。这体现出工作和家庭对成人教育的影响颇大，而家庭因素对于妇女来说影响更大。

除此之外，费用过高也是一个很重要的影响因素。统计数据显示，有 33.2% 的受访者认为教育或培训费用过高。即使没有直接的高昂的教育费用，参加教育或培训也会占用一部分工作时间，使得受教育者无法加班或从事其他兼职工作以补贴家庭收入。

最后，成人教育的组织方式也是造成受访者受教育的主要障碍，22.2% 的受访者称学校或培训机构的地理距离过远，17.7% 的受访者认为没有合适的教育或培训活动，这要求成人教育活动的组织在教学地点和内容安排方面应更具灵活性，更贴近大众的需求。

二、成人教育的发展对策

葡萄牙政府已将振兴成人教育和培训作为国家政治优先事项。政府于 2017 年 3 月启动了 Qualifica 计划，整合各项成人教育课程和资格认证模式。该计划除对职业教育有所促进外，也大大提高了成人教育的水平，并使葡萄牙有望能在终身学习方面达到欧盟国家的平均水平。

Qualifica 计划是能够获得有效资格认证的培训途径，而不是单纯的培训，从资格认证和提高就业率的角度看，该计划的价值较高。

这项计划的目标是提高资格认证水平，促进就业，为学习者提供适应劳动力市场需要的技能，大幅降低文盲率，减少文字性和功能性文盲，加强制度建设，加大教育和培训投资，弥补葡萄牙在学校教育方面的结构性落后，向欧盟其他国家看齐，使成人教育和培训更适应劳动力市场的需求，并适应国家和地区的发展模式。

除此之外，葡萄牙国家教育委员会提出，推动每个市政或教区建立一个地方教育网络，整合社会资源，推出地方成人教育计划，以响应国家"提供第二次上学的机会"的号召。并且建议以各大学和理工学院的教学机构为基础，建立一个区域性的支持基地，以设计和发展成人教育和培训课程，并培养专业人员来从事成人教育培训工作。

第九章 教师教育

葡萄牙现行《教育体系基本法》规定，除在师范学校进行相关专业的学习、取得职业资质以外，各教育层次的教师还须接受初期培训和继续教育，从而习得科学的教学方法和手段，更新职业必备的教学知识和技能，以应对社会发展和科学知识的迅速更迭，保障教育质量。教师教育是终身教育体系的组成部分，有利于教师的终身职业发展和进步。本章将回顾葡萄牙教师教育的发展，梳理其现状，探究教师教育的特点、挑战及对策。

第一节 教师教育的发展和现状

一、教师教育的发展

教师教育与教育教学活动职业化发展息息相关。18 世纪下半叶，伴随着庞巴尔改革，葡萄牙的教学逐渐向专业化过渡，教师需要参加国家举办的考试，获得王室颁发的授权，才可从事教学活动。国家负责向教师发放薪资，同时，教师也受到国家的领导、管理和监督。国家实施多种措施，建立教育协调机制，设立教育负责人岗位对教育进行监督，定期开展巡视。

尽管教师职业有从业门槛，受到教育监察的约束，但此时葡萄牙并未在国家层面建立教师培训机制来保障和支持教师教育。本节将主要从初等教育教师培训和中等教育教师培训两个方面梳理葡萄牙教师教育的发展。

（一）初等教育教师培训

1862年，路易斯一世国王发布政令，创立首批专门致力于开展小学教师培训的机构，其中最有代表性的是里斯本初级师范学校——葡萄牙第一所教师培训学校。该校位于马维拉，仅招收男性。四年后，专门招收女性的师范学校在卡尔瓦里奥成立。[1] 之后的十几年内，国家实施一系列举措，旨在建立稳定统一的全国培训体系。到19世纪末，葡萄牙的教师培训课程不断完善，朝更加科学的方向发展，与此同时，里斯本、波尔图和科英布拉等地也设立了更多的初级师范学校。20世纪初，教师培训学校网络在葡萄牙初步建立，包括6所初级师范学校和17所区县级教师技能培训学校。[2]

葡萄牙第一共和国时期，国家对初级师范教育的要求是提高教师的知识水平和职业素养，推动教学法现代化。1919年，国家进行教育改革，将初等教育 [3] 切分为三个阶段：学前教育（针对4—7岁儿童）、普及初等教育（针对7—12岁儿童，具有强制性）和高级初等教育（针对12—15岁青少年）。教师教育的体制和机构也经历了相应的调整。改革后，区县级教师技能培训学校被关闭，取而代之的是高级初等师范学校。

1926年后的新国家时期，政府颁布一系列法令和政策，旨在改造初等

---

[1] PINHEIRO, José Eduardo Moreirinhas. Sinopse cronológica de alguns acontecimentos relacionados com a Escola Normal Primária de Lisboa[J]. Revista Municipal, 1986, 14: 42-59.

[2] HENRIQUES H M G. A formação de professores em Portugal: lutas, valores e reivindicações na construção da profissão docente ao longo da 1ª República Portuguesa[J]. Revista diálogo educacional, 2015, 15(46): 723-747.

[3] 在不同时期，葡萄牙政府对"初等教育"阶段的分类及对应的受教育者年龄规定有所不同。此处的"初等教育"是对葡萄牙第一共和国时期法令条文的直译，因此与第五章中的"初等教育"（根据1986年颁布的葡萄牙现行《教育体系基本法》划分）并不对等。

教育教师培训体系。1930 年，政府颁布法令，规定创建初等教育教师学校，替代原本的初级师范学校，简化初等教育教师培训。教师培训课程分为六大类，分别是：心理学与教育学，卫生和身体教育与幼儿保健法，一般教学法与实验教学法、道德礼仪教育、教学游戏与教育艺术，音乐，手工劳动与园艺、设计，家庭经济、女红和烹饪。有学者认为，与 20 世纪初的师范教育相比，改革后的初等教育教师学校所提供的培训时间变短，未尝不是一种退步。[1]

1974 年以来，葡萄牙在教师培训方面进行了多项改革。1977 年，国家开设幼儿教育师范学校和教育高等学校，为学前教育和初等教育低年级教师提供培训。1978 年，阿威罗大学、米尼奥大学等高校本科开设教育学专业。1979 年，在职教师培训模式建立。1982 年，教育高等学校正式运行，学制三年，为结业人员提供专科证书，教育对象从学前教育教师和普及初等教育教师扩大到高级初等教育教师和中等教育教师。1986 年颁布的《教育体系基本法》对教师学历做出要求，并规定教师拥有接受继续教育和培训的权利。

（二）中等教育教师培训

与初等教育教师培训相比，葡萄牙的中等教育教师培训起步更晚，且发展缓慢，直到 20 世纪都没有出现中等教育教师培训体系。不过从 1862 年起，报名初等数学、物理原理、化学和博物学初阶等高中教育课程执教资

---

[1] ADÃO Á. A história da profissão docente em Portugal: balanço da investigação realizada nas últimas décadas[M]//NÓVOA A, BEIRRO J R. A história da educação em Espanha e Portugal: investigações e actividad. Lisboa: Sociedade Portuguesa de Ciências da Educação, 1993: 123-135.

格考试的人员，需出示相应领域的高等教育文凭。[1] 尽管该规定并未囊括语言、历史和哲学等人文学科，也未在全国范围内严格实施，但还是从宏观上对教师的教育层次和教学水平提出了更高的要求。

1901—1902 年，国家对即将从事地理、语言、历史和哲学学科教学人员的培训进行了规范，同时将"中等教育教学能力"作为一门专业课程引入高等教育，学制四年。根据法令规定，数学、物理、化学、科学以及自然历史等专业的学生，前三年在科英布拉大学、里斯本理工学校或波尔图理工学院学习相关专业课程；最后一年在里斯本的高等人文学校接受教育学培训。教育学培训课程包含：心理学与逻辑学、中等教育教学法、教育学历史及教育方法论。而对于语言文学、历史和地理等人文专业的学生来说，他们第一年学习专业课程；第二、三年便开始接受如上教育学培训；最后一年则进入中学进行教学实习。

1911 年，国家对中等教育教师培训课程进行改革，在里斯本大学和科英布拉大学的文学院及科学学院建立附属高等师范学校，旨在培训教师，使其日后能胜任高中、初级师范学校和高级初等师范学校及教育监察部门的工作；同时，在文学院下设心理学实验室，便于高等师范学校开展教育学研究。[2] 上述附属高等师范学校第一年的课程有教育学、教育学历史、儿童心理学、科学理论、数学与自然科学总方法论、卫生和身体教育与幼儿保健法，以及高级道德与公民教育；第二年的课程是专题教学法和教学实践。高等师范学校实际于 1915—1916 学年正式开始运行。[3]

1930 年的法令规定废除高等师范学校，在科英布拉大学和里斯本大学

[1] PINTASSILGO J. A formação de professores do ensino secundário nas primeiras décadas no século xx-o debate no campo educativo Português: VIII Congresso Luso-Brasileiro de História da Educação–infância, juventude e relações de género na história da educação: resumos e textos[C]. Rio de Janeiro: Universidade Federal do Maranhão - ANPED, 2010.

[2] FERREIRA A G, MOTA L. A formação de professores do ensino liceal. A Escola Normal Superior da Universidade de Coimbra (1911—1930)[J]. Revista Portuguesa de educação, 2013, 26(2): 87.

[3] GOMES J F. Situação actual da história da educação em Portugal[M]//GOMES J F, FERNANDES R, GRÁCIO R. História da educação de Portugal. Lisboa: Livros Horizonte, 1988: 68.

文学院下设立教育学专业，教授教育史和学校组织与行政等教育学研究课程。1961 年，波尔图大学文学院同样开设了教育学专业。1971 年的法令规定数学、物理、化学、地理和生物专业下分两个方向：科学专门研究和教学培训，教学培训方向有多门教育学课程。由此可见，"新国家"时期，大学本科的教育学专业逐渐成为受教育者接受相关专业学习和教育学培训的主要途径之一。

1973 年，国家陆续开设新的大学、理工学院和高级师范学校。然而，两年之后，高级师范学校被废除。20 世纪 70 年代末 80 年代初，高级教育学校出现，该类学校于 1985 年后开始提供中等教育教师培训。

随着 1986 年《教育体系基本法》出台，国家要求高级初等教育教师和中等教育教师持有高等教育学历，开设教育学本科和硕士专业的高校持续增加，大学成为未来中学教师接受初始培训的主要场所。

总的来说，18 世纪下半叶以来，伴随国家的发展和教育事业的需要，教师职业化发展日趋成熟，教师培训方式不断被探索，教师培训机构逐步建立，为现当代教师教育奠定了基础。以 1986 年《教育体系基本法》为里程碑，葡萄牙教师教育正式走上了现代化发展的轨道。国家自 20 世纪 80 年代至 21 世纪初颁布多项法律规定和政策，规定教师教育的目的和大纲，为教师培训指明总体方向。学界也针对时代发展所带来的挑战和趋势，对葡萄牙不同层次、不同类型的教师培训进行思考和探究，并提出一系列建议。

同时，由于 20 世纪 60—70 年代葡萄牙生育率较高，20 世纪 80 年代各教育层次入学人数迅速增长，对教师数量和教学质量均提出更高要求。一方面，越来越多人在各高校完成教育学相关本科学业、在本科期间进行实习后拥有执教资格，因此自 20 世纪 90 年代中期以来，未经过培训的教师数量大幅降低；[1] 另一方面，为促进教师职业化发展，国家开始推行在职专业

---

[1] AMANTE L. Formação de professores a distância: a experiência da Universidade Aberta de Portugal[J]. Revista percursos, 2011, 12: 9-26.

培训制度，[1] 以中小学为基地，让实习教师在实践中获得经验，接受委派教师评价。此外，政府于 1988 年颁布法令，推动远程教育成为教师培训的新方式、新潮流。一年后，开放大学的在职教师职业化培训课程在葡萄牙广播电视频道首播，包括教育心理学、教育传播学、教育方式和技巧三门必修课及其他各学科特有的教学法课程，数千名教师参与此次培训。信息与传播科技的发展不仅便利普通学子接受教育，更为在职教师更新知识、提高自身水平提供了可贵的新渠道。

二、教师教育的现状

（一）基本架构

葡萄牙现行《教育体系基本法》规定了教师教育的基本架构，针对不同教育阶段教师的学历和须具备的资格等做出了规定。

学前教育工作者和中小学教师应毕业于高等师范学校或综合大学的教育学院。其中，中小学执教具有专业、职业或艺术性质科目的教师，可通过在各自科目领域的培训并辅以适当教学培训的本科课程获取专业资格。

对于高中教师而言，除在其本科专业接受专业知识培训外，还应接受以适当的教学培训。教学培训包含以下五方面内容：教学工作，一般教学，专门教学法，文化、科学与品德以及教学实践入门。其中，文化、科学与品德培训贯穿于其他四类培训。

对于高校教师的学历要求分为以下三种情况：具备博士或硕士学位，如本科毕业需证明教学能力和专业能力，其他被高校确认为合格的特殊情况。

---

[1] 谷贤林. 葡萄牙教师教育探略 [J]. 江西教育科研，2000，3：24-25.

此外，如果只是参与高校辅助授课，则持有学士学位或具备同等学力即可。

特殊教育的教师也需具备师范或者教育专业本科学历，且须在高校完成专门的特殊教育领域的课程。助教人员须毕业于基础教育专业，具备本科学历或同等学力，并得到充分的补充培训。

教育是终身的活动，因此所有教育工作者都应该且有权接受持续培训。持续培训应充分多样化，以确保补充和更新其专业知识和能力，并实现职业流动和职业发展。持续培训主要由各初始培训机构与教师现工作的机构合作进行。

（二）教师数量

表 9.1 是 2011—2020 年葡萄牙教师数量变化一览表。2011—2013 年，各教育阶段教师数量均有下降，其中初等教育最为显著。2013—2014 学年以来，葡萄牙师资队伍总体呈现稳定的趋势，教师数量变化不大。

表 9.1 2011—2020 年葡萄牙教师数量变化一览 [1]

单位：人

教育阶段	学年								
	2011—2012	2012—2013	2013—2014	2014—2015	2015—2016	2016—2017	2017—2018	2018—2019	2019—2020
学前教育	17 628	17 139	16 143	16 079	16 002	16 148	16 065	16 227	16 611
初等教育第一阶段	30 692	30 200	28 214	28 095	28 806	29 861	29 979	30 178	30 043
初等教育第二阶段	31 330	26 871	24 384	23 747	23 757	23 973	24 064	23 802	23 518

---

[1] Direção-Geral de Estatísticas da Educação e Ciência. Educação em números-Portugal 2021[R]. Lisboa: DGEEC, 2021: 49.

续表

教育阶段	学年								
	2011—2012	2012—2013	2013—2014	2014—2015	2015—2016	2016—2017	2017—2018	2018—2019	2019—2020
初等教育第三阶段和中等教育	83 525	76 101	72 509	73 353	74 348	75 567	76 722	76 735	76 869
总数	163 175	150 311	141 250	141 274	142 913	145 549	146 830	146 942	147 041

如表 9.2 所示，2011—2020 年总体上葡萄牙的生师比逐年降低。据欧盟统计局数据统计，2019—2020 学年，葡萄牙初等教育第一阶段和第二阶段平均每位教师有 10.9 名学生，与 2018 年（11.0 名）相比略有下降，该比例优于欧盟的平均比例，欧盟记录的初等教育第一阶段和第二阶段每名教师的平均学生人数为 12.8 人。

表 9.2 2011—2020 年葡萄牙生师比情况 [1]

单位：人

教育阶段	学年								
	2011—2012	2012—2013	2013—2014	2014—2015	2015—2016	2016—2017	2017—2018	2018—2019	2019—2020
学前教育	15.5	15.6	16.4	16.5	16.2	15.7	15.0	15.0	15.1
初等教育第一阶段	14.8	14.6	15.0	14.8	14.1	13.5	13.3	13.0	12.8
初等教育第二阶段	8.1	9.3	10.1	9.8	9.5	9.2	8.9	9.0	9.0

---

[1] Direção-Geral de Estatísticas da Educação e Ciência. Educação em números-Portugal 2021[R]. Lisboa: DGEEC, 2021: 53.

续表

教育阶段	学年								
	2011—2012	2012—2013	2013—2014	2014—2015	2015—2016	2016—2017	2017—2018	2018—2019	2019—2020
初等教育第三阶段和中等教育	8.2	8.8	9.1	9.0	8.8	8.6	8.4	8.3	8.2
总平均数	11.65	12.075	12.65	12.525	12.15	11.75	11.4	11.325	11.275

葡萄牙教师的老龄化问题较为严重，政府也面临着招聘和培训新教师的压力。在经合组织国家中，平均有 36% 的初等教育第三阶段教师和 40% 的中等教育教师年龄超过 50 岁，在葡萄牙则分别为 50% 和 44%。在初等教育和中等教育中，经合组织国家平均约有 33% 的教师年龄在 50 岁或以上，可能在未来十年内退休。在葡萄牙，该比例则为 44%。[1]

（三）教师培训

葡萄牙的教师培训分为初始培训、特殊培训和持续培训。

学前教育和初等教育第一阶段和第二阶段的教师初始培训在理工学院下属的高等师范学校进行的，而初等教育第三阶段和中等教育的教师则在大学进行初始培训。75% 的教师接受了关于教学大纲、教学法和课堂实践的培训（低于经合组织教师教学国际调查参与者的平均值 79%）。40% 的葡萄牙教师称他们在开始工作时参加了正式或非正式的上岗培训活动，而教师教学国际调查参与者的平均值为 42%。

特殊培训也被称之为补充培训，目的是使教师能够履行职能或从事专门化的教育活动（特殊教育、成人基础教育、教师培训、学校管理和教育

---

[1] OECD. Education at a glance 2021: OECD indicators[R]. Paris: OECD Publishing, 2021: 406.

管理等）。特殊培训在高等师范学校和大学中进行，通常作为专业课程或硕士课程的初始培训的补充。

持续培训主要由各初始培训机构与教师现工作的机构合作进行。葡萄牙教师普遍参加持续培训，88% 的教师表示，他们在教师教学国际调查的前一年至少参加过一次培训活动（经合组织的平均值为 94%）。参加培训课程和研讨会是教师专业发展最普遍的选择，在葡萄牙，67% 的教师参加了专业发展的培训课程和研讨会，29% 的教师参加了基于同行学习和辅导的培训。

葡萄牙的教师大部分对培训课程感到满意，82% 的教师表示这些课程对他们的教学实践产生了积极影响（与教师教学国际调查的平均值相近），而且这些教师往往有较高的自我效能感和工作满意度。教师表示信息和通信技术技能、多文化／多语言环境下的教学实践和有特殊教育需要的学生的教学实践等领域仍然需要专业发展培训。[1]

（四）教师评价体系

葡萄牙法令规定需要对教师绩效进行考核，此外，另颁布法令规定了《幼儿教育工作者和中小学教师职业章程》中确立的教职员工绩效评估制度，规定了教师的义务、选聘条件和职业发展模式。葡萄牙中小学教师评价体系自 2007 年启动新一轮的改革后又历经多次调整，评价体系不断完善，政府开始重视中小学教师评价体系建设的科学性，在原有的通过评价促进职业晋升理念的基础上，提出以发展为导向、通过评价促进教师专业发展的理念。评价理念科学，评价目标为提升教师教学质量、肯定教师个人能力及为教师队伍管理提供决策信息三个方面。葡萄牙教育与科学部委托教师评价科学委员会设定了一个国家层面的教师行为评价范畴：教师品德、

---

[1] OECD. TALIS 2018 results (volume I): teachers and school leaders as lifelong learners[R]. Paris: OECD Publishing, 2019: 35.

教学活动、学校及教育团体活动的参与、终身学习，并且每个范畴下都下设相应的指标。葡萄牙中小学教师评价工具多样，分别为自我评价、课堂观察、学校委员会评价以及整体评价。评价后续机制健全，把评价结果与教师专业发展以及奖惩结合起来。[1]

第二节　教师教育的特点

1999 年，葡萄牙加入博洛尼亚进程。作为教育的重要组成部分，其教师教育在采取与欧盟其他国家相协调的基础上，结合国情特点，探索出独特的模式。

一、教师须接受与教育相关的专业培训

2007 年葡萄牙将教师培训列入博洛尼亚进程第二阶段，即要求教师拥有教育相关专业硕士及以上学历。该规定对于初始培训主要有以下积极影响：第一，有利于提高教师群体的整体学术能力和教学水平门槛，提高教师的职业地位；第二，有利于让本科阶段学习非教育类专业的学生在进行研究生阶段深造后进入教育行业，同时也能推迟职业选择的时限，让有志成为教师的学生在心智和认知水平更成熟的阶段做出决定。[2] 此外，还将促进学生在本科阶段将更多时间和精力用于科学技术、历史文化及文学艺术等专业知识的学习，在深度夯实学习专业技能的基础上，在研究生阶段接

---

[1] 覃丽君. 葡萄牙中小学教师评价体系改革研究 [J]. 外国教育研究，2013（7）：87.

[2] PINTASSILGO J, OLIVEIRA H. A formação inicial de professores de Portugal: reflexões em torno do atual modelo[J]. Revista contemporanea de educação, 2013, 8: 24-40.

受教育学相关的培训。

二、教师持续培训模式与时俱进

而在教师持续培训方面，葡萄牙政府采取"在职专业培训模式"，充分利用电子教学平台和数字科技，为教师提供在职培训。远程培训模式也广受教师群体好评，催生出"开放大学教学模式"及一系列线上培训新课程。2009 年，在全社会的呼吁下，葡萄牙教育部开始探索将线上培训和获得教师职业资格相结合的可能性，即使拥有六年以上教学实践经验却没有正式教师资格的教育工作者，在顺利完成开放大学一年的特别培训后，也可获得从事教师行业的资格。[1] 开放大学也制定了详细的教师培训课程大纲。如今，持续培训经常在开放大学、MOODLE 平台 [2]、ZOOM[3] 会议等数字平台上通过课程、讲座和研讨会等形式进行，为教师培训注入新的活力。

第三节 教师教育的挑战和对策

一、教师教育面临的挑战

据经济合作与发展组织统计，葡萄牙教师接受教学大纲、教学法和课

---

[1] AMANTE L. Formação de professores a distância: a experiência da Universidade Aberta de Portugal[J]. Revista Percursos, 2011, 12: 9-26.

[2] Moodle 平台是由澳大利亚教师 Martin Dougiamas 开发的课程管理系统，旨在促进教育者与学习者之间的交流、协作与互动。

[3] Zoom 会议是一款多人云视频会议软件，目前已进入多个国家，为线上讲座和远程教学提供便利。

堂实践的培训，正式或非正式的上岗培训，以及入职后的持续培训的比例均略低于经合组织的平均值。这表明，尽管葡萄牙过去几十年在教师培训方面取得了长足进步，但各类型教师教育仍未进入世界前列，教师培训普及程度有待提高。此外，葡萄牙教师在新兴信息技术、多语言文化环境下的教学和特殊教育教学培训方面的需求较大。这恰恰反映，在日新月异的21世纪，如何消除短板、将教师培训走深走实才是葡萄牙面临的挑战之一。

同时，客观层面上，葡萄牙的人口老龄化问题在教育界折射为教师老龄化。欧洲委员会发布的2019年教育与培训监测报告显示，葡萄牙非永久性教职人员比例较高，教师高龄化已成为该国面临的显著挑战。经合组织的报告也佐证了这一点，数据显示葡萄牙是所有经合组织成员国中教师老龄化程度最高的国家。[1] 根据葡萄牙现代数据库统计，1998年，葡萄牙学前教育中在职教师老龄指数（即每100个教师中年龄在50岁及以上与年龄在35岁以下的人数之比）仅为7.5%，而到2019年，这一数值已升至597.2%；初等教育第一阶段这一指数则从1996年的123.8%升至2019年的924.5%；在初等教育第二阶段和第三阶段以及中等教育阶段，该指数从1996年的35.3%飙升至1 595.4%。[2] 即将到达退休年龄的教师数量巨大，如何针对该群体特点设计合适的继续教育课程，帮助其适应时代发展，使用网络与新媒体等教学平台和持续培训工具，成为葡萄牙亟须解决的一大问题。

二、教师教育的发展对策

在后疫情时代，针对接受培训教师数量仍待提高，以及特定领域培训少、质量低等问题，国家应深入分析疫情对线下培训的影响，积极探索基

---

[1] OECD. Education at a glance 2021: OECD indicators[R]. Paris: OECD Publishing, 2021.

[2] 资料来源于葡萄牙现代数据库。

于防疫需求的远程教育与教师培训相结合的可能性，组织各级教育部门推广线上课程、讲座和研讨会。此外，应顺应时代和社会发展的需要，增加教师反映的特别需要的培训课程。教师培训不应局限于学术知识的机械重复，也不应是浮于表面的任务；应将教师培训变为助力教师提高研究能力，使教师更好地结合理论知识和教学实践，促进教师职业的长远发展，提高全国教学质量的跳板。

而针对当前学校教育内日益突出的教师老龄化问题，国家应统筹全局，针对老年教师的特点，动员区域和地方教育部门工作人员、民间组织和社区志愿者或校内年轻教师，定期为在职高龄教师提供网络与信息技术培训，帮助其适应科技的迅速迭代和升级，促进其教学手段和工具朝着现代化、多元化发展。如此，才能便利年迈教师的深厚学识和丰富经验向下传递，更好地应对教师老龄化危机。

第十章 教育政策

第一节 政策与规划

一、法律法规

《葡萄牙共和国宪法》和《教育体系基本法》对教育的基本原则和目标进行了规定，此外，一系列的法律、法令和政令也是葡萄牙基本教育政策的体现。

（一）《葡萄牙共和国宪法》[1]

在个人权利、自由和保障方面，宪法第 43 条规定："保障学习和教学的自由；国家不得将根据任何哲学、美学、政治、思想或宗教准则进行教育和文化计划的权利占为己有；公立教育不涉宗教背景；建立私立和合办学校的权利受保障。"

在意识、宗教和信仰自由方面，宪法保障"每个宗教信仰下的任何宗

---

[1] 资料来源于葡萄牙共和国议会官网。

教教学自由"。在文化权利和义务方面,宪法赋予所有公民接受文化教育的权利,以及国家承担"通过学校和其他教育方式促进教育民主化、优化教育条件的义务,从而推动个人发展、社会进步和民主。"

在教育方面,第 74 条对相关权利和义务做出如下规定:"①所有人拥有受教育的权利,并且确保所有人入学和学业机会平等的权利。②教育应为解决经济社会和文化不平等,培养公民具备民主参与自由社会的能力,为促进相互理解、包容和团结做出贡献。③在教育政策方面,国家负责:确保普遍的、义务的、免费的初等教育;建立公立的学前系统;确保教育的持续性,消除文盲;保障所有公民根据自身能力,接受科学研究和艺术创作的高等教育;逐步实现所有教育层次的免费性;促进学校与所处社区的联系,建立教育与经济、社会和文化活动之间的联系;促进和扶持针对残疾人的特殊教育;保证移民子女学习葡萄牙语和葡萄牙文化。"

关于公立、私立和合办教育,宪法规定:"国家建立满足全民需求的公立学校网络;国家根据法律规定承认并且监督私立和合办学校。"

宪法对大学、高等教育也做出规定,即:国家建立高等教育公立学校网络,以满足国民需求;国家承认并监督私立和合办大学。关于高等教育入学制度,宪法规定:保证机会平等和教育民主化;考虑专业人员的需求,提高国家的教育、文化和科学水平。此外,宪法明确了大学在制定章程、开展科研和教学、行使行政和财务方面的自主性;确保教师和学生根据法律规定参与民主管理学校的权利;确保教师、学生和家长协会、社区和科研机构依法参与制定教学政策的权利。

(二)《教育体系基本法》[1]

葡萄牙《教育体系基本法》于 1986 年 10 月 14 日颁布实施,对葡萄牙

---

[1] 资料来源于葡萄牙共和国电子日报官网。

的教学系统进行了总体规范。

《教育体系基本法》重申了宪法中明确的有关教育的原则，例如，教育应"促进民主和多元，尊重他人，推动自由对话和思想交流，培养公民具备对所处的社会环境进行批判性和创造性思考、不断努力成长的能力。"

《教育体系基本法》规定教育系统应满足社会现实需求、实现受教育权利，主要组织原则包括如下方面：①在欧洲普遍传统和全世界国家日益相互依存和团结的框架下，通过提高人们对葡萄牙文化遗产的认识，捍卫民族身份，增强对葡萄牙历史的忠诚；②通过促进个人品格和公民意识的全面发展，使人们实现个人价值，具备对美学、道德和公民意识等价值观自觉思考的能力，并且身体得到均衡发展；③确保人们形成公民和道德意识；④通过尊重个性、个人选择以及考虑和重视不同的知识文化，确保差别权；⑤培养工作能力，在扎实的普通培训的基础上提供专门培训，使人们能够找到合适的就业岗位，根据自己的兴趣、能力和才干为社会进步做出贡献；⑥不仅通过培训使人们融入对社会有用的职业体系，并且通过学习创造性地利用业余时间，实现个人价值和社会价值；⑦教育结构和行为去中心化、分散化、多样化，以便做出适应现实的调整，提高全民的参与度，具备适宜的社区融入度和不同层级的有效决策；⑧纠正区域和地方发展中的不对称现象，并在国家所有地区增加平等获得教育、文化和科学惠益的机会；⑨对于由于个人年龄原因未能上学，或者出于职业和文化提升的需求，尤其是随着科技的发展需要改变和完善认知的人群，确保他们享有二次求学的机会；⑩通过男女同校、学校和专业指导的方式，确保两性拥有平等的受教育机会，让所有教育过程的参与者形成该认知；⑪通过在教育政策制定、学校管理和日常教学活动中贯彻全面参与机制，发扬民主精神，确保教育过程的所有参与者，尤其是学生、教师和家长融入其中。

二、《葡萄牙政府执政方案（2019—2023 年）》

葡萄牙目前正在实施的《葡萄牙政府执政方案（2019—2023 年）》列出了葡萄牙面临的四大战略挑战：气候变化、人口、不平等、数字和创新社会。其中，第三项战略挑战——"不平等"包含了维护性别平等和反对歧视、收入与脱贫、教育、消费者保护、区域凝聚力五个方面。

在教育领域，该执政方案对葡萄牙教育发展制定出如下规划。

第一，将公立学校打造成消除不平等现象的阵地。受教育的权利是社会发展的支柱，也是葡萄牙民主的基础。应继续建设好公立学校，使其成为改变个人和社会的要素。

第二，消除入学和离校的不平等。为了使全民从 3 岁起享有受教育权利并接受 12 年的义务教育，政府将采取系列具体措施，建立满足个人需求并确保各自学业成功的教育体制：在学前教育期间，针对语言和计算能力的发展，建立一个早期发现系统，并实施语言能力刺激计划；扩大学前教育中公立学校的规模；制定托儿所教学准则；针对为丰富课程大纲而开展的活动进行评估；鼓励建立稳定的教学团队；为差校开发增强自主权的项目，使其为满足专门群体的需求开展专项课程，比如语言、艺术和体育等；在初等教育中制定一项非留级计划，针对学习困难的学生采取不同的强化帮扶措施；促进公立学校课程大纲的丰富性和多样化，推动艺术、外语、编程等课程的引入，逐步实现初等教育阶段的"全过程教育"原则；落实"国家提升学业计划"，尤其是在学业不精比较集中的中等教育阶段；鉴于数学是成绩最差的科目，制定一项数学学习综合策略；采取多样化措施确保学生完成 12 年义务教育并获得全面成长和发展；开展专项计划，减少残疾学生的辍学现象，并且通过实施"个人过渡计划"帮助他们在结束义务教育后转向就业；推动开展学生互助计划，鼓励他们在学习过程中建立良好的人际关系并结伴合作；提高教与学评估系统的有效性；加强对学生的职业指导；实施困难家庭支持计划，在当地搭建针对儿童和青年的长期资助网络，让学校、家庭和社会保障服务有机结合并发挥实效；强化落实学校的社会行动政策，使其成为消除不平等和学业失败现象的基本措施；加强国内和国际的教师和学生交流项目。

第三，加强对高等教育的投入。进一步扩大高等教育招生，以消除不平等，推动国家和社会进步，应对日益复杂、不断革新的世界挑战。在鼓励入学和减少辍学方面，政府将采取多项措施。①加强对高校学生的社会支持，尤其是在奖学金、住宿和伊拉斯谟项目方面。②鼓励中等职业教育毕业生升入大学。③增加对成年人高等教育的投资，使服务多样化并适应不同的需求。④提供一部分按学业成绩择优录取的硕士研究生名额，并将学费控制在一定范围内，目的是创造更多接受高等教育的机会。⑤对于在中学阶段申请到社会行动奖学金的学生，确保其自动申领高校的社会行动奖学金，无须等待各大学的行政审批手续。⑥每年启动新的学生宿舍评估和修建计划，目标是在可负担的成本范围内，为高校学生增加 12 000 个床位，使总数达到 27 000 个床位。⑦推动四类的职业资格认证（短期培训——1 年，加上专业实习，毕业于就业率较低的专业领域的从业或非从业人员；通过企业、企业协会和高校之间的合作协议而正在从业的非毕业生；专业硕士研究生；技术专业领域的短期培训，非学位性质，等同于 MBA）。⑧通过设立督导和咨询师等岗位，解决学业不精和辍学问题。⑨扩大半工半读生的入校比例，尤其是在下班后开设课程，以鼓励更多的人就读大学和理工学校。⑩考虑到生源的不同特征，鼓励高校入学形式多样化；针对来自中等职业学校、高等职业培训和其他专业技术培训的毕业生和成人等生源，不同学校具有一定的招生自主权，以提升入学的公平性和平等性，让未享有入学机会的人群能够返回校园。⑪对践行多样化办学的高校给予奖励。⑫扩大大学和理工学院的夜校招生规模，并对此类教育机构给予支持。⑬增加残疾人学生接受高等教育的机会，完善学校的无障碍设施，优化针对残疾人学生的服务。⑭扩大公立高等教育规模，实现公立高校入学民主化，一方面增加入学人数，另一方面由国家与家庭共同承担学费。

第四，推动终身学习和职业培训。加强学校与社会、用人单位之间的合作关系，提升人员的职业能力，尤其是未达到最低教育水平（12 年级）的人群。这是提高成年人职业能力、消除就业不平等、实现终身学习民主化的最有效途径。为深化落实提升成年人职业能力的项目——Qualifica 计划，政府将具体采取以下措施：制定休假计划，以便于成年人在工作之余有时间进修，提高职业能力；在专家、公共组织和民间社会做出诊断的基础之上，在欧洲委员会的支持下，启动"国家成人素质提升计划"，以推动扫盲、社会包容和职业能力提升；在 Qualifica 框架下，针对中途辍学人群实施国家帮扶计划，确保他们通过多种途径完成学业；增加 Qualifica 项目实施点，确保该项目覆盖全国县市，鼓励更多人参与项目；加强 Qualifica 项目与地方政府、企业等机构的协同，提高项目落地效率；推动 Qualifica 项目融入公共管理，确保国家作为雇佣方全面参与到提高雇员职业素养之中；制定 Qualifica 项目在各行业领域的落实计划，如社会和企业应注重关键能力的培养；推动 Qualifica 项目的社会认可度；将参与 Qualifica 项目作为进入职业培训体系的原则和各领域培训实践的评价标准，以便优化对职业培训影响的综合监管，加强培训中心和该项目在促进成年人终身学习方面的作用。

三、国际协议

（一）多边合作协议

1. 欧盟

葡萄牙最早参与的是 1976 年通过的《欧洲教育行动方案》和 20 世纪

70 年代开始的欧洲教育委员会会议。

自 1992 年欧盟成立以来，教育一直是欧盟各成员国加强合作的领域，强调尊重教育体制的多样性以及各成员国的权限和责任，尤其是 1997 年签署的《阿姆斯特丹条约》更加强调了这一方面。欧盟通过鼓励成员国在共同关心的领域进行合作，支持国家倡议，推动发展优质教育。在教育政策方面，葡萄牙在欧盟教育部长理事会框架下，参与讨论重大议题，参与制定教育合作发展的指导方针和优先事项。此外，葡萄牙还向欧盟委员会的多个管理会、工作组、咨询组、试点项目派驻代表，参与教育合作行动的实施。在欧盟委员会倡议下，葡萄牙主要参与讨论了以下教育行动文件：《教育和培训、教与学：走向认知社会》白皮书、《教育、培训和研究：跨国交流的障碍》绿皮书、"欧洲首个创新行动计划"、"信息社会学习"行动计划。

1995 年，欧盟推出"苏格拉底"行动方案，旨在提供优质教育。该方案通过创建项目、网络和多边伙伴关系在欧洲范围内发展教育，拓宽和巩固教育合作，是一个涵盖所有教育层次、教育类型和教育机构的综合计划。在此方案下，葡萄牙主要参与了以下领域的跨国合作项目。①高等教育（伊拉斯谟项目）：支持高等教育机构之间的广泛合作活动，向高校学生提供交流学习奖学金。②初等教育和中等教育（夸美纽斯项目）：推动中小学多边合作框架下的教育项目、跨文化教育和教师跨国培训活动。③语言学习（语言项目）：推动语言教师培训、外语教师继续教育、助教合同签订、语言教材编写，制定语言评估方法、语言联合教育项目等。④开放和远程教育：通过跨国合作引入新的开放和远程教育模式。⑤成人教育：通过跨国项目促进人们对欧洲的了解和认识，就欧洲公民共同关心的主题建立成人教育组织。⑥教育政策和教育体制的信息和经验交流：开展教育政策研究和分析，为"欧洲教育信息网络"提供支持，推动教育负责人多边访学活动，支持"国家学术认可信息中心网络"建设。

1999—2000 年，欧盟推出第二阶段的"苏格拉底"行动方案和"达芬奇"行动方案，旨在加强在教育和职业培训方面的合作。葡萄牙还参与了"跨欧洲合作计划"，该计划旨在推动中东欧和脱离苏联的国家之间的高等教育发展和改革。葡萄牙多所高校参与到管理、数学、技术、自然和应用科学等领域的联合项目中。

2. 欧洲委员会

欧洲委员会成立于 1949 年，在 20 世纪 90 年代中东欧发生剧变后，成为欧洲大陆政府间和议会间最大的论坛。葡萄牙于 1976 年加入欧洲委员会。《欧洲文化公约》是一个国际条约，确定了欧洲委员会在教育、文化、遗产、体育和青年领域的活动框架，目前欧洲所有国家均加入了该公约。

1993 年和 1997 年在维也纳和斯特拉斯堡分别举行了国家元首和政府首脑峰会，此后，文化合作在寻求社会凝聚力、政治稳定和民主价值观方面开始发挥越来越重要的作用。在这种情况下，欧洲委员会的文化教育事务管理与促进机构——文化合作委员会试图将其活动集中在少数重要项目上。文化合作委员会下设四个分委会：教育分委会、高等教育与研究分委会、文化分委会、文化遗产分委会。教育分委会和高等教育与研究分委会在欧洲范围内开展了多项关于成人教育、语言教育、中等教育、跨文化教育、民主公民意识教育、历史教育等重要活动。葡萄牙主要参与了以下项目："民主公民意识教育"（2001—2004 年）、"了解欧洲遗产"（1992 年—）、"20 世纪欧洲历史教与学"（1997—2001 年）、"多元语言与文化的欧洲语言政策"（1998—2001 年）。

在欧洲委员会框架下，葡萄牙还参与了以下常规的服务性项目："教师继续教育项目""欧洲教育词库""学校联系与交流网络""学校里的欧洲——学校欧洲之旅""学术交流"。

葡萄牙参与以上项目的形式多样，有的是直接参加分委会会议或工作小组，有的是在欧洲委员会的指导下在葡萄牙开展调研或组织活动。

3．经济合作与发展组织

葡萄牙是经济合作与发展组织的创始成员。经合组织的前身是 1948 年 4 月通过签署《巴黎公约》成立的欧洲经济合作组织，1960 年 12 月更名为经济合作与发展组织。经合组织已经成为成员国之间开展多种形式合作的平台，远远超出了其成立时期的最初目标。虽然成立时公约中未提及教育，但是面临生产力提升对合格劳动力的需求，培养适应现代经济要求的人力资源日益凸显出其重要性。

经合组织开展的工作具有一个鲜明特征，即在更为广泛的人力资源范围内，将教育政策的指导原则与政府行动的其他领域（经济、社会、文化）联系起来。葡萄牙从一开始就参与了教育和教学领域的多项倡议，在经合组织的支持下实施创新项目，例如"地中海教育创新项目"。多年来，葡萄牙教育政策的多个方面被纳入经合组织报告的主题，其中以 1984 年出版的《葡萄牙教育政策评论》最具代表性。

目前，葡萄牙仍然继续参与经合组织四大教育方案的多项工作和活动，如参与"教育建设去中央化计划"和"高等教育机构管理去中央化计划"，是教育委员会成员及教育研究与创新中心成员。葡萄牙参与的较有代表性的项目包括"教师与基础教育改革""教学研究与发展""为面临危险的儿童和青少年提供融合服务""教育效率与教育资源管理""教育与新信息技术""明天的学校""教育系统统计与指标"等，还参与了近些年开展的主题研究，例如"高等教育初期""初期培训到就业的过渡""学前教育与幼儿保育""成人学习"等。

此外，葡萄牙还在经合组织多项预算支出中做出了贡献，并且作为援助发展委员会的成员国为其他国家提供帮助。

（二）双边合作协议

1．"发展合作"政策

"发展合作"政策的中心目标是在紧密的双边合作关系基础上，促进非洲葡萄牙语国家的教育发展，该政策会根据葡萄牙与非洲各个葡语国家间的合作计划进行定期的调整。双方在教育领域的合作项目涉及广泛，例如教师的初期培训和继续教育、各国教育部的组织和机构调整、在课程规划和开发方面的教育体制改革等。

在"葡萄牙语国家共同体"框架下，每年召开葡语国家教育部长年会，以多媒体教学、职业技术教育、教育评估等主题为优先任务，旨在支持"共同体"各成员国的教育发展。

2．其他文化协议下的合作

葡萄牙与几十多个国家签署了文化协议，为开展文化领域的对外合作明确了总体框架，通常由合作双方的联合委员会制定每三年的具体行动计划。教育部在这些行动计划中主要负责以下内容：保持教育领域的持久信息和文件交流，以便更好地了解各国的教育体制；保持教育专家的交流，以确保教育体制和教学领域的不断改革和创新；促进国外的葡萄牙语教学；推动校际交流；推动外语助教的交流；促进高等教育合作。

（三）学历认可

关于初等教育、中等教育和高等教育国外学历认可，1997年8月20日颁布的第219/97号政令对在国外取得的学历文凭认可做出相关规定。对于为从事某项职业而进行的职务、职称或头衔认可，葡萄牙在欧盟框架内遵循相关的国家法律、特定职业领域法规以及社区规定。

第二节 实施特点

葡萄牙教育政策的实施可以从三个方面进行概括：去中央化与集中化交替、新公共管理模式的应用、混合式发展。

一、去中央化与集中化交替

自 1986 年《教育体系基本法》颁布后，葡萄牙开始实施去中央化和区域化管理的教育政策。但是，在 20 世纪 90 年代的后半段，葡萄牙在教育发展方面仍然落后于西欧大多数国家，尤其是失学、辍学率较高。为了改变这种状况，葡萄牙政府提出了一项"教育公约"，以求达成广泛的社会和政治共识。[1] 该公约旨在制定让葡萄牙社会重视教育、参与提升教育质量的社会契约，通过积极的对话形成和谐的教育社会。为了降低失学率、退学率和辍学率，葡萄牙政府在 20 世纪 90 年代末实施了如下措施：为某些学生开设替代性（灵活性）课程，通过使课程多样化确保未因完成基本学业而辍学的人群获得义务教育的文凭；设立政府优先干预的教育区域；大幅增加学前教育招生名额。

鉴于学前教育无法满足大多数家庭的需求，1997 年，葡萄牙颁布《学前教育框架法》，在建立市级公立幼儿园网络方面赋予地方政府更大的干预

---

[1] TEODORO A. Pacto educativo: aspirações e controvérsias[M]. Lisboa: Texto Editora, 1996: 101.

权。次年，地方政府设立了专门的教育主管部门——"地方教育委员会"，并且制定各校的学校教育章程。这一教育领域的新规对教育部来说具有决定性意义，因为它进一步完善了教育体制内存在的问题，比如，学校的管理和自治、学校集团的建立、教育共同体对学校管理和自治的参与，等等。从此，学前教育和初等教育第一阶段均由地方，即市级政府统一协调管理，每市设有学校代表团；初等教育第二、第三阶段和中等教育由教师选举和组成的"领导委员会"管理。学校集团的设立加强了不同学校间的联系，使各教育层次的教师参与到管理中，并且通过建立议事机构——"学校代表大会"，让学生家长、社会机构和当地政府参与包括监督"领导委员会"选举过程在内的教育管理事宜。

2003 年，随着葡萄牙议会政策改革和中右翼政府的上台，"市教育委员会"取代"地方教育委员会"的新规出台，并规定学校教育章程须依据市总体规划而制定。通过这一举措，国家对"市教育委员会"实现了合法集中化和标准化，同时也制约了学校教育章程的制定进度，至 2008 年 9 月，也就是新规出台的第五年，仅有 269 份学校教育章程通过审核。自 2003 年起，尽管教育部强调在学校自治的基础上实施权力下放，而实际上中央对教育的管理更加集中化，[1] 这体现在中央通过非集中化的行政机构，即五个区域教育管理委员会，强迫建立纵向的学校集团，而这些学校集团实际上并没有被赋予恰当的自主权，而是处于行政机构的严密管控之下，从而被束缚于各种官僚主义的繁文缛节中。[2] 在"市教育委员会"内部，对于教育共同体参与有关非高等教育问题的表决等行为设立了种种限制，当地权力机关在委员会内部的代表性提升，代表与被代表之间没有必然联系，甚至

[1] TEODORO A, ESTRELA E. Curriculum policy in Portugal (1995—2007): global agendas and regional and national reconfigurations[J]. Journal of curriculum studies, 2010, 42(5): 621-647.

[2] BAIXINHO A. Políticas educativas em Portugal: governação, contexto local e hibridismo[J]. Eccos revista científica, 2017, 42(1): 105-124.

连初等教育和中等教育的教师代表都不是经由教师群体选举出来的，因此，"市教育委员会"成为形同虚设的自治机构。

市政府拥有行政自主权，很多市政府根据本市的发展战略组织教育主管部门，例如，在某些市，市长是教育负责人；而在另外一些市，教育管理权被赋予市议员；还有些市政府会单独设立一个行政机构，比如市教育局，由局长担任部门主管，或者设立一个规模较小的教育办公室。

2005年，新政府上台，发起了"全日制学校"计划，旨在让学校尽可能延长每日开放时间，集中化配置人力和物力资源，从而满足新生活方式下的家庭和社会需求。中央政府下令关闭学生数少于21人的学校，导致上千所初等教育第一阶段的学校被关停，内地和较小规模的教区受到较大影响。与此同时，政府实施了另外一项方案——"丰富文化活动"，即由国家向市政府拨款（每年每位学生250欧元），由市政府建立教育中心，负责开展英语、音乐、体育等文化教育活动。国家希望将教育责任和运作权都交由市政府，然而给地方带来了一系列教育市政化问题，比如，国家的拨款额度无法支撑所有计划活动，开展的活动与当地已有的文化休闲活动重复，等等。有些城市并未接受协调开展"丰富文化活动"的方案，而是将协调权交付给了学校集团，他们认为当地市政府和社会专门机构已经开展了广泛的文化休闲活动，并且认为这一方案本意不在雇佣专业人员和教师开展文化活动，从而真正实现教育市政化，而只是想通过重视民主参与来强调民主治理。[1]

随着"全日制学校"计划的实施，城市选择在人口密集的地方建成教育中心，以便于学前教育和小学教育的人群集中，并且确保提供校车和校餐。为此，市政府雇用了更多的职员，并且采购了校车，与私营企业或社会团体合作一起供应校餐。由于师资匮乏，不少教师一天内奔波往返于多

---

[1] LESSARD C. La "gouvernance" de l'éducation au Canada: tendances et significations[J]. Éducation et Sociétés, 2006, 18(2): 181-210.

个学校而疲惫不堪。在建设教育中心的过程中，有些市政府并不寄希望于公共财政的拨款，而是采取了公私合营的方式筹集资金，还有些申请欧盟基金或国家基金。然而，中央政府以（重新）集中化的逻辑，强迫地方政府关闭规模较小的小学，并使所有学校集团垂直化，有时与教育章程中的规定相矛盾。

二、新公共管理模式的应用

教育领域的改革正朝着新公共管理的方向发展，更多地采用企业管理的理论和实践，系统地利用国家的权力在财政上强加市场规则。因此，这种新的管理是建立在私人管理的逻辑之上的，私人管理的重点是管理而不是政治，更关注自我提升能力而不是技术和职业能力，[1] 在管理落地化、监管和财务报账体系等方面注重权力下放。托罗法利认为，教育领域的新公共管理形式主要表现为：地方对学校管理、父母和地方被赋予更多的选择权和权力、社区更多地参与学校生活、教师对学校的归属感和依赖降低、通过对结果的测评和监控注重绩效。[2]

新公共管理框架下的葡萄牙教育发生了如下调整：将教授与其他职称的教师的教学分工进行区分 [3]；行政管理方式从横向向纵向过渡；制定和公布学校排行榜，将教育"市场化"[4]；安排专职人员替代原有的教师开展"丰富文化活动"，一定程度上削弱了教师对班级的管理权限；受世界排名前列

---

[1] SALAMON L M. The tools of government: a guide to the new governance[M]. Oxford: Oxford University Press, 2002: 66.

[2] TOLOFARI S. New public management and education[J]. Policy futures in education, 2005, 3(1): 75-89.

[3] 2010 年，经葡萄牙教育部与教师工会进行协商，该分工取消。

[4] MARTINS M F. Gerencialismo e quase-mercado educacional: a acção organizacional numa escola secundária[D]. Braga: Universidade do Minho, 2009: 55.

国家管理实践的启发，采取以单一领导取代合议机构（行政委员会）的学校行政管理模式，并引入"经济金融世界"的规则，将民主参与机构（学校代表大会）替换为股份制占上风的董事会，减少教学人员和非教学人员在管理层中的数量；原本由学校人员制作的校餐改为外包；引入配给制政策，在教师和非教学人员评估中采取配额方法；通过增加家长干预来加强社会管控；等等。[1]

此外，葡萄牙教育也受到全球化战略影响。一方面，国家为了吸引更多跨国公司的投资来增强竞争力，制定的教育政策以培养胜任全球"业务"的人才为导向。在此背景下，葡萄牙颁布了如下措施：将国际通用语——英语尽早纳入教学大纲；采取"以技术为中心"的教育理念，为小学生采购便携式电脑提供便利条件。

另一方面，中央层面的管理如同以股市逻辑运作的大型跨国公司，通过成立董事会、设立首席执行官或董事长等为"客户"提供便利，为当权者谋利益。这些"客户"通常直接或间接地与政府相关，比如前任政府领导、建筑商、大企业等。在葡萄牙教育领域，以"学校公园"为代表的企业以及国家职业资格和教育局等机构应运而生。[2]"学校公园"是 2007 成立的商业机构，具有行政和财务自主权以及自有资产，并接受财政和教育部门政府官员的监督。该机构旨在实现公立中学和其他与教育部相关机构的现代化，然而在对这些学校进行重建和现代化的过程中，"学校公园"也逐步持有它们的资产。这种管理模式存在诸多"不稳定性"，学校在被企业介入之后，校产被转交给"学校公园"，虽然学校的建设在融资和土地方面能得到市政府的支持，但是学校管理层每月还需支付给企业一定的租金。企

---

[1] ANÍBAL G. TEODORO A. A educação em tempos de globalização: modernização e hibridismo nas políticas educativas em Portugal[M]//TEODORO A. Tempos e andamentos nas políticas de educação: estudos iberoamericanos. Brasília, DF: Liber Livro, 2008: 105-122.

[2] BAIXINHO A. Políticas educativas em Portugal: governação, contexto local e hibridismo[J]. Eccos revista científica, 2017, 42(1): 105-124.

业将重点放在雇佣土木建筑公司建设学校房产和未来出租校产的收益上，最终导致"学校公园"成为全国第五大负债公司，负债额达到 20 亿欧元。

"学校公园"最初以校舍陈旧、建筑材料有害于公共健康、没有综合体育场馆为由，对学校进行重建，这一出发点是好的，但是在实际落实过程中，大型建筑商使用奢侈和高耗能材料，大大提升了建筑成本。最初每个学校重建预算为平均 282 万欧元，但经财政部审计后，2011 年 12 月，该预算增至 1 545 万欧元，几乎是原额度的五倍。"学校公园"从教育部以 7 900 万欧元采购了七栋大楼，并向教育部每年收取 478.5 万欧元的租金，作为教育部使用七栋大楼的费用。教育本应通过减少不平等和采取负责任的规范措施给社会带来稳定，但是类似"学校公园"的项目并没有遵循这一基本原则，致使市场没有繁荣，民主无法生存。[1]

三、混合式发展

中央政府在集权与分权、市场与治理之间采取"推拉"手段，将无关紧要的职能"推"给其他机构，而把教育政策的核心职能强势地"拉"为己有。在某些方面，中央政府越来越减少干预，比如，教学基础设施建设，教师、专业技术人员、行政和教辅人员聘用等，尤其是涉及中央颁布的"全日制学校"计划。甚至在学校某些辅助性服务方面，比如校餐制作、校车接送等，中央政府也彻底交出权限。而在制定国家课程大纲和统一认识、实践、价值观等方面，中央政府始终未将权力下放，主要体现在：始终将葡萄牙语和数学作为核心课程；建立学校集团；关闭规模较小的小学；

---

[1] OLSSEN M, CODD J, O'NEILL A. Education policy: globalization, citizenship and democracy[M]. London: Sage Publications, 2004: 77.

对教学结果和师资绩效进行评估；对学校集团和学校自主权的管理等。[1] 中央政府根据国内外实际情况，在行政部门、学校集团和地方政府之间采取"合适的权力分配"，制定和调整教育政策。

"合适的权力分配"体现在纪律制度、教学活动规划和表现评估等方面。比如，在纪律方面，对教师或职员进行调查、任命教员等都成为学校管理层或校长的职责；假如教师由地方政府聘用，则由市行政机构负责纪律监管；关于学校活动的开展也采取分权，例如"丰富文化活动"项目；教育部负责对学校教育活动的规划、管理和评估进行监督。虽然部分权限已经转交给市政府，教育部仍然通过指导和支持对教育进行管控，比如，制定教辅人员和行政助理的人数配备标准。

随着地方机构对教育的干预增多，学前教育和初等教育越来越趋于当地化管理。中央政府以权力下放的名义将某些教育层次和服务的管理交由地方政府、协会、学校集团、私立学校等。教育政策基于向市场开放的原则而制定，包括某些特定职能和教育服务的融资和私有化等。由此导致某些公共服务转交至非国家主体手中，重商主义特色凸显，因此，治理的性质从提供公共服务的保障者转变为监督机构，并将"质量监管"作为优先事项。

[1] PACHECO J A, PEREIRA N. Globalização e identidades educativas: rupturas e incertezas[J]. Revista lusófona de educação, 2006, 8: 13-28.

第十一章 教育行政

根据《教育体系基本法》规定，葡萄牙的教育行政管理具有如下特点：严格遵循民主性和参与性的基本原则；教育行政机构分为中央和地方两个层级，并且与由教师、学生、家长、地方权力机构和社会、经济、文化领域代表性机构以及科研机构组成的群体保持协作；国家通过有关部委协调教育政策，确保教育行政的统一和效率；采取去中心化和分散化的管理模式。本章将从中央教育行政和地方教育行政两个层面，分析葡萄牙教育行政管理模式。

第一节 中央教育行政

一、行政管理机构

《教育体系基本法》规定中央教育行政机构有以下职能：设计、规划和定义教育系统的规范，使其具有统一性并且符合全国教育目标；对教育政策措施的执行进行整体协调和评估；开展教育监督和巡查，以确保教育质量；制定开办学校的基本标准，包括学校类型、校舍建筑和设备标准等；

确保教育水平和包括教材在内的教学资源、技术手段的质量。

葡萄牙中央政府设有两个部委负责教育行政管理：教育部与科学、技术和高等教育部。2011 年通过的《教育科学部组织法》将两个部委合二为一，以便以更加便捷灵活的组织方式支持国家的教育、科技政策，促进人才培养和科技进步，推动葡萄牙社会可持续发展。

教育部与科学、技术和高等教育部的主要使命是制定、协调、推广、执行和评估教育和科技系统的国家政策，使之与人才培养政策相结合。为实现该使命，担负如下职能：①制定和推动执行有关学前教育、初等教育、中等教育、高等教育、特殊教育、校外教育和科学技术方面的政策，并确定这些政策的组织、融资和评估方式；②参与制定和执行人才培养和资格认证政策；③促进教育、科技、人才培养政策与葡萄牙语推广、家庭援助、社会融入和就业等政策的协调；④保障全体国民的受教育权利及获得义务教育学历，促进教育机会平等；⑤改善教学和学习条件，以提高学生学业成绩、国民素质和就业指数；⑥重视丰富国民的个人经历、自由选择和终身培训；⑦在教育和科技系统的各个层次发展和巩固评估体系；⑧制定国家课程大纲和学生评估体系，审核包括海外葡语教学在内的所有教育方案以及这些方案的执行计划；⑨为非高等教育层次的海外葡语教学制定指导方针，并对葡语学习水平进行资格认证，对海外葡文学校开展监督；⑩制定、管理、跟踪非高等教育公立学校的发展、重建、保护和现代化等范畴的相关举措；⑪支持学校自主权，采取去中心化的管理模式，帮助学校落实教育项目、组织教育活动；⑫促进高等教育和科技系统的发展、现代化、竞争力和质量提升以及国际评估，加强机制建设；⑬规划和管理分配给教育、科技系统的人力、物力和财力资源，不影响高等教育机构和国家科技系统机构的自主权；⑭促进高等教育供给的合适性，包括公立学校和私立学校之间的联系和互补，以及重新定义学校机构网络和培训；⑮规范和促进对教育机构和国家科技系统机构的评估和巡查；⑯建立一个分析、监测、评估和展示结果的系统，用以评估教育和培训政策的结果和影响；⑰鼓励和支持葡萄牙科学技术的发展，对研发领域的人力资源开展培训和资格认证，以加强和改善科学生产以及公共和私营领域的科学岗位就业；⑱加强高等教育系统与科技系统的合作，增强它们与生产部门的相互联系；⑲促进、鼓励和支持公司与研究单位合作建立联盟、网络和项目，创建技术型公司，制定对创新、技术示范和应用研究有利的企业战略；⑳发展科技文化，鼓励和支持传播、普及科学知识以及教育和实验活动；㉑支持国民在欧洲范围内的深造进修，确保更高水平的就业能力，并激发创业精神；㉒根据葡萄牙外交政策的指导方针，在无损外交部权限的情况下，在教育和科技系统内开展国际交流与合作；㉓在国际合作层面，鼓励开展科技和创新项目，促进知识和技术的传播，在无损外交部权限的情况下，参与国际组织，并为欧盟制定科技政策做出贡献。

教育部与科学、技术和高等教育部由中央直属管理部门、非中央直属管理部门、咨询机构和其他机构组成，各部门相互协作共同履行各项职能。中央直属管理部门包括总秘书处、教育和科学监察总局、教育总局、高等教育总局、学校管理总局、教育和科学统计总局、学校机构总局；非中央直属管理部门包括科学技术基金会、里斯本大学体育场、国家职业资格和教育局、教育评估研究所、教育财政管理研究所等；咨询机构包括全国教育委员会、学校委员会、高等教育协调委员会；其他机构包括全国科学技术委员会、里斯本科学院等。以下简要介绍各部门的使命。

总秘书处，确保为部委成员和机构在如下领域提供专门业务支持：法律援助，争端解决和诉讼，就业和劳务关系，人力、物力、财力和技术资源管理，公共采购，欧洲事务和国际关系，质量政策，信息和宣传等。

教育和科学监察总局，确保部委的机构和受政府成员监督的主体的行为合法、合规，对学前教育、初等教育、中等教育、高等教育、特殊教育、校外教育机构和科技机构以及两个部委的各部门进行管控、审计和监督。

教育总局，确保学前教育、初等教育、中等教育和校外教育机构落实有关教育和教学的政策，为政策落实提供业务支持，跟踪和评估政策的落实情况，并协调各种考试的规划。

高等教育总局，负责制定、执行和协调高等教育政策。

学校管理总局，在无损地方权力机关、学校管理机构和国家海外语言文化推广机构的权限的情况下，确保管理政策的实施和教育人力资源的发展，对职业资格和教师履职相关问题予以关注和解决。

教育和科学统计总局，负责教育和科学领域的统计和分析，为政策制定和战略规划提供技术支持，确保两个部委综合信息系统的良好运转，与部里其他部门共同观察和评估教育和科技系统的数据结果。

学校机构总局，确保管理措施在地方的落实和两个部委外围权限的行使，在不影响其他中央部门权限的情况下，保证对学校的指导、协调和监督，促进学校发展自主权，与地方权力机关、公共和私人组织协作，对教育系统进行干预，旨在加强地方互动并支持地方和区域机构的良好运作。

科学技术基金会，开发、资助和评估科学技术领域的所有机构、网络、基础设施、科学设备、计划、项目和人力资源，发展国际科技合作，协调公共科技政策，开发国家科学计算技术，促进先进技术的安装使用及其网络连接。

里斯本大学体育场，管理其场地和运动设施，在高校或社区的体育活动中，为使用者提供教育、文化、健康等方面的指导，确保使用者享有高质量的服务。

国家职业资格和教育局，协调职业教育和培训政策的实施，发展和管理职业能力认证系统。

教育评估研究所，对初等教育和中等教育阶段学生知识和能力的外部评估进行规划、设计和评价，为国家做出有关提升教育系统的质量和效率方面的决策、参与学生外部评估方面的国际研究等提供信息支持，根据需求举办专门知识和能力水平考试。

教育财政管理研究所，与部委其他部门一起，确保部委财政规划和管理以及战略和运营计划的实施，保障教育和科技预算的可靠性及持续的预测管理，对教育系统的政策落实和财政信息系统的运作进行整体评估。

全国教育委员会，一个行使咨询职能的机构，其使命是动员各种社会、文化和经济力量就教育政策达成广泛共识。

学校委员会，在教育部制定有关学前教育、初等教育和中等教育政策时，代表学校机构履行相关职能。

高等教育协调委员会，向负责高等教育的政府官员提供关于高等教育政策方面的建议。

全国科学技术委员会，在国家中长期政策和战略的制定方面，就跨领域科学技术问题向政府提供建议。

里斯本科学院，一所公共科学机构，根据其具体章程行使权限。

二、革新主张与实践案例

"优先干预教育领地项目"是葡萄牙政府于1996年颁布的教育举措，旨在加强对经济社会发展欠发达地区（这些地区以贫困和社会排斥为特征，其中暴力、违纪、辍学、学业不精等现象尤为凸显）的教育干预，预防和减少早期辍学、失学，减少违纪行为，以推动教育发展。

在实施的第一阶段，该项目覆盖里斯本大区和波尔图大区贫困地区的35个学校集团。2006年，项目进入第二个实施阶段，该阶段的主要目标是提升学生的学习质量，减少辍学和学业不精现象，通过教育引导和职业培训使学生顺利向职业生涯过渡；发挥学校在社区生活的核心作用，加强学校与当地其他合作机构的协作。第二阶段另有24个来自全国其他地区的学校集团加入，到 2009 年，共计 105 个教育集团和学校参与该项目。2012 年，项目开启第三个实施阶段，该阶段的主要目标是为促进所有学生，尤其是处于贫困和社会排斥地区的儿童和青年的教育发展创造条件；加强学校自主权，鼓励学校根据当地实际情况，实施自主发展项目，因地制宜，应对挑战；确保可利用的管理资源高效使用；提高学习质量；减少失学和辍学现象；通过教育引导和职业培训使学生顺利向职业生涯过渡。截至 2023 年 3 月，共有 146 个教育集团和学校参与。[1] 教育总局负责项目的总协调和总评估；每个参与单位成立专门的工作小组，制定和落实"多年改进计划"，计划包含教育和针对学校和社区的一系列措施和行动。

根据 2019 年 9 月教育总局做出的项目第三阶段实施报告（2012—2018 年），2012—2017 年，葡萄牙大陆地区总教育集团和学校数量从 804 个增至 806 个，大陆地区平均每学年参与"优先干预教育领地项目"第三阶段的教育集团和学校数量占全国总数的 17%；同期，大陆地区学生人数从 1 110 847 人降至 1 028 140 人，降幅为 7.4%；参与"优先干预教育领地项目"第三阶段的学生数量从 2012—2013 学年的 173 203 人（占学生总数的 15.6%），降至 2016—2017 学年的 153 580 人（占学生总数的 14.9%）；在 137 个参与单位中，131 个是学校集团，另有 4 所高中和 2 所初高中，波尔图、里斯本、塞图巴尔、阿尔加维这四个区的参与单位最多；从参与单位的学生规模来看，2012—2013 学年，50% 的单位拥有 1 128 名以上的学生，而 2017—2018 学年，这一数值降为 1 030 人；从参与单位的教育层次来看，95% 的机构提供初等教育第一阶段和第二阶段普通教学，2015—2016 学年，初等教育第三阶段的职业教育学生人数达 4 000 人，少于 40% 的机构提供中等教育，2012—2018 年，中等教育学生人数增加 10.7%，其中中等职业教育的人数增加 13.5%；从参与项目单位和未参与项目单位的学生保留

---

[1] 资料来源于葡萄牙教育和科学部教育总局官网。

率来看，一——十二年级中，二者的学生保留率最低值都在三、四年级，最高值在十二年级，参与单位的学生保留率中位数均高于未参与单位，二者最大差距体现在 2016—2017 学年的十二年级——参与单位的学生保留率中位数比未参与单位高出 7.1%；参与单位 90% 的一年级学生接受了学前教育，并且接受过学前教育的学生升入三、四年级的比例很高，可以看出学前教育在整个教育环节中是一个重要因素；2012—2018 年，初等教育第一阶段的学生保留率中位数从 6.1% 降至 3.6%，辍学率保持在 1%，初等教育第二阶段的保留率中位数从 11.6% 降至 4.9%，辍学率在 3%—5% 波动，初等教育第三阶段的保留率中位数从 16.5% 降至 9.0%，辍学率在 2%—5% 波动，2017—2018 学年，普通中等教育学生保留率中位数为 14.1%，职业中等教育为 2%。[1]

　　总体来看，60% 的参与机构超额完成了预定目标，平均每个机构在 2017—2018 学年实施了 11.4 项行动，其中一半行动集中在提升学习质量方面，95% 的机构聘请了校外专家，主要针对教学实践进行指导，90% 的机构对教育总局的协同工作表示"非常满意"和"满意"。[2] 关于"多年改进计划"的落实，参与机构予以如下反馈：师资和技术人员队伍不稳定，多年来工作中累积的问题仍然存在；重视领导角色以及教育共同体全体成员和外部主体参与的重要性；与来自不重视教育地区的家长和学生的沟通仍然存在困难；计划的规划、持续性以及实施监测具有重要意义；突出了教育资源的重要性。

　　"优先干预教育领地项目"一定程度上对推动葡萄牙整体教育事业的发展起到了积极作用，鉴于新冠肺炎疫情给教育教学带来的冲击，该项目的实施亦受到了影响。葡萄牙政府正在筹划项目第四个阶段的实施规划，以期最大化地实现该项目对葡萄牙社会产生的积极效应。

---

[1] 数据来源于葡萄牙教育和科学部教育总局"优先干预教育领地项目"官网。

[2] 数据来源于葡萄牙教育和科学部教育总局"优先干预教育领地项目"官网。

第二节 地方教育行政

一、行政管理机构

《教育体系基本法》规定各地区设有教育管理机构，负责统一、协调和跟踪教育活动。2011 年以前，葡萄牙设有五个地区教育局：北部地区教育局、中部地区教育局、里斯本和特茹河谷地区教育局、阿连特茹地区教育局，以及阿尔加维地区教育局，分别位于波尔图、科英布拉、里斯本、埃武拉和法鲁。五个地区教育局拥有行政自主权，由地区教育局局长领导，负责履行教育部在地区层面对非高等教育机构的指导、协调和支持职责。2011 年，《教育科学部组织法》将五个地区教育局取消，其所有权限被整合至学校管理总局，旨在加强学校的自主权，通过去中心化的管理模式支持学校开展教育项目和组织教育活动。

此外，根据葡萄牙宪法规定，葡萄牙的地方行政机构分为区、市和教区三个管理级别，其中，教区是最基层的，市是最重要的。葡萄牙的市政府设有教育局，负责向辖区内的所有教育机构提供协调、指导和支持。下面以里斯本市教育局为例，介绍市教育局的主要职责：①在市政府权限范围内，实施与儿童、学前教育、初等教育相关的政策；②根据市政府要求，与市城市规划局协作，确保对教育章程和其他规划性、诊断性文件的跟踪和更新，落实对学校园区的建设和改造规划；③与国土管理和市政保护部门协作，促进市教育设施的建设和质量认证，以执行里斯本市教育章程和其他规划性文件；④行使市政府在支持学校社会行动、校车管理、食堂管理和其他援助活动方面的权力；⑤确保校餐质量；⑥为学校园区采购和提供设备、技术，确保对学校管理给予支持；⑦鼓励课余时间，利用学校设施开展学前教育和初等教育的补充教育活动；⑧支持学校集群和其他社会教育机构开展教育经验交流、援助儿童和教育等各类教育项目和活动；⑨与市住房和地方发展局、社会权利局协作，建立市政府社会援助数据库，及时统计社会援助受益人的相关信息；⑩与市文化局、里斯本学校图书馆网络协作，在教育部学校图书馆网络的协调下，开展和监督"国家阅读计划"相关活动；⑪推动市教育委员会的运行；⑫促进非正式教育范围内的各项认知活动和项目；⑬在职能范围内，促进和参与教育和培训活动；⑭与市信息系统部门和市遗产管理局协作，确保对其负责的设备进行注册登记。

二、革新主张与实践案例

《2021—2025 年里斯本市发展规划》涉及六大支柱 [1]，其中第二个支柱"对抗排斥、维护权利"在教育领域确立了两项重要计划，即"更高学历、更高素质、更多学校"计划和"培养人才"计划。

（一）"更高学历、更高素质、更多学校"计划

该计划旨在成为青少年和成人教育培训的典范，确保所有国民拥有受教育的平等机会，提升学生学业成绩和专业素质。计划指出，虽然里斯本市民的整体专业素质高于全国平均水平，但仍存在不足之处，例如低年龄段人群失学率和辍学率较高、成年人群的学历和专业能力较低。解决这些问题需要同时采取一系列的综合措施，如提升学校人力资源、技术资源和教学质量；消除不平等，让所有人接受中等教育，加快降低低龄辍学率；为成人教育和培训提供多种路线和空间，等等。里斯本市政府为确保所有

---

[1] 资料来源于里斯本市政府官网。

儿童和青少年接受学前教育、初等教育和中等教育，从如下几个方面实施"更高学历、更高素质、更多学校"计划。

投入 500 万欧元设立"所有人上中学"项目，用以支持学生求学，任何教育机构、家庭、学生群体均可提出资助申请；继续推进"新校园"计划，对初等教育第一阶段的学校的安全条件以及校园设施的舒适性和可及性开展详尽调查，并采取必要的改进措施；探讨初等教育第一阶段、第二阶段和中等教育行政管理权的下放；一旦实现初等教育第一阶段、第二阶段和中等教育行政管理权的下放，市政府需保障资金和技术支持，以优化校园设施；参照本市新建学校的标准，制定一个更新所有初等教育第一阶段校园设备的计划；为确保初等教育第一阶段、第二阶段、第三阶段全程实现全日制教育，将"丰富文化活动"计划拓展至所有的学习陪伴项目，并且通过创建"给予你最好的"项目，与大学生培养计划进行结合；根据健康饮食原则制定改善校餐计划，从"质"和"量"两方面优化校餐供给，实施校内制作、所在教区委员会管理；在市政府成立校餐质量监督办公室；推进"里斯本学习中心"的运行，为儿童、青少年和成人提供学习和文化娱乐空间，各项能力培训、扫盲课程、文化推广等活动均可在此举办；创建"里斯本工匠"项目，旨在与教区委员会和市集合作，向工匠大师学习，重视里斯本传统行业，推动知识和技能的传播；促进成人教育的供需，重视正式和非正式学习，通过监督 Qualifica 计划的实施情况鼓励本市 Qualifica 培训中心积极配合参与成人教育；搭建市培训网络，重点发挥就业办公室、就业中心、Qualifica 培训中心、公立和私立学校的作用，为成人开辟学习和就业途径；支持老年大学，承认其在应对社会老龄化和服务老年人群方面做出的积极贡献；提升职业教育、艺术教育和学徒培训的专业化程度，建立适应里斯本劳动力市场新需求的职业培训网络，重点发展旅游、老年健康服务、文创产业等本地新兴的产业领域；创建一个涵盖所有教育层次的"里斯本电子学籍注册库"；结合"国家阅读计划"，发挥市图书馆的功能，为不同年龄层的市民举办文化和阅读工作坊等活动；确保公立学校初等教育第二阶段、第三阶段和中等教育的学生免费获取教材等学习资料，其中国家负责提供教材，市政府承担练习册等其他资料的费用；扩大本市公立幼儿园的覆盖率。

（二）"培养人才"计划

作为全国最大的"大学城"，里斯本聚集了国内最大规模的高水平人才。为真正成为知识创造、传播和研发中心，里斯本推出"培养人才"计划，以促进大学与城市的联动，培养和吸引更多人才。具体措施如下。

投入 500 万欧元基金，与大学合作开发研究项目，支持博士生资助项目，培养年轻科学家和研究人员，吸引顶尖科学家。推广"在里斯本学习"项目，通过以下方式吸引外国学生和研究人员：与每所高等教育机构建立新的合作伙伴关系并签署战略合同；在一年一度的外国学生接待活动中继续宣传该项目，推广"在里斯本学习"门户网站，并优化"学习休息室"提供的服务，使其成为接待学生和提供信息服务的空间；加强与"留学葡萄牙"等国家项目的衔接；在本市创建外国语言文化中心。启动市政府与教育机构和研究中心合作的城市战略，以落实"创新和知识之城"的规划。推动大学研究成果的广泛传播和应用（如专利等）。制定激励措施，吸引年轻人到市中心，改善大学生住宿条件，与高等教育机构和中央政府共同实施大学生宿舍计划。确立"里斯本大学生和研究者日"。支持大学城的现代化建设，优化住宿和课外活动空间、设施。扩建新里斯本大学的校区。支持里斯本天主教大学校园扩建。

第十二章 中葡教育交流

　　本章对中国与葡萄牙两国间的文化教育交流历史、现状、模式与原则进行梳理，同时结合两国教育交流合作中的典型案例——卡蒙斯学院和阿威罗大学孔子学院，分析其成功的经验和存在的问题，对未来中葡双方在"一带一路"框架下的文化教育交流提供中肯建议。

第一节　交流历史

　　葡萄牙与中国的交往可以追溯到 16 世纪初，当时的葡萄牙航海家在中国的珠江流域以及浙江和福建沿海一带停靠船只，希望与中国建立商贸关系，并最终成为最早向中国派遣使节的欧洲国家。1979 年 2 月 8 日，葡萄牙与中华人民共和国建立外交关系。1999 年 12 月 20 日，澳门回归祖国，中华人民共和国政府恢复对澳门行使主权。本节将分为建交前和建交后两部分，梳理中葡的交流历史。

一、建交前的中葡关系

中葡交往历史悠久，"几百年前，中国青花瓷漂洋过海来到葡萄牙，同当地瓷器制作技术相融合，形成了独具魅力的'葡萄牙蓝'。葡萄牙东北部的弗雷索城很早就使用源于中国的桑蚕织造技术，享有'丝绸之乡'的美誉"[1]。据史料记载，第一位抵达中国的葡萄牙人是欧维治，他奉葡属马六甲总督之命于 1513 年夏天至 1514 年初（明正德八年至九年）航抵广东珠江口屯门澳，与当地居民进行了香料贸易。1517 年，皮雷斯由于熟悉中国事务，被任命为第一位赴华特使来中国。葡萄牙人最初只是在澳门海域沿岸搭建棚屋做临时交易，后来，他们开始在澳门入住，并逐渐运送砖瓦木石，大兴土木，搭建了永久性的房屋，盘踞于此。1557 年，葡萄牙在澳门设立永久贸易据点，标志着澳门正式开埠。澳门不仅仅是当时葡萄牙在远东的重要贸易港，也是耶稣教会传经布道的战略要地。为了更加有效地传教，传教士们一方面学习当地语言和习俗；另一方面，他们在澳门修建天主教堂，将葡萄牙语言和文化输入到中国。由此，澳门逐渐成为以中华文化为主、兼容葡萄牙文化的东西方文化交汇之地。

明清政府实行既让澳门葡萄牙人行使若干自治权，又保留中国最终处分权的特殊管理措施。1887 年，清政府与葡萄牙在北京签署不平等条约《中葡和好通商条约》，这是葡萄牙人入居澳门 300 多年后首次与中国签订的包含澳门地位条款的条约。条约包括澳门地位、鸦片税厘并征、葡萄牙享受最惠国待遇等内容。这个不平等条约的签署是澳门被葡萄牙占据的历史转折点。该条约有效期 40 年，1928 年期满失效后，澳门为葡澳当局殖民统治。

抗日战争期间，由于葡萄牙宣布澳门保持"中立"，因此，当时的澳门与香港一样，成了广州及附近地区人员的避难地区。而且广州当局还将澳

---

[1] 习近平. 跨越时空的友谊　面向未来的伙伴 [EB/OL]. （2018-12-03）[2022-01-16]. https://www.mfa.gov.cn/web/gjhdq_676201/gj_676203/oz_678770/1206_679570/1209_679580/201812/t20181203_9345404.shtml.

门列为学校疏散区，自内地迁入中学、中专 30 余所，同时流寓澳门的教育界人士，也与澳门天主教会创办了不少新学校，接收内地入澳的青年入学。1939 年 10 月，日军在深圳大亚湾登陆，发动广州战役，迅速攻陷广州等地，使入澳的难民更多达 25 万人之众。1939 年全澳共有中学、中专 36 所，学生 3 万余人；小学 140 余所，学生人数约 3、4 万人，是澳门 20 世纪 80 年代之前教育最发达的时期。直到 1941 年底香港沦陷日军之手后，学校数量才由 140 余所降至 40 所左右。[1]

北京广播学院（现中国传媒大学）和北京外国语学院（现北京外国语大学）于 1960 年先后开设葡萄牙语本科专业，成为国内最早一批培养中葡翻译人才的院校，为中国与葡语国家之间的教育文化交流做出巨大贡献。

二、建交后的中葡关系

中国和葡萄牙于 1979 年 2 月 8 日建交。建交 40 多年来，两国在政治、经贸、文化、科技、军事等各领域的友好合作关系不断发展。1987 年 4 月，中葡两国政府通过平等协商就解决历史遗留的澳门问题达成协议并签署了关于澳门问题的联合声明。中国于 1999 年 12 月 20 日恢复对澳门行使主权。澳门问题的顺利解决，为两国关系全面发展翻开了新的一页。2005 年，两国建立全面战略伙伴关系。双方高层交往频繁，政治互信不断加深，各领域务实合作成果丰硕，中葡友好和合作驶入发展的快车道。2013 年"一带一路"倡议提出后，中国和葡萄牙致力于扩大、深化和促进两国间的经贸合作，通过增加贸易、投资和建立伙伴关系，确保两国更广泛地参与合作与互动。中葡双方目前已经开展多领域、全方位的经贸合作，中葡两国领

---

[1] 资料来源于澳门回归官网。

导人多次互访，签署备忘录和协议书，并制定了相关政策文件，为更加深入的合作奠定了良好的基础。[1]

40 多年间，双方坚持交流互鉴、共同进步的理念促进教育和文化交流，两国间签有文化协定和为期 3 年的文化交流协定执行计划。主要的文化教育交流合作协议有：

《中葡文化、科技合作协定》（1982 年）

《中国教育部与葡萄牙科学技术和高等教育部合作备忘录》（2002 年）

《中华人民共和国政府和葡萄牙共和国政府关于相互承认高等教育学历、学位证书的协定》（2005 年）

《中华人民共和国政府和葡萄牙共和国政府 2005—2007 年度文化交流执行计划》（2005 年）

《中国对外文化交流协会与葡萄牙东方基金会 2005—2007 年度交流合作协议》（2005 年）

《中国中央电视台和葡萄牙电视台合作协议》（2005 年）

《中葡政府 2010 年至 2012 年度在文化、语言、教育、科学、技术、高等教育、青年、体育和传媒领域的合作执行计划》（2010 年）

《中华人民共和国政府和葡萄牙共和国政府在文化、语言、教育、体育、青年和传媒领域合作 2014—2017 年度执行计划》（2014 年）

《中华人民共和国教育部和葡萄牙共和国教育科学部、外交部教育和培训合作执行计划》（2014 年至 2017 年）（2014 年）

《中华人民共和国政府和葡萄牙共和国政府关于互设文化中心的谅解备忘录》（2014 年）

《中华人民共和国新闻出版广电总局与葡萄牙部长理事会在图书和

---

[1] 马超壮，张晋铭. "一带一路"在葡萄牙的进展、实施与影响 [M]// 尚雪娇，等. 中国与葡语国家合作发展报告（2020）. 北京：社会科学文献出版社，2020：202.

文学领域合作的谅解备忘录》（2015 年）

《中华人民共和国和葡萄牙共和国关于互设文化中心的协定》
（2016 年）

《中华人民共和国文化和旅游部长与葡萄牙共和国文化部长关于
"文化节"执行计划的谅解备忘录》（2018 年）

《中国孔子学院总部与葡萄牙共和国教育部关于在葡萄牙中学教育
中开展汉语教学的合作协议》（2019 年）

目前，中国有近 50 所高校设立了葡萄牙语课程，上海的某些中小学甚
至开设了葡萄牙语选修课；葡萄牙开办了 5 所孔子学院和 2 所孔子课堂，多
所院校设立了汉语课程。越来越多的葡萄牙民众对中国语言和文化的兴趣
日益浓厚。讲中文、写汉字、学中国文化，"中国热"已经成为葡萄牙的
一种潮流。中葡双方签有《中葡两国政府间科技合作协定》，至今已召开
9 届中葡科技合作联委会。2013 年"中葡先进材料联合创新中心"落户浙
江大学。两国分别于 2014 年和 2016 年签署《关于海洋科学领域研究与创
新合作议定书》和《关于海洋领域合作谅解备忘录》。2017 年 11 月，两国
正式建立"蓝色伙伴关系"。中葡间结有 7 对友好城市：无锡—卡斯卡伊斯
（1993 年）、珠海—布兰科堡（1994 年）、上海—波尔图（1995 年）、铜陵—
莱里亚（2000 年）、北京—里斯本（2007 年）、深圳—波尔图（2016 年）、
沈阳—布拉加（2020 年）。2000 年 12 月 29 日，中国葡萄牙友好协会在北京
成立。全国人大和葡议会互设友好小组。[1] 双方在影视传媒、演出展览、地
方民间等领域的密切交流为双方关系长远发展打下民意基础。

此外，澳门发挥其在中国与葡语国家之间交流桥梁的优势，积极开展

---

[1] 中华人民共和国外交部. 中国同葡萄牙的关系 [EB/OL].（2023-01-01）[2023-01-19]. https://www.mfa.gov.cn/web/gjhdq_676201/gj_676203/oz_678770/1206_679570/sbgx_679574/.

文化教育交流活动。例如，自 2008 年起，澳门每年举办"中国—葡语国家文化周"，包括中国及葡语国家和地区的艺术团体表演、手工艺市集、美食展示、艺术作品展览、话剧演出等，打造中国与葡语国家文化交流、民心相通的平台。

总之，无论是古代还是现今，葡萄牙一直是连接陆上丝绸之路和海上丝绸之路的重要枢纽，中葡关系一直保持平稳快速发展，走过了不平凡的历程。双方始终相互信任、彼此尊重、相互帮助，成为世界上不同社会制度、历史背景、幅员大小国家间合作共赢的典范。

第二节 现状、模式与原则

一、交流现状与模式

在中葡两国携手发展的进程中，文化教育交流和合作更是日渐增进，成为中国与葡萄牙关系稳固发展的基石之一。尤其是 2003 年中国—葡语国家经贸合作论坛（澳门）成立、2012 年中国与欧盟建立中欧高级别人文交流对话机制，使得中国与葡萄牙的文化教育交流在双多边机制的推动下不断取得新进展。两国的主要交流合作模式如下。

（一）中外合作办学

孔子学院为两国间的文化教育交流做出了积极贡献。目前，葡萄牙共有 5 所孔子学院和 2 个孔子课堂（见表 12.1），是葡语国家中最早成立孔子学院的国家，而且葡萄牙的孔子学院是所有葡语国家中活动开展最全面、分布最合理、影响力最大的；葡萄牙三大城市、几所最有名的大学都设立了孔子学院。[1]

表 12.1 葡萄牙孔子学院 / 孔子课堂设立情况 [2]

序号	孔子学院 / 孔子课堂名称	中国内地合作院校	成立时间
1	米尼奥大学孔子学院	南开大学	2005 年
2	里斯本大学孔子学院	天津外国语大学	2007 年
3	科英布拉大学孔子学院	北京第二外国语学院、浙江中医药大学	2015 年
4	阿威罗大学孔子学院	大连外国语大学	2015 年
5	波尔图大学孔子学院	广东外语外贸大学	2018 年
6	圣托马斯学校孔子课堂	—	2014 年
7	波尔图国际学校孔子课堂	—	2019 年

米尼奥大学孔子学院是葡语国家中成立最早的孔子学院，开设了从小学到硕士阶段的汉语课程；里斯本大学孔子学院始终把培养葡萄牙本土汉语教师及公派汉语教师作为一项重点工作，已经连续 3 年组织开展"在葡汉语教学研讨会和本土汉语教师培训"，旨在推动在葡汉语教学的本土化，进一步加大中国文化的传播力度；[3] 阿威罗孔子学院自成立以来，长期开设武术长拳和太极课程，定期在教学点开展武术体验活动，并成立武术俱乐部；

---

[1] 乔建珍. 孔子学院在葡语国家的影响力 [M]// 王成安，等. 葡语国家发展报告（2020）. 北京：社会科学文献出版社，2020：67.

[2] 乔建珍. 孔子学院在葡语国家的影响力 [M]// 王成安，等. 葡语国家发展报告（2020）. 北京：社会科学文献出版社，2020：66.

[3] 张翔. "孔子学院"在中国文化传播中的功能探究——以巴西为例 [M]// 丁浩，等. 中国与葡语国家合作发展报告（2019）. 北京：社会科学文献出版社，2019：148.

科英布拉大学孔子学院是伊比利亚半岛上唯一的一所中医孔子学院，为该大学的医学院学生开设中医药选修课，也是三方合作模式的一个创新。除了开设中文课程和文化课程，孔子学院还举办丰富的文化活动，增加当地民众对于中国特色文化的兴趣和了解。例如：科英布拉大学孔子学院与该校医学院一起承办了由世界中医药学联合会主办的"世界中医药日"活动暨中医葡萄牙之行活动启动仪式；米尼奥大学孔子学院举办了主题为"延续千年的水墨，跨越丝路的色彩"的中国画作品展，并为建筑学院师生带来两场别开生面的中国画工作坊；阿威罗大学孔子学院承办的首都体育学院"华夏风·功夫情"武术巡演激发了众多葡萄牙民众对武术及中华文化的浓厚兴趣，广受欢迎和好评；阿威罗大学孔子学院协助组织第十四届阿威罗国际艺术陶瓷双年展，为当地人民提供了欣赏中国陶瓷的一场盛宴。此外，孔子学院利用自身的优势，根据所在大学的特点组织或参与所在大学的各种国际学术会议。例如：2019 年 3 月，阿威罗大学孔子学院举办第二届"葡萄牙—中国跨文化对话"国际研讨会；6 月，承办了"孔子学院汉语教学课程体系建设"为议题的欧洲部分孔子学院联席会议，欧洲 16 个国家 21 所孔子学院 / 课堂的代表与会，为建立健全科学的孔院汉语教学体系展开了有益的探讨。[1]

除了孔子学院这一载体，中葡两国还保持着其他形式的合作办学。例如，2011 年，中国教育部批准电子科技大学与葡萄牙里斯本大学学院合作举办管理学博士学位教育项目，根据项目要求，中方学生需赴国外学习一定时间，在达到相关标准后获得由外方学校授予的管理学博士学位证书。[2]

---

[1] 乔建珍. 孔子学院在葡语国家的影响力 [M]// 王成安，等. 葡语国家发展报告（2020）. 北京：社会科学文献出版社，2020：70-77.

[2] 中华人民共和国教育部. 教育部关于公布 2010 年申请的中外合作办学项目部分批准名单的通知 [EB/OL].（2011-02-22）[2022-01-29]. http://www.moe.gov.cn/srcsite/A20/moe_862/201102/t20110222_115720.html.

（二）人员交流

互派师生方面，葡萄牙一直是中国葡萄牙语专业学生在本科和研究生阶段出国交流的最主要目的地，相当一部分高校葡语专业教师也选择赴葡萄牙进修或访学；近年来，葡萄牙来华留学人员规模也不断扩大，尤其是2007年《中欧教育合作联合声明》和2009年《中欧语言合作联合声明》的签署，中国与葡萄牙之间实现了高等教育学历学位互认，中国政府的奖学金资助名额加大，欧盟伊拉斯谟计划开设了中国窗口项目，这些都促使双方学生、学者交流呈现上升趋势。

互派文化教育访问团方面，在国家和政府指派下，双方保持着密切的文化教育互访。2012年1月，中国教育部副部长郝平会见来访的里斯本大学校长安东尼奥·诺福亚及澳门理工学院院长李向玉一行。郝平表示，中葡双方加强教育与人文领域的交流与合作具有重要意义。他希望，里斯本大学能进一步加强与中方在中葡语言教学、葡语师资培养等方面的合作。他对里斯本大学及澳门理工学院在推动搭建世界葡语国家高校同中国高校合作平台方面所做出的努力和贡献表示赞赏。诺福亚校长表示，里斯本大学愿意加强同中国高校的联系，希望今后能与中方高校在葡萄牙语言、文化及其他学术研究领域开展形式多样的交流与合作。[1]

2013年4月，中欧高等教育交流与合作平台第一次会议期间，中国教育部副部长杜玉波与葡萄牙教育科学部部长努诺·克拉托先生会面，就开展高等教育质量监测评估、招生考试等问题进行了探讨。[2]

2016年10月，中国教育部副部长郝平在京会见了来访的葡萄牙教育部长蒂亚戈·布兰当·罗德里格斯。郝平欢迎罗德里格斯首次访华并高度评

---

[1] 中国教育报. 郝平会见里斯本大学校长及澳门理工学院院长 [EB/OL].（2012-01-12）[2022-01-29]. http://www.moe.gov.cn/jyb_xwfb/gzdt_gzdt/moe_1485/201201/t20120112_129370.html.

[2] 中华人民共和国教育部. 中欧高教交流与合作平台第一次会议召开 [EB/OL].（2013-05-03）[2022-01-29]. http://www.moe.gov.cn/jyb_xwfb/gzdt_gzdt/moe_1485/201305/t20130503_151507.html.

价中葡教育交流合作，表示中方愿同葡方在既有双边教育合作交流取得丰硕成果的基础上，继续加强语言合作、学生交流，鼓励并支持中方有关高校培育建立葡萄牙语言文化研究中心。罗德里格斯表示葡方愿与中方密切合作，深化人文交流，推动葡中教育合作取得更丰硕成果。[1]

（三）校际合作

中国多所院校与葡萄牙院校建立了教育交流与合作关系，根据一项关于中国（不含港澳台）与葡语国家高等教育合作的调查，在参与调查问卷的 36 所开设葡语课程的高校中，有 33 所高校已经与葡萄牙开展不同领域的教育合作，合作对象涉及葡萄牙 10 所院校：里斯本大学、科英布拉大学、波尔图大学、新里斯本大学、里斯本工商管理大学、阿威罗大学、米尼奥大学、莱里亚理工学院、布拉干萨理工学院、贝拉地区大学。[2] 仅 2019 年一年，就有 7 所中国内地高校与葡萄牙签署院校交流合作协议（见表 12.2）。

表 12.2 2019 年中国与葡萄牙院校交流合作协议 [3]

中方院校	合作院校	合作方式 / 领域
北京大学	科英布拉大学	学生交流协议
上海电力大学	科英布拉大学	谅解备忘录
复旦大学外国语言文学学院	科英布拉大学	谅解备忘录

[1] 中华人民共和国教育部. 郝平会见葡萄牙教育部长蒂亚戈·布兰当·罗德里格斯 [EB/OL]. （2016-10-12）[2022-01-29]. http://www.moe.gov.cn/jyb_xwfb/gzdt_gzdt/moe_1485/201610/t20161012_284471.html.

[2] 尚雪娇，陈一慧. "一带一路"倡议下中国内地与葡语国家高等教育合作研究 [M]// 尚雪娇，等. 中国与葡语国家合作发展报告（2020）. 北京：社会科学文献出版社，2020：149.

[3] 丁浩，尚雪娇. 高光夺目、继往开来：2019 年中国与葡语国家的合作发展 [M]// 尚雪娇，等. 中国与葡语国家合作发展报告（2020）. 北京：社会科学文献出版社，2020：047.

续表

中方院校	合作院校	合作方式 / 领域
复旦大学法学院	科英布拉大学	学术合作协议
北京外国语大学	里斯本大学	学术文化合作协议
陕西理工大学	米尼奥大学	硕士与博士研究生联合培养校级协议
江西财经大学	雷利亚理工大学	校级合作框架协议

　　校际合作的方式包括校际之间互派师生交流、互派访问学者和教育代表团、互换信息、互聘学者和教授、共同举办国际学术会议、共同创办研究中心开展科研项目等。例如，2005 年 1 月，葡萄牙总统桑帕约到访中国最早开设葡萄牙语专业的院校——北京广播学院（现中国传媒大学），并参加由葡萄牙卡蒙斯学院和东方葡萄牙学会共同支持的"葡萄牙语中心"成立仪式。2014 年 5 月，葡萄牙共和国总统卡瓦科·席尔瓦在北京外国语大学为新成立的"中葡语言文化合作交流联合体"揭牌。"中葡语言文化合作交流联合体"是根据中葡两国教育部 2013 年 9 月签署的《关于加强高等教育交流与合作的意向声明》成立的，旨在加强中国的葡萄牙语教学和葡萄牙的汉语教学，以此推动两国高等教育交流与合作。北京外国语大学和里斯本大学作为牵头高校，负责联系两国承担相关教学任务的高校建立联合体，共同推进两国的语言教学。为推动联合体良好运行，双方在北京外国语大学成立"北外—里斯本大学—卡蒙斯葡萄牙语言文化中心"。[1] 在该联合体框架下，两所牵头高校每年 7 月共同举办"全国高校葡语教师培训班"，截至 2022 年 7 月，已成功举办 8 届。并且，在联合体的协助下，北京外国语大学成为中国首个葡萄牙语国际等级测试考点，每年有百余名考生参加该语言测试。

---

[1] 中华人民共和国教育部. 中葡语言文化合作交流联合体成立 [EB/OL]. （2014-05-17）[2022-01-29]. http://www.moe.gov.cn/jyb_xwfb/gzdt_gzdt/moe_1485/201405/t20140519_168989.html.

中国对外经济贸易大学、广东外语外贸大学、上海外国语大学等多所高校先后在教育部备案成立葡萄牙或葡语国家研究中心，加强对葡萄牙和其他葡语国家文化、教育、经济、政治等领域的深入研究。2019 年 6 月，葡萄牙科英布拉大学成立科英布拉大学中国与葡语国家研究院，这是落实推动中葡两国学术及高等教育等领域交流合作、促进两国民心相通的重要举措，为增进中国同葡萄牙、中国同葡语国家彼此了解和友谊、推动对话与合作做出重要贡献。[1]2021 年 9 月，北京外国语大学与澳门大学、里斯本大学联合成立"中国葡语教育高校联盟"，旨在汇聚全球精英高校优势、创新人才培养模式、深化教学和科研合作、助力教育合作渠道畅通。[2]

澳门特别行政区凭借其历史优势，在与葡萄牙高校的合作领域上互动频繁。例如，2018 年 9 月，澳门高等教育辅助办公室组织澳门 8 所高等院校领导赴葡萄牙考察交流，高等教育辅助办公室分别与葡萄牙大学校长委员会和葡萄牙理工高等院校协调委员会签署《关于采用澳门高校联合入学考试结果的合作协议》，根据协议内容，澳门学生提交四校联考的成绩即可报读葡萄牙相关高等院校，有助于吸引更多学生赴葡学习，从而为澳门培养更多不同领域的中葡双语人才。考察交流期间，双方高校签署了诸多合作协议，涵盖师生交流与实习、科研、艺术、文化、文创、护理等，扩大和深化了中国澳门和葡萄牙在高等教育领域的合作，为未来建立更紧密合作奠定基础。[3]2018 年 10 月，澳门高等教育局、澳门大学与圣约瑟大学合办"第一届中国与葡语国家高校校长论坛"，并于 2019 年 3 月共同建立"中国与葡语国家高等教育资讯平台"。平台除提供中国与葡语国家高等教育范畴的学术活动、师生交流、科研合作及支援措施等信息外，还为注册高校及机构提

[1] 中华人民共和国驻葡萄牙共和国大使馆. 驻葡萄牙大使蔡润出席科英布拉大学中国与葡语国家研究院揭牌仪式 [EB/OL].（2019-06-13）[2022-01-29]. https://www.fmprc.gov.cn/ce/cept/chn/gdxw/t1672056.htm.

[2] 北京外国语大学国际处. 中国葡语教育高校联盟签约仪式举行 [EB/OL].（2021-09-08）[2022-01-29]. https://news.bfsu.edu.cn/archives/287363.

[3] 信息源自中国与葡语国家高等教育资讯平台官网。

供信息发布及合作请求帮助，鼓励中国与葡语国家高校及机构利用平台发布交流及合作资讯，推动多方互动及交流，建立更深入的多方合作关系。

基础教育层面，陕西延安市聘请葡萄牙籍专业足球教练到中学执教，开展足球教学和教师培训等工作，辐射带动全市校园足球水平提升。[1] 职业教育层面，作为"鲁班工坊"的重要代表项目之一，天津机电职业技术学院与葡萄牙塞图巴尔理工学院共同研制教学标准，该标准已纳入塞图巴尔学院本专科自动化、工业机器人和仪器仪表等 3 个专业课程体系，目前已开展教学。[2]

二、交流原则

2018 年 12 月，在对葡萄牙进行国事访问前夕，中国国家主席习近平在葡萄牙《新闻日报》发表题为《跨越时空的友谊　面向未来的伙伴》的署名文章。文章中习主席总结道，两国建交 40 年间，双方"坚持平等互利、合作共赢精神开展务实合作""坚持交流互鉴、共同进步的理念促进人民交往"。可以说，两国的文化教育交流与合作就是遵循着上述原则，向多层次、多领域不断深入发展。

平等互利是中葡文化教育交流与合作的基础。中国政府在 20 世纪 50 年代提出的"和平共处五项原则"已为国际社会广泛认同和遵循，成为指导国与国关系的基本准则，中国是五项原则积极的倡导者、忠实的践行者。在世界舞台上，国家不分强弱、贫富和大小，在法律上都是平等的，在国际事务中都拥有平等的权利。在中葡文化教育交流与合作中，两国始终坚

---

[1] 陕西省教育厅. 陕西省延安市多措并举推动青少年校园足球发展 [EB/OL].（2019-06-13）[2022-01-29]. http://www.moe.gov.cn/jyb_xwfb/xw_zt/moe_357/jyzt_2016nztzl/2016_zt20/16zt20_yxcf/201906/t20190613_385656.html.

[2] 天津市教育委员会. 天津立足职业教育优势推进鲁班工坊建设服务共建"一带一路"[EB/OL].（2019-04-28）[2022-01-29]. http://www.moe.gov.cn/jyb_xwfb/s6192/s222/moe_1733/201904/t20190428_379817.html.

持平等原则，平等对待对方，平等处理文化教育交流与合作中的事务。双方互为战略合作伙伴，中国不会因为两国在文化、社会等领域的差异而把自己的意志强加给对方，两国在平等的基础上共同磋商合作，开展文化教育交流，共同促进双方的发展。

合作共赢是中葡文化教育交流与合作的核心。中国和葡萄牙虽然分处亚欧大陆东西两端，社会制度、历史背景、幅员大小各不相同，但两国人民的友谊源远流长："一对中国老教师夫妇克服疾病困难，数十年如一日在葡萄牙教授中文、传播中华文化；不少优秀的葡萄牙足球教练和球员到中国俱乐部执教或踢球，在中国足坛刮起'葡萄牙风'；中国厨师烘焙出的葡式蛋挞成为老百姓新的美食选择。"[1] 尤其是澳门作为桥梁和纽带，为中葡双方的合作交流提供了先天条件。随着全球化的发展，两国都处在各自发展的关键阶段，文化教育领域的交流与合作成为双方的共同需求。一方面，葡萄牙在高等教育国际化、职业教育发展等领域积累了较为先进的经验，值得借鉴。长期以来，葡萄牙东方基金会提供的奖学金以及卡蒙斯学院向中国派遣的葡语教师、捐赠的葡文书籍资料大力推动了中国的葡语教学事业发展。另一方面，中国的文化教育走出国门，实现教育的国际化，扩大了中国"软实力"在葡萄牙乃至欧洲的影响。双方合作培养的中葡双语人才为两国各领域的合作交流做出了积极贡献。总之，双方的文化教育交流与合作不仅符合中国的国家利益，也符合葡萄牙的国家利益，并且达到了真正的合作共赢。

---

[1] 习近平. 跨越时空的友谊　面向未来的伙伴 [EB/OL]. （2018-12-03）[2022-01-16]. https://www.mfa.gov.cn/web/gjhdq_676201/gj_676203/oz_678770/1206_679570/1209_679580/201812/t20181203_9345404.shtml.

第三节 案例与思考

一、卡蒙斯学院

卡蒙斯学院是葡萄牙对外推广语言和文化的官方机构，名称从葡萄牙的著名爱国诗人路易斯·德·卡蒙斯的姓氏而来，其前身是成立于 1928 年的葡萄牙语言文化学会。1992 年，卡蒙斯学院正式成立。2012 年，与葡萄牙发展援助研究院合并，更名为现今的"卡蒙斯合作与语言学院"。[1] 卡蒙斯学院早期隶属于葡萄牙教育部，1994 年起转由外交部管辖，但享有行政自主权。目前，卡蒙斯学院已在全球 76 个国家和地区教授葡萄牙语，建立了 77 个葡萄牙语语言中心和 22 个文化中心，并通过纳入所在国国民教育体系的方式，为当地语言教学提供多样化服务，形成了较为成熟的语言文化传播模式。葡萄牙政府《2014—2020 年战略要点》中明确了卡蒙斯学院的办学宗旨是努力提升高等教育水平，向世界推广葡萄牙语言和文化，并促进与第三世界国家在教育、科技、文化、体育、青年和大众媒体等领域签订文化合作协议。[2]

卡蒙斯学院作为一家历史悠久的语言传播机构，在中葡两国人文交流互鉴、民心相知相通中发挥着重要的桥梁纽带作用。目前，卡蒙斯学院在中国成立了 3 所葡萄牙语中心和 1 个文化中心，并与 4 所大学签署了派驻葡语教席协议，见表 12.3。

---

[1] 资料来源于卡蒙斯学院官网。

[2] 高玉娟，刘家宁，李宝贵. 卡蒙斯学院葡萄牙语国际教育与传播的特点及启示 [J]. 沈阳师范大学学报（社会科学版），2021（1）：109.

表12.3 卡蒙斯学院在中国设立的文化中心、语言中心和葡语教席 [1]

	名称	中方合作单位	建立时间
文化中心	葡萄牙驻华使馆文化处	—	1991 年
语言中心	澳门葡萄牙语中心	东方葡萄牙学会	1989 年
	北京葡萄牙语中心	中国传媒大学	2006 年
	上海葡萄牙语中心	上海外国语大学	2007 年
葡语教席	东方葡萄牙学会葡语教席	东方葡萄牙学会	—
	中国传媒大学葡语教席	中国传媒大学	—
	北京外国语大学葡语教席	北京外国语大学	—
	上海外国语大学葡语教席	上海外国语大学	—

在中国的葡萄牙语中心兼有语言教学、师资培养、教材编写、语言考试等多项功能。以澳门葡萄牙语中心为例，该中心成立于1989年，为中国人提供葡萄牙语课程，形式为一般语言培训（A1 到 C1 级）和讲习班，此外还开设针对青少年的口语会话实践课程等。除提供这些课程外，葡萄牙语中心还负责开展各类文化活动，以及负责组织教师培训、编写教材、葡萄牙语国际等级测试等。派驻高校的葡语教席为推动中国葡语教学改进、专业建设、人才培养做出了重要贡献，是中葡两国文化教育交流中不可或缺的实践者。例如，劳尔·皮萨拉于1986年被派至北京外国语大学，先后在该校担任了8年外教工作，深受广大葡语师生好评。

除了承担葡语教学的职能，卡蒙斯学院还是文化传播的重要载体，通过设立的葡萄牙文化中心，促进葡萄牙乃至葡语系国家的特色文化推广，推动不同文明间的文化互鉴。文化中心开展的活动主要包括："葡萄牙电影周"等定期文化交流活动；葡萄牙本土文化的设计师、画家、作家、诗人

---

[1] 资料来源于卡蒙斯学院官网。

的作品展览会；通过与所在地区的大学、机构或国际组织建立合作关系，共享图书馆资源、影音图像收藏及其他信息和多媒体资源，方便当地民众及时、便利地检索查询葡萄牙语言、文化、历史等方面的信息，让民众在日常文化接触中学习并接受葡萄牙文化。例如，2017年5月，在卡蒙斯学院的支持下，葡萄牙驻沪总领事馆和上海外国语大学共同举办纪录片展映活动，葡萄牙驻沪总领事若奥·芬斯多拉戈和葡萄牙艺术家、专栏作家布鲁诺·加斯帕尔与葡语专业师生一同庆祝葡语国家共同体语言及文化日。此外，卡蒙斯学院还积极助力葡萄牙经典文学作品的外译项目，根据葡萄牙驻华使馆2020年的统计结果，1942—2020年，共有131位葡籍作家的224部作品的中文译本在中国出版，47部原著在中国不同地区被多次翻译、出版，因此，葡萄牙文学作品的中文译本目前共有306部。被引介到中国的作品较多的作家有若泽·萨拉马戈、费尔南多·佩索阿、艾萨·德·奎罗斯、伊莎贝尔·马丁斯、米格尔·托尔加、索菲娅·安德森和卡蒙斯。仅仅是2011—2020年，就有108部译作出版，占所有译作总量的35%。[1]

为鼓励中国学生学习葡萄牙语，2015年，卡蒙斯学院与中国三峡集团和葡萄牙驻华使馆合作，共同设立"徐口昇奖"，用于奖励中国高校葡语专业最优秀的学生，获奖者免费获得赴葡萄牙高校短期交流学习的机会。

综上所述，作为一家具有悠久历史、享有国际知名度的语言传播机构，卡蒙斯学院有效激发了中国人对葡萄牙文化的兴趣，推动了葡萄牙语言和文化在中国的传播，其在运营管理、语言教学及文化传播等方面的成功经验，对中国来说具有十分重要的参考价值。

---

[1] 资料来源于葡萄牙共和国驻华大使馆官网。

二、阿威罗大学孔子学院

自 2015 年 4 月成立以来，阿威罗大学孔子学院借助阿威罗大学中文
教学的丰富经验和已有的中文教学项目，不断探索和研究更具特色的语言
文化推广模式，以打造富有本土特色的品牌文化活动为办学特色，形成了
"国际龙舟节"和"银龙武术队"两张闪亮的名片。该孔子学院现有教师 13
人，工作人员 5 人，学生 3 000 余名，是葡萄牙唯一在全校开设"中国语言
文化"课程的孔子学院，为增进中葡两国文化了解做出了重要贡献。2018
年，阿威罗大学孔子学院获得"先进孔子学院"荣誉称号，成为葡萄牙 5 所
孔子学院中在传播中华文化方面具有代表性的单位。

以 2018—2020 年的文化活动为例，在 506 场活动中，累计 7 万人次参
与，主要包括竞技类比赛、文化展览、文化体验、中国传统节日或特殊纪
念日庆祝活动、学术类讲座或研讨会等五大类。竞技类比赛诸如"一带一
路"倡议知识竞赛、葡萄牙大学生武术比赛、中文歌唱比赛、本土教师技
能大赛，等等。阿威罗大学孔子学院成立了银龙武术队，长期开设长拳及
太极拳课程。通过成立武术俱乐部，代表孔子学院参加"葡萄牙大学生武
术比赛""世界多种风格武术锦标赛""国际自由搏击联合会欧洲锦标赛"
等各级武术比赛，成绩优异，为孔子学院赢得了荣誉。文化展览包括"澳
门文化双面神"苏树辉书法作品展、朝圣之路——从敦煌到伊比利亚半岛、
中葡作品翻译展、"一带一路"泥人张艺术展、17 世纪澳门历史文化展、瓷
器展等等。这些展览涉及中国文化、艺术、文学、历史等各方面，不仅展
示了古老的中国，还展示了当代的中国。文化体验活动包括皮影戏演出、
民乐传统音乐会、"华夏风、武术情"武术巡演、舞龙表演、文化沙龙、中
国传统文化（书法、美食、茶道、古筝）体验工坊、汉服秀、赴华夏令营、
本土夏令营等等。武术和舞龙表演多次受邀参加葡萄牙当地活动，在活动
开幕式上进行表演。中国传统节日或特殊纪念日庆祝活动主要包括孔子学

院日、孔子学院成立周年纪念、元宵游园会、新春庆典、中秋喜乐会、端午国际龙舟节等等。端午国际龙舟节将中国端午龙舟与葡萄牙阿威罗当地的游船文化相融合，既展现了中华文化，又融合了西方审美。学术类讲座或研讨会主要包括葡萄牙中国跨文化对话国际研讨会、"中国与非洲葡语国家文化与贸易"主题研讨会、语言文化经济以及葡萄牙国家和新兴市场研讨会、世界儿童文学研讨会、"中国艺术与设计"专题研讨会、"中国的比较文学、历史回顾与当代展望"研讨会等等。[1] 这些学术活动加强了阿威罗大学孔子学院与周边市政厅在汉语教学与文化推广领域的合作与交流，促进了中葡文化互鉴和民心相通。

阿威罗大学孔子学院以葡萄牙受众为中心，以文化传播"本土化"为原则，充分考虑到受众的年龄、教育程度以及对不同种类中华文化的需求，组织了多元化的文化活动，满足学生多样化需求，取到了良好的文化传播效果。

三、总结与思考

结合以上卡蒙斯学院和孔子学院的案例，可以总结出中葡文化教育交流的几点经验。

第一，在文化教育交流的模式方面，注重探索当地化的文化传播方式和特色化教育方式。卡蒙斯学院十分注重将葡萄牙语教学融入所在地区的国民教育体系，从而有效推进葡萄牙语传播的当地化进程。一方面，积极推动葡萄牙语纳入所在地区基础教育到高等教育各阶段的教学课程体系之中；另一方面，与当地大学的葡萄牙语系开展合作，建设"葡语中心"。卡

---

[1] 韩莹，范文亭. 浅析中华文化在葡语国家传播的内容选择——以葡萄牙阿威罗大学孔子学院为例 [J]. 文化产业，2021，11：44.

蒙斯学院只是派出葡萄牙语教师赴任，在保证教学质量的前提下，其余方面皆交由当地大学负责运营，从而充分保证葡萄牙语中心"落地生根"，实现教育内容和教育资源本土化。[1] 中国在对外开展中文国际教育时可以借鉴卡蒙斯学院的做法，积极推动中文纳入当地国民教育体系，以服务本地的宗旨满足当地中文学习者的多元化学习需求。积极探索孔子学院、华文学校等中文教学机构融入当地的大中小学教学、社区和民众日常生活的途径和方法。通过海外中文师资本土化、教育内容本土化及教育资源本土化等举措，积极推动将中文纳入所在国家和地区的国民教育体系，实现国际中文教育在当地扎根和健康发展。积极拓展办学功能，结合所在地区的实际情况，以新时代国际中文人才的多元化需求为导向，通过开办经贸、科技、旅游等特色孔子学院，开设中医、武术、商务、艺术、职业培训等特色课程，大力培养"语言＋专业"复合型中文人才，探索国际中文教育的特色化发展之路。

第二，在文化教育的传播内容方面，注重受众的不同需求，优化内容设置。卡蒙斯学院在对外推广葡萄牙语文化时非常注重借用本国独具特色的文化资源（如葡萄牙足球、瓷砖、蛋挞等）吸引国外民众对葡萄牙文化产生好感，使其因文化向往而自主产生对葡萄牙语言的学习需求。这种通过文化吸引潜移默化地感染国际受众的柔性传播策略，非常值得他国学习。中国也可以从语言入手，用文化交融创新跨文化传播方式，大力弘扬中华文化精华。目前，中华文化海外传播的层次主要集中在表层文化，例如饮食、服饰、舞龙舞狮、剪纸、中国结、简单的武术等，以及部分中层文化，如传统节日习俗。涉及深层文化的内容较少，例如中医中药、京剧、以孔子为代表的儒家思想等。中国应该深入挖掘并全面展现中华文化的独特魅力和时代价值，改变目前只传播中国文化符号而忽略中华文化内涵的局面，

---

[1] 高玉娟，刘家宁，李宝贵. 卡蒙斯学院葡萄牙语国际教育与传播的特点及启示 [J]. 沈阳师范大学学报（社会科学版），2021（1）：111.

将传播的层次从表层文化向中深层文化过渡，突出中华传统文化积淀和熔铸的中华民族精神及社会主义核心价值观，例如自强不息的进取精神、忧国忧民的爱国情怀、和谐统一的包容精神等等。这有助于受众对中国文化概念的整体性理解，成功树立中华文化形象。此外，受众对中华文化不同层次的需求还受到年龄、教育程度、艺术素养以及国家或城市的文化历史积淀等多种因素的影响。在葡萄牙，中国文化主要的受众分为中小学生、大学生和社会人士。完善传播受众的体系和层次，依据其年龄、受教育程度和对汉语的需求程度设计相关文化传播要素，确定表层文化、中层文化和深层文化所占传播比例。例如，阿威罗大学孔子学院对于中小学生受众引入了皮影剧"武松打虎"，以生动有趣的方式向小朋友们展示了中国的非物质文化遗产——皮影戏，同时也展示了武松的勇敢和中国功夫的力量；对于选修汉语课程的大学生受众，未来的就业方向可能与中国或汉语有关，在活动中增加深层文化的内容比例，可以满足他们希望了解当代中国社会的需求。[1]

第三，在文化教育的传播渠道方面，要注重结合新时代新技术，创新传播渠道和路径。例如，可以采用讲故事的方式进行文化传播。习近平总书记多次指出，讲故事是"一种更加国际化的表述方式，同西方媒体的表达更加接近"[2]，讲故事更能打动人、感染人，外国民众更能听得懂、听得进。并且，随着新技术新媒体的不断涌现，当代年轻人越来越多地使用社交媒体，从传统的信息接收者向信息生产者、发布者转变。总之，孔子学院跨文化传播应基于新时代的新情况做出调整，顺势而为，善于运用新技术、新手段讲述中国故事，传播中国声音。

---

[1] 韩莹，范文亭. 浅析中华文化在葡语国家传播的内容选择——以葡萄牙阿威罗大学孔子学院为例 [J]. 文化产业，2021（11）：45.

[2] 中国记者. 把握国际话语权　有效传播中国声音——习近平外宣工作思路理念探析 [EB/OL]（2016-04-06）[2022-02-07]. http://www.xinhuanet.com/politics/2016-04-06/c_1118542256.htm.

结　语

　　葡萄牙是欧盟和葡语国家共同体的重要成员，具有悠久的历史文化传统。公元 13 世纪之前，腓尼基人、凯尔特人等先后在伊比利亚半岛居住，逐渐形成葡萄牙民族的先祖——卢济塔尼亚人，文化习俗丰富多元。但是这片土地先后遭到了古罗马人、苏维汇人、汪达尔人、西哥特人和摩尔人的入侵，最终导致拉丁语成为半岛上的官方语言，其习俗和文化受罗马影响至深，并在语言、饮食、农业等方面融合了许多阿拉伯元素。彼时拉丁语学校业已存在，葡萄牙教育的萌芽已经出现。从 12 世纪中叶葡萄牙王国建立到 19 世纪初，天主教教会在教育方面的地位一度举足轻重，保守思想几乎垄断了教育，后来国家开始扩大对外开放，接受欧洲先进教育理念，着手打造公共教育。19 世纪初至 20 世纪初，葡萄牙建立了君主立宪制国家，政局不稳，教会保守势力与先进知识分子不断拉锯，教育在前进与后退中反复，虽然出现了具有进步色彩的教育改革方案，但多流于纸面，公共教育进展也很有限。20 世纪 20—30 年代，葡萄牙成立了共和国，教会活动受到当时政府的极大限制，国家为初等教育的组织制定了框架，探讨学前教育、高等教育和职业教育等领域的发展，教育权力被下放到各市。20 世纪 30 年代中期至 70 年代中期，葡萄牙经历了"新国家时期"，中央政府权力大大加强，教育成为国家普及意识形态、促进团结的工具，教育活动完全被国家主导。1974 年，葡萄牙爆发"康乃馨革命"，建立了民主共和国，万象更新，人民对教育的热情空前高涨，各级教育网络都开始急剧扩张，国家教育体系面临严峻挑战。政府于 1986 年出台《教育体系基本法》，确立了葡萄牙教育体系的框架和基本原则，经过多次修订后一直沿用至今。几十年间，各级教育规模一直呈扩大趋势，直到受 2008 年金融危机的影响，教育系统学生人数有所下降，而后一直在缓慢恢复中。葡萄牙在学前教育、基础教育、高等教育、职业教育、成人教育、教师教育方面具有如下特点。

葡萄牙学前教育是对家庭教育活动的补充，面向 3—6 岁儿童，旨在鼓励儿童全方位发展潜能，建立安全感，培养道德感、责任感、创造性想象力和社交能力。教育部是唯一主管学前教育阶段的部门，站在国家层面编写课程指南，为学前教育机构的教学质量和设施安装改造制定标准。目前，葡萄牙学前教育普及率高达 90% 以上，但仍存在地区分布不均、师资结构不平衡等问题。根据葡萄牙《2021—2030 年国家消除贫困战略》，学前教育将在中期内被纳入义务教育范畴。

葡萄牙普通中小学教育与中国基础教育相对应，分为初等教育和中等教育两个阶段，分别为九年制和三年制，面向 6—18 岁儿童和青少年，具有普遍性、义务性和无偿性。一直以来，政府都非常重视公立学校网络的建设，在全国中小学中占比超过 80%。同时，为确保学生充分享受优质资源、顺利完成该阶段教育，政府鼓励公立学校形成集团。此外，公立学校还为低年级学生提供丰富多彩的课程拓展活动。目前，中学教学质量普遍偏低，留级率和辍学率较高，需要通过相关措施来解决。

葡萄牙高等教育是一个二元系统，包含大学教育和理工教育两大分支。民主制共和国成立后，公立高等教育网络得到了极大发展，而自 20 世纪 80 年代后半期开始，高等教育向私营部门开放，私立高等院校网络的招生规模在十年内翻了五番。受 2008 年金融危机影响，高等教育出现了收缩的趋势，正在缓慢恢复中。葡萄牙高等教育的私有化进程逐步加深，同时也面临着扩大渗透率和现代化的挑战，需要国家和私人部门共同努力，扶助经济困难的学生，寻求社会公平，以及着眼全球，提高国际化程度。

葡萄牙职业技术教育可分为高等、中等、中学后和初等职业教育四个学历教育层次，此外还有成人职业教育。职业教育培训的开展不限于课堂教学，还包括劳工市场的岗位培训。自 20 世纪 80 年代以来，葡萄牙制定了一系列的法律政策以确立和完善职业技术教育和培训，政府和公共行政部门相互配合，对职业技术教育和培训的管理提供支持。加入欧盟后，葡萄牙向其他欧盟成员国学习，对职业教育进行数次改革和调整，并参照欧洲资格框架，推出葡萄牙国家资格认证体系，促进了劳动力市场的发展。由于发展历史较短，葡萄牙的职业教育在经费、生源群体和培养模式等方面面临着不同程度的挑战，尤其是在 2020 年以后，在新冠疫情的冲击下，如何继续推动职业教育的发展成为葡萄牙亟待解决的一大重要课题。

葡萄牙的成人教育分为学校教育系统中的成人继续教育和校外教育系统中的成人教育，提供基础教育、继续教育、扫盲、文化科学培训及职业培训等，课程类型丰富多样。成人教育政策紧跟欧盟指导方针，且以非正式学习为主。人民识字率虽已有一定提升，但仍存在许多问题，仍需国家和社会采取更多措施，进一步提高成人的教育和培训水平。

葡萄牙的教师教育主要包含对幼儿教育工作者和中小学教师的初始培训、对高等教育教师的资格培训以及对其他教育工作者的资格培训。除初始培训以外，从事专门化教育活动的教师等教育工作者及相关专业人员还应接受特殊培训，并终身接受持续培训。进入 21 世纪以来，在博洛尼亚进程的影响下，教师学历要求提高；政府也牵头探索在职培训和线上培训等方式，便利教师接受教育。然而，近年来，葡萄牙人口老龄化问题逐渐辐射至教育界，导致教师高龄化；培训教师数量及培训质量和种类仍有提高和拓展空间。在后疫情时代，如何应对上述挑战并有效推动教师培训发展成为该国亟须考虑的问题。

《葡萄牙共和国宪法》和《教育体系基本法》对教育的基本原则和目标进行了规定，此外，一系列的法律、法令和政令也是葡萄牙基本教育政策的体现。葡萄牙目前正在实施的《葡萄牙政府执政方案（2019—2023 年）》对葡萄牙教育发展制定出四个方面的规划：将公立学校打造成消除不平等现象的阵地；消除入学和离校的不平等；加强对高等教育的投入；推动终身学习和职业培训。葡萄牙教育政策的实施体现出三个特点：去中央化与集中化交替、向新公共管理方向调整、混合式发展。

葡萄牙的教育行政管理遵循民主性和参与性的基本原则，教育行政机构分为中央和地方两个层级，并且与由教师、学生、家长、地方权力机构和社会、经济、文化领域代表性机构以及科研机构组成的群体保持协作；国家通过有关部委协调教育政策，确保教育行政的统一和效率，同时，采取去中心化和分散化的管理模式。

在中葡两国携手发展的进程中，文化教育交流和合作日渐增进，成为中国与葡萄牙关系稳固发展的基石之一。两国秉承平等互利、合作共赢的原则，开展中外合作办学、人员交流、校际合作等多层次、多领域的教育交流合作，葡萄牙卡蒙斯学院、阿威罗大学孔子学院都是两国教育文化交流合作的范例。

中国国家主席习近平在 2013 年 9 月和 10 月提出的"一带一路"倡议向世界展示了当今中国的责任与担当；中国教育部在 2016 年 7 月印发《推进共建"一带一路"教育行动》旨在将国家倡议转化为教育实践；2020 年 6 月中国教育部等八部门出台意见"加快和扩大新时代教育对外开放"，对新时代教育对外开放进行重点部署。在这样的背景之下，中葡两国应把握新时代重要的发展机遇，充分利用澳门桥头堡的地位，因时制宜，稳步推进两国文化教育领域交流合作的深度融合，具体可以围绕如下几个方面进一步展开工作。

第一，创新多样化交流方式。2020 年爆发新冠肺炎疫情以来，人们以往面对面交流的习惯被打破。在此背景下，双方应当创新文化教育交流模式，线上或线上线下相结合，基于云端服务（包括公有云和私有云）、大数据和人工智能等互联网新技术，充分利用多种交流平台，扩大文化交流的传播范围。

第二，进一步加强合作办学。中国是世界最大的国际学生生源国和亚洲最大的留学目的地国，中外合作办学作为教育对外开放的重要载体实现了蓬勃发展。一方面，中方可以将孔子学院（孔子课堂）和鲁班工坊推广到更多的葡萄牙高等院校，葡方通过卡蒙斯学院向中国派遣更多葡语教师，继续发挥好这些机构在文化教育交流方面的桥梁和纽带作用。另一方面，双方进一步加快合办高等教育学位项目的步伐，不断拓宽专业领域，使两国文化交流合作更加深层次、专业化。

第三，进一步促进学生和教学科研人员交流。多年来，双方互派留学生和访问学者，已建立起较为成熟的奖学金机制，大大推动了两国的文化教育交流，应继续推进。此外，中葡在未来可以将人员交流的资助对象进一步拓展到中小学生群体，推动短期研学活动，使得年轻一代有机会直观了解对方的文化，为增进两国人民友谊做出新的更大贡献。

第四，继续打造高端双语人才。双方应扩大人才培养规模和创新人才培养模式，为中葡全领域、全方位合作和"一带一路"建设输送更多高质量人才，他们不仅要精通葡萄牙语和汉语，还需具备科技、法律、卫生等专业技术技能。目前，中国有50多所高校开设葡萄牙语专业，培养国际化、复合型人才。葡萄牙人多通过短期汉语课堂了解中国语言和文化，仅少数高校设立了汉语专业。双方仍需进一步围绕师资培训、语言教育和专业人才需求，加强高端人才储备，服务两国社会经济发展。

第五，加强资源及信息共享。中葡两国应加强信息化建设，促进论坛、研讨会等交流合作平台的便利性和高效性，形成线上线下联动。未来还可以研究搭建云端教育体系，使其具有共享性、系统性、协同性、多元性、可复用性等特点。同时，也可以考虑建立中葡文化交流合作大数据库，及时搜集、分析该领域在线数据，推动资源的共享和互通。

第六，开展技术研发与创业领域的深度合作。中葡双方应进一步开展国际科技重点课题研究，如开发先进系统软件等，同时，继续推进成立两国青年创新创业交流中心，打造合作创业示范项目。以企业为主体，促进产学研用紧密结合和科技资源整合、开放与共享，加强双方科技人才的培养，进一步突显市场、用户需求在技术创新过程中的重要作用与战略地位。总之，科技成果及时、顺利地转化为现实生产力，才能构建一个完整、高效的创新系统，给两国经济发展注入强劲动力。

第七，共同服务、参与全球教育治理。中国和葡萄牙应充分利用中葡论坛等多边合作机制，共同协作，发挥本国教育在区域和全球的影响力，积极参与制定国际教育政策、制度和标准，在提升本国教育质量的同时为国际社会贡献力量，促进区域和全球教育发展。

总之，中国与葡萄牙半个世纪以来的文化教育交流与合作促进了双方相互理解、相互尊重、彼此信任、互利合作，两国关系始终保持平稳健康快速发展的势头。当前，中葡双方高层往来频繁，政治互信不断加深，双方在经贸、投资、能源、科技、海洋、金融、教育、文化、旅游等领域务实合作全面展开，中葡关系正面临宝贵发展机遇，双方合作大有可为。中国应努力构建社会主义大国的价值观，在参与体系构建的过程中彰显中华文化的影响力，积极提高"中国制造"的文化附加值。教育交流与合作是国家软实力的重要组成部分，两国政府应继续高度重视这一领域，完善中葡教育交流与合作机制，促进双方教育的发展，共同协作，发挥本国教育在区域和全球的影响力，积极参与制定国际教育政策、制度和标准，在提升本国教育质量的同时为国际社会贡献力量，促进区域和全球教育发展。希望中国和葡萄牙以推动构建新型国际关系和人类命运共同体为指引，密切配合，共同努力，从友好互信的深厚底蕴中汲取智慧，从务实合作的蓬勃发展势头中积蓄动能，推动中葡全面战略伙伴关系行稳致远，为世界和平稳定与发展繁荣做出更大贡献。

参考文献

一、中文文献

伯明翰. 葡萄牙史 [M]. 周巩固, 周文清, 等译. 上海: 东方出版中心, 2017.

陈逢华, 靳乔. 阿尔巴尼亚文化教育研究 [M]. 北京: 外语教学与研究出版社, 2021.

丁浩, 等. 中国与葡语国家合作发展报告（2019）[M]. 北京: 社会科学文献出版社, 2019.

董丹, 张媛, 邢建军. 意大利文化教育研究 [M]. 北京: 外语教学与研究出版社, 2022.

冯增俊, 陈时见, 项贤明. 当代比较教育学 [M]. 2 版. 北京: 人民教育出版社, 2015.

顾明远. 顾明远教育演讲录 [M]. 北京: 人民教育出版社, 2014.

贺国庆, 朱文富, 等. 外国职业教育通史 [M]. 北京: 人民教育出版社, 2014.

刘捷. 教育的追问与求索 [M]. 北京: 人民出版社, 2021.

刘捷. 专业化: 挑战 21 世纪的教师 [M]. 北京: 教育科学出版社, 2002.

刘进, 张志强, 孔繁盛. "一带一路" 高等教育研究（2019）: 国际化展望

[M]. 北京：北京理工大学出版社，2020.

卢晓中. 比较教育学 [M]. 北京：人民教育出版社，2020.

秦惠民，王名扬. 高等教育与家庭流动 [M]. 北京：科学出版社，2019.

秦惠民. 教育法治与大学治理 [M]. 北京：人民出版社，2021.

尚雪娇，等. 中国与葡语国家合作发展报告（2020）[M]. 北京：社会科学文献出版社，2020.

石筠弢. 学前教育课程论 [M]. 2 版. 北京：北京师范大学出版社，2014.

宋灏岩，钟点. 葡语国家与地区概况 [M]. 北京：中国农业出版社，2020.

孙有中. 跨文化研究论丛 [M]. 北京：外语教学与研究出版社，2019.

滕大春. 教育史研究与教育规律探索 [M]. 北京：人民教育出版社，2019.

王成安，等. 葡语国家发展报告（2020）[M]. 北京：社会科学文献出版社，2020.

王承绪，顾明远. 比较教育 [M]. 5 版. 北京：人民教育出版社，2015.

王定华，秦惠民. 北外教育评论：第 2 辑 [M]. 北京：外语教学与研究出版社，2021.

王定华，杨丹. 人类命运的回响——中国共产党外语教育 100 年 [M]. 北京：外语教学与研究出版社，2021.

王定华. 教育路上行与思 [M]. 北京：人民出版社，2020.

王定华. 美国高等教育：观察与研究 [M]. 2 版. 北京：人民教育出版社，2021.

王定华. 美国基础教育：观察与研究 [M]. 2 版. 北京：人民教育出版社，2021.

王定华. 新时代高品质学校建设方略 [M]. 长春：东北师范大学出版社，2019.

王定华. 中国基础教育：观察与研究 [M]. 北京：人民教育出版社，2021.

王定华. 中国教师教育：观察与研究 [M]. 北京：人民教育出版社，2020.

王名扬. 美国公立研究型大学内部质量改进的实证研究 [M]. 北京：中国社会科学出版社，2020.

吴式颖，李明德. 外国教育史教程 [M]. 3 版. 北京：人民教育出版社，2015.

习近平. 论坚持推动构建人类命运共同体 [M]. 北京：中央文献出版社，2018.

习近平. 习近平谈"一带一路" [M]. 北京：中央文献出版社，2018.

谢维和. 我的教育觉悟 [M]. 北京：人民教育出版社，2016.

徐辉. 国际教育初探——比较教育的新进展 [M]. 2 版. 成都：四川教育出版社，2005.

杨汉清. 比较教育学 [M]. 3 版. 北京：人民教育出版社，2015.

杨鲁新，王乐凡. 北马其顿文化教育研究 [M]. 北京：外语教学与研究出版社，2021.

苑大勇. 国际高等教育协同创新与人才培养比较研究 [M]. 北京：知识产权出版社，2020.

张方方，李丛. 安哥拉文化教育研究 [M]. 北京：外语教学与研究出版社，2021.

张弘，陈春侠. 乌克兰文化教育研究 [M]. 北京：外语教学与研究出版社，2021.

郑通涛，方环海，陈荣岚. "一带一路"视角下的教育发展研究 [M]. 广州：世界图书出版广东有限公司，2017.

中华人民共和国商务部，国家统计局，国家外汇管理局. 2019 年度中国对外直接投资统计公报 [M]. 北京：中国商务出版社，2020.

二、外文文献

AFONSO M, FERREIRA F. O Sistema de educação e formação profissional em Portugal[M]. Luxemburgo: Serviço das Publicações Oficiais das Comunidades Europeias, 2007.

ALBUQUERQUE L. Notas para a história do ensino em Portugal[M]. Coimbra: Universidade de Coimbra, 1960.

ALVES L A M. História da educação: uma introdução[M]. Porto: Faculdade de Letra da Universidade do Porto, 2012.

CEDEFOP. O sistema de educação e formação profissional em Portugal: descrição sumária[M]. Luxemburgo: Serviço das Publicações, 2021.

COELHO J A. Organisação geral do ensino applicavel ao estado actual da nação portugueza[M]. Porto: Imprensa Portugueza, 1896.

DEUS J. Cartilha maternal[M]. Lisboa: Imprensa Nacional, 1878.

FONSECA F T, ANTUNES J, VAQUINHAS I. Imprensa da Universidade de Coimbra: uma história dentro da história[M]. Coimbra: Imprensa da Universidade de Coimbra, 2001.

GOMES J F, FERNANDES R, GRÁCIO R. História da educação de Portugal[M]. Lisboa: Livros Horizonte, 1988.

GOMES J F. O Marquês de Pombal e as reformas do ensino[M]. Lisboa: Instituto Nacional de Investigação Científica, 1989.

LEITE C, LOPES A. Escola, currículo e formação de identidades[M]. Porto: Edições Asa, 2007.

MARTINS E C. Historiagrafia educativa do sistema escolar em Portugal[M]. Castelo Branco: IPCB-ESE, 2004.

NÓVOA A, BEIRRO J R. A história da educação em Espanha e Portugal:

investigações e actividad[M]. Lisboa: Sociedade Portuguesa de Ciências da Educação, 1993.

NÓVOA A, SANTA-CLARA A T. Liceus de Portugal: histórias, arquivos, memórias[M]. Porto: ASA, 2003.

OLSSEN M, CODD J, O'NEILL A. Education policy: globalization, citizenship and democracy[M]. London: Sage Publications, 2004.

RAMOS J D. A reforma do ensino normal[M]. Lisboa: Livraria Ferreira, 1915.

ROSA T M. História da Universidade Teológica de Évora (séculos XVI a XVIII) [M]. Lisboa: Instituto de Educação da Universidade de Lisboa, 2013.

SALAMON L M. The tools of government: a guide to the new governance[M]. Oxford: Oxford University Press, 2002.

SARAIVA A J. Iniciação na literatura portuguesa[M]. Lisboa: Gradiva, 2000.

TEODORO A. Pacto educativo: aspirações e controvérsias[M]. Lisboa: Texto Editora, 1996.

TEODORO A. Tempos e andamentos nas políticas de educação: estudos iberoamericanos[M]. Brasília, DF: Liber Livro, 2008.

VERNEY L A. Verdadeiro método de estudar[M]. Valença: Oficina de António Bale, 1746.